## THÈSE POUR LE DOCTORAT

### DROIT ROMAIN

# LA NOTION DU DOL

### SON INFLUENCE SUR LA VALIDITÉ DES CONTRATS

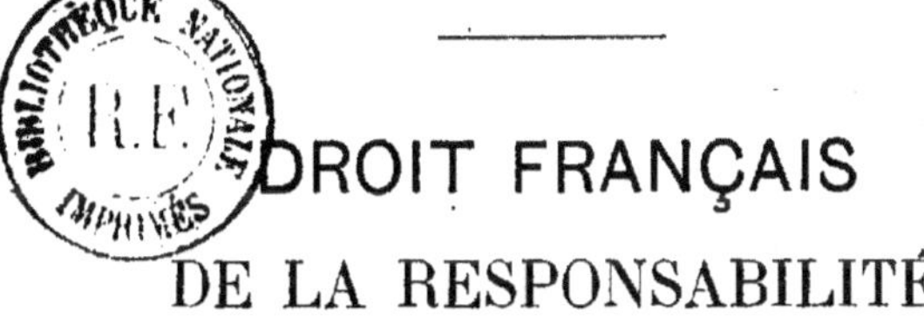

### DROIT FRANÇAIS

## DE LA RESPONSABILITÉ

# DES ARCHITECTES ET DES ENTREPRENEURS

d'après les articles 1792 et 2270

PAR

## Louis FRAISSAINGEA

Lauréat des Concours de la Faculté,
(Premier prix de droit romain en 1879, en 1880, en 1881.)

BORDEAUX

IMPRIMERIE GÉNÉRALE D'É. CRUGY, VEUVE RIFFAUD, SUCC',
16, rue et hôtel Saint-Siméon, 16.

1887

# FACULTÉ DE DROIT DE BORDEAUX

MM. BAUDRY-LACANTINERIE, ❦ I., doyen, professeur de *Droit civil.*

COURAUD, ✳, ❦ I., doyen honoraire, professeur de *Droit romain.*

RIBÉREAU, ❦ I., professeur de *Droit commercial.*

SAIGNAT, ❦ I., professeur de *Droit civil.*

BARCKHAUSEN, ✳, ❦ I., assesseur du doyen, professeur de *Droit administratif,* chargé du cours de *Droit constitutionnel.*

DE LOYNES, ❦ I., professeur de *Droit civil.*

VIGNEAUX, ❦ I., professeur d'*Histoire du droit*, chargé d'un cours spécial pour le doctorat.

LE COQ, ❦ I., professeur de *Procédure civile.*

LEVILLAIN, ❦ A., professeur de *Droit maritime.*

MARANDOUT, ❦ A., professeur de *Droit criminel.*

CUQ, ❦ A., professeur de *Droit romain.*

FAURE, ❦ A., député, professeur d'*Économie politique.*

DESPAGNET, ❦ A., agrégé, chargé du cours de *Droit international privé.*

MONNIER, ❦ A., agrégé, chargé du cours de *Pandectes.*

SAINT-MARC, agrégé, chargé du cours d'*Économie politique.*

DUGUIT, agrégé.

MM. LE COZ, ❦ A., docteur en droit, *secrétaire.*

PLATON, ancien élève de l'École des Hautes-Études, *sous-bibliothécaire.*

## COMMISSION DE LA THÈSE

MM. COURAUD, doyen hon^re, *président.*

SAIGNAT,<br>
DE LOYNES, } *suffragants.*<br>
LEVILLAIN.

# BIBLIOGRAPHIE


ACCARIAS. — *Traité de droit romain*. Paris, t. I, 2ᵉ éd., 1874
(Une 4ᵃ éd. a paru en 1886), t. II, 1ʳᵉ éd. (sans date).

ACCARIAS. — *Traité des contrats innommés*. Paris, 1866 (p. 44-46,
199, 206).

ACCURSE. — *Commentaires sur le corpus juris civilis (Corpus juris
civilis*. Genève, 1625, t. I, p. 503-530).

BARTOLI A SAXOFERRATO. — *Omnia opera*. Venise, 1602, 11 vol.
in-fᵒ (*Ad titulum quartum Digestorum de dolo malo*, t. I,
p. 127-131).

BASILICORUM LIBRI LX. — Ed. Heimbach. Leipzig, 1833-1846
(Lib. X, titre 3, *De dolo malo*, t. I, p. 498-505).

BONJEAN. — *Traité des actions*, 2ᵉ éd. Paris, 1845 (t. II, p. 262 et
322).

BRUNS. — *Fontes juris romani antiqui*, 3ᵉ éd. Paris 1876.

BURCKHARDT. — *Sinn und Umfang der Gleistellung von dolus et
lata culpa in Römischen Recht*. (Dissertation de concours cou-
ronnée par la Faculté de Göttingen). Göttingen, 1885.

CODEX THEODOSIANUS. — Ed. Hænel. Leipzig, 1842 (Lib. II,
tit. 15, *De dolo malo*, p. 232-234):

CORPUS JURIS CIVILIS cum commentariis Accursii, Contii et Gotho-
fredi, quibus accesserunt Cujacii paratitla..... Genève, 1625, 6 vol.
in-fᵒ (Titre *De dolo malo*, t. I, p. 503-553).

CUJAS. — *Opera omnia*. Naples, 1722-1727, 11 vol. in-fᵒ. (Voir principalement le commentaire sur le titre *De dolo malo*, t. I, col. 971-
986).

DEMANGEAT. — *Cours élémentaire de droit romain*, 3ᵉ éd. Paris,
1876 (t. II, p. 681).

DESJARDINS (Albert). — *De la compensation et des demandes reconventionnelles*. Paris, 1864 (N° 21, p. 59 et suiv.)

DONEAU. — *Opera omnia*. Romæ et Maceratæ, 1828-1833, 12 vol. in-f° (De jure civili, lib. XV, cap. XLI, *De dolo malo*, t. IV, col. 391-432).

DUARENI *Opera omnia*. Lucques, 1765-1768, 4 vol in-f° (sur le titre *De dolo malo*, t. I, p. 143-150).

DURANTON (Frédéric). — *Étude sur la nature et les effets de la compensation*. Revue de droit français et étranger. 1846, t. 3, p. 737.

FABRE (Antoine). — *Opera omnia*. Lyon, 1658-1661, 11 vol. in-f°.
a. — *Rationalia in Pandectas*. 1659, *De dolo malo*, IV, 3 (t. I, p. 467-504).
b. — Conjecturæ juris civilis (1661).

GOUDSMIT. — *Cours des Pandectes*. Trad. par Vuylsteke. Leide, Paris, Bruxelles, 1873, p. 128.

GIDE (Paul). — Revue pratique de droit français. 1865, XIX (Bulletin bibliographique. *Textes choisis sur la théorie des obligations en droit romain*, par Vernet, p. 239).

GIRAUD (Charles). — *La lex Malacitana*. Revue historique de droit français et étranger, p. 93 et suiv.

GLUCK. — *Ausführliche Erläuterung der Pandecten*. Erlangen, 1796-1830. (*De dolo malo*, IV, 3, § 452-455, t. IV, p. 513-535).

HEINECCIUS. — *Elementa juris civilis secundum ordinem Pandectarum*. Francfort, 1770, 1 vol in-8° (*De dolo malo*, IV, 3, § 479-491, p. 172).

IHÉRING (R. von). — *L'esprit du droit romain*. Trad. par O. de Meulenaere, 2ᵉ éd. Paris et Gand, 1870, 4 vol. in-8° (V. notamment t. IV, p. 117).

IHÉRING (R. von). — *De la faute en droit privé*. Trad. par O. de Meulenaere. Paris, 1880.

KELLER (F.-L. DE). — *La procédure civile et les actions chez les Romains*. Trad. par M. Capmas. Paris, 1870.

KRUEGER et MOMMSEN. — *Corpus juris civilis*. Berlin, 1877-1880.

KUNTZE. — *Cursus des römischen Rechts.* Leipzig, 1879 (LXX Kapitel, *Die Gefährdung der Obligatio*, § 613, p. 423).

LAIR. — *De la compensation et des demandes reconventionnelles.* Paris, 1862 (p. 19 et suiv., p. 32).

LENEL. — *Das edictum perpetuum.* Leipzig, 1883 (p. 92, 93).

MACHELARD. — *Des obligations naturelles en droit romain.* Paris, 1861, p. 463, 407 et suiv., 475.

MAYNZ (Ch.). — Cours de droit romain. Bruxelles, 1876-1877, 3e éd. (t. I, § 159, et t. II, § 287).

MOLITOR. — *Les obligations en droit romain,* 2e éd. Gand, 1866-1867 (t. I, p. 144 et suiv., nos 110 et suiv.).

MUEHLENBRUCH. — *Doctrina Pandectarum.* Bruxelles, 1838 (§ 94, p. 96-97, § 337, p. 324).

NAMUR. — *Cours d'institutes et d'histoire du droit romain.* Gand, 1864 (t. I, p. 329).

NETTELBLADT. — *De doli incidentis et causam dantis in contractibus effectu.* Hal., 1744 (1).

NOODT (Gérard). — *Opera omnia.* Coloniæ Agrippinæ (Cologne), 1763, 2 tomes en 1 vol in-f°.

 *a.* — *De forma emendandi doli mali in contrahendis negotiis admissi liber.* (t. I, p. 309-336).

 *b.* — *De dolo malo.* Lib. IV, tit. 3 (t. II, p. 91).

ORTOLAN. — *Explication historique des Instituts de Justinien,* 11e éd. mise au courant par M. Labbé. Paris, 1880 (t. III, nos 253, 2148, 2181 et suiv.).

OTTO (Ev.). — *Thesaurus juris romani.* Lyon, 1725-1733 (t. IV, p. 1512).

PELLAT. — *a.* — *Exposé des principes généraux du droit romain sur la propriété,* 2e éd. Paris, 1853 (p. 196, 233, 247, 376-377).

 *b.* — *Texte ssur la dot,* 2e éd. Paris, 1853 ( p. 112).

 *c.* — *Textes choisis des Pandectes,* 2e éd. Paris, 1866 (p. 198).

(1) Nous n'avons pu consulter personnellement la dissertation de Nettelbladt.

PILETTE. — *De la compensation*. Revue historique de droit français
et étranger, 1861, t. VII, p. 5 et 132.

POTHIER. — *Pandectæ Justinianæ*, 4e éd. par Nicolas Latruffe. Paris,
1818-1821, 3 vol. in-f°.

PUCHTA. — *Cursus der Institutionen*, 8e éd., par Paul Krüger.
Leipzig, 1875 (t. II, nos 277-278, p. 366 et 374).

SAVIGNY (DE). — *a.* — *Traité de droit romain*. Trad. par Guenoux.
Paris, 1840, 8 vol. in-8°.

    *b.* — *Le droit des obligations*. Trad. par Gérardin et Jozon. Paris,
1863, 2 vol. in-8°.

SCHULTING. — *Notæ ad Digesta seu Pandectas*. Lyon, 1804-1835,
8 vol. in-8° en 7 tomes. (*De dolo malo*, lib. IV, tit. 3, t. I, p. 508-
525).

VANGEROW (Von). — *Lehrbuch der Pandekten*. 7e éd., Marbourg et
Leipzig, 1863-1869, 3 vol. in-8°, (§ 177, 178, 185, **605**).

VERNET. — *Textes choisis sur les obligations en droit romain*.
Paris, 1865 (p. 238-242).

VINNIUS. — *Jurisprudentiæ contractæ seu partitionum juris civilis,
libri IV*. Rotterdam, 1663, 1 vol. in-4° (Liber secundus, cap. LIV
et LXVI, p. 374 et 413).

VOET (Jean). — *Commentarius ad Pandectas*. Col. Allobr. (Genève),
1778, 2 vol. in-f° (*De dolo malo*, lib. IV, tit. 3, t. I, p. 192-197).

VOIGT. — *a.* — *Die Lehre vom jus naturale, æquum et bonum und
jus gentium der Römer*. Leipzig, 1856-1875, 4 vol. in-8° ( t. III,
§ 14, 26, 29, 30, 52, 59, 87, **116, 118, 132**).

    *b.* — *Ueber die Leges Regiæ*. Leipzig, 1876-1877, 2 br. in-4°.

    *c.* — *Die XII Tafeln*. Leipzig, 1883, 2 vol. in-8° (Notamment t. I,
§ 41, p. 397 et suiv.).

WETTER (P. van). — *Cours élémentaire de droit romain*. Gand et
Paris, 1871, 2 vol. in-8° (t. II, p. 99).

WINDSCHEID. — *Lehrbuch der Pandektenrechts*. 4e éd., Dusseldorf,
1875, 4 vol. in-8° (§ 376, 378, 382, 400, 401, 404, 408, 410, 420,
430, 431, 451, 459...).

ZIMMERN. — *Traité des actions ou théorie de la procédure privée
chez les Romains*. Trad. par L. Étienne. Paris, 1843 (§ 101, p. 306)

# LA NOTION DU DOL

## SES EFFETS SUR LA VALIDITÉ DES CONTRATS

1. — Tandis que le *jus civile*, désireux de maintenir les principes d'une égalité extérieure abstraite, n'avait jeté qu'à regret, et comme à son insu, les premiers germes de la théorie du dol, le préteur, pour obéir à sa triple mission de seconder, compléter et corriger le droit civil (1), avait dû s'engager résolument dans la voie des réformes.

Devant l'insuffisance de la *clausula doli,* toujours subordonnée à une convention expresse, prirent naissance l'*actio de dolo,* l'*exceptio doli* et l'*in integrum restitutio propter dolum.* De ces trois modes de réparation du dol, les deux premiers acquirent sur-le-champ une importance de premier ordre. Qu'il s'agisse de la formation ou de l'extinction d'une obligation, que cette obligation dérive de la convention ou de toute autre source, l'exception et l'action de dol font sentir leur influence dans toutes

(1) Papinien, lib. 2, *Definitionum* (l. 7, § 1, D. *De Just. et jure,* I, 1).

les parties de la législation. La théorie du dol n'est point définitivement arrêtée, mais les principes sont trouvés : il ne reste plus qu'à en déduire les conséquences. Un acte, conforme au droit civil, est-il contraire à l'équité? contre lui sont ouvertes les voies de réparation prétorienne. Primitivement créées en vue des hypothèses de dol les plus fréquentes, elles répondent sans peine aux besoins révélés par la pratique, et leur domaine finit par s'étendre aussi loin que semblait le demander l'équité. Si donc on voulait embrasser la théorie du dol dans son ensemble, il faudrait passer en revue toutes les parties de la législation et déterminer sur chacune d'elles l'influence du dol. Cette recherche présenterait le plus vif intérêt, mais elle exigerait de longues années d'étude, une connaissance parfaite du droit romain tout entier, et prendrait aussitôt une extension considérable. Il aurait été présomptueux de notre part d'entreprendre une tâche si au-dessus de nos forces : nous avons borné notre ambition à donner un aperçu aussi complet que possible de la notion du dol, et à déterminer ensuite les effets du dol sur la validité des contrats.

# I

# LA NOTION DU DOL

## SOMMAIRE



2. — En l'an 688 de Rome, le préteur Aquilius Gallus, qui a exercé une si heureuse influence dans le domaine du droit (2), assure la répression du dol par de nouvelles formules et en essaie une première définition. *Dolum Aquilius tum teneri putat*, dit Cicéron, *cum aliud sit simulatum, aliud actum* (3). Le dol consiste à simuler une chose et à en faire une autre (4).

(2) Aquilius Gallus, ami de Cicéron et son collègue dans la préture, a donné son nom à la stipulation aquilienne, dont il inventa les deux formules, d'une si frappante originalité dans leur application aux droits réels (*Inst. Just.*, III, 29, § 2). — Il a également attaché son nom aux posthumes aquiliens, en imaginant une formule, ., vue de prévenir la rupture d'un testament, par l'institution ou l'exhérédation d'un petit-fils posthume, né héritier sien du testateur, mais i.   ntrant pas dans la catégorie des posthumes légitimes, parce qu'il avait (    e son père au jour de la confection du testament (f. 29, pr. D. *De lib. et post.*, XXVIII, 2, une des *leges damnatæ seu septem cruces jurisconsultorum*). Voir à ce sujet dans le *Novus thesaurus juris civilis* et *canonici* de Meerman (La Haye, 1751-1780, t. VIII, p. 569-580). *Cornelii Van Eck dissertatio de septem damnatis legibus Pandectarum seu crucibus jurisconsultorum.*

(3) Cic., *De natura deor*, III, 30. Voir encore *De off.*, III, 14, et *Topica*, 9.

(4) Paul, *Sent. rec.*, I, 8, § 1.

Aquilius Gallus n'avait évidemment songé qu'à la simulation destinée à tromper un tiers. Toutefois, comme aucune restriction ne limitait le sens des paroles rapportées par Cicéron, Servius Sulpicius s'efforça d'en mieux préciser la portée. *Dolum malum Servius quidem ita definit machinationem quamdam alterius decipiendi causa, quum aliud simulatur, et aliud agitur* (5).

3. — Malgré la correction de Servius, Labéon dirige contre la définition d'Aquilius une double critique :

Le dol peut avoir lieu sans simulation, *posse et sine simulatione id agi, ut quis circumvenietur ;*

La simulation peut avoir lieu sans dol, *posse et sine dolo malo aliud agi, aliud simulari* (6).

4. — A. La simulation peut avoir lieu sans dol. — Ce second reproche est sans intérêt pratique (7), car il ne vint jamais à l'esprit d'Aquilius de donner *l'actio de dolo* contre celui qui, sans nuire à personne, dissimulait dans un but honnête, par exemple « en vue de protéger son bien ou celui d'autrui » (8). Mais la critique de Labéon est fondée en théorie, car les définitions d'Aquilius et de Servius ne s'appliquent pas exclusivement au *dolus malus*. Le mot *dolus* est une *media vox ;* isolé, il exprime l'habileté, la ruse, sans les qualifier par lui-même et sans impliquer une idée bonne ou mauvaise : de là le *dolus bonus* et le *dolus malus.*

---

(5) Ulp., lib. 11, *ad ed.* (f. 1, § 2, D. *De dolo malo,* IV, 3).

(6) Ulp., lib. 11, *Ad edict.* (f. 1, § 2, D. *De dolo malo*).

(7) C'est le motif qui nous a fait renverser l'ordre des critiques de Labéon : il nous sera ainsi permis d'écarter dès le début la question du *dolus bonus.*

(8) F. 1, § 2, D. *De dolo malo.*

Parmi les cas de *dolus bonus,* les anciens comptaient
au premier rang les manœuvres dirigées contre des
ennemis ou des brigands (9). La nécessité de la défense personnelle autorise l'emploi de la violence : à
plus forte raison, la ruse est-elle légitime, car il ne
saurait être question de rapports de droit. Il faut voir
encore des cas de *dolus bonus* dans les tromperies qui
se proposent un but honnête, comme les stratagèmes
innocents dont on use pour faire prendre des médi-
caments à un malade (10).

Les textes eux-mêmes fournissent des exemples juridiques de *dolus bonus.* Justinien suppose (11) qu'un
esclave est sollicité par Titius de voler son maître :
celui-ci, averti par l'esclave, lui permet de porter
certains objets à Titius, qu'il désire prendre en flagrant
délit. Grâce à cette manœuvre, le maître pourra exercer
à son choix, d'après Justinien, *l'actio furti* ou *l'actio
servi corrupti.* Cette sévérité de la loi empêchera sans
doute Titius de renouveler ses tentatives auprès d'un
esclave moins consciencieux.

De même, les détours imaginés pour tourner la
rigueur de la législation romaine constituent souvent
des applications de *dolus bonus.* Paul, *lib. 2 ad Nerat.,*

---

(9) *Maxime si adversus hostem latronemve quis machinetur*
(f. 1, § 3, *De dolo malo*). — *Dolus an virtus, quis in hoste requirat?*
(Virgile, *Æneid,* II, v. 390). Malheur aux chefs qui se fient à une trêve
conclue pour trente *jours* et ne se gardent pas la *nuit* (Cic., *De off.,*
I, 10).

(10) Lucrèce, *De rer. nat.* (L. I, v. 934 et suiv., et L. IV, v. 11 et
suiv.).

(11) *Inst. Just.,* IV, 1, *De oblig. quæ ex delicto nasc.,* § 8.

cite l'espèce suivante (12) : Un gérant d'affaires achète de bonne foi *a non domino* un bien qui est précisément la propriété de l'absent dont il administre la fortune. S'il reste dans son ignorance jusqu'à l'accomplissement de l'usucapion, il n'a rien à se reprocher et rien à craindre de l'absent. S'il apprend au contraire, avant l'expiration du délai de l'usucapion, que le bien acheté appartient à l'absent, il doit renoncer, en faveur de ce dernier, à ses droits d'acheteur et réclamer à son vendeur, par l'*actio empti*, le remboursement du prix. Il ne peut cependant agir contre le vendeur, si celui-ci a été de bonne foi, sans avoir subi une éviction. Il détermine alors un tiers à revendiquer au nom de l'absent, pour exercer, après l'éviction, son recours en garantie. C'est pour lui un moyen d'éviter que l'absent, de retour, ne lui réclame une indemnité par l'*actio negotiorum gestorum*.

Le *dolus bonus* comprend, enfin, une dernière catégorie d'habiletés, d'un caractère équivoque, que tolère le législateur pour être certain de ne pas empiéter sur le domaine de la morale. Ce sont les exagérations et les détours de toute nature familiers aux contractants qui cherchent à traiter aux conditions les plus favorables. Le vendeur vante la frugalité, la probité, la docilité d'un esclave, sans répondre de l'absence de ces qualités (13). Au moment de la conclusion d'un contrat, deux intérêts se trouvent en présence : chacun joue au plus fin. Pourquoi intervenir dans la lutte, tant que

_______

(12) F. 19, § 3, D. *De neg. gest.*, III, 5.

(13) Ulp., lib. 1, *ad Ed. ædil. cur.* (f. 19, pr. et § 3, D. *De ædil. ed.*, XXI, 1) : *ea autem sola dicta sive promissa admittenda sunt quæcunque sic dicuntur, ut præstentur, non ut jactentur.*

les manœuvres ne deviennent pas coupables? (14). La tolérance du législateur, indispensable à la stabilité des conventions, offre peu de dangers à cause de la défiance réciproque des contractants.

5. — Le sens indéterminé du mot *dolus* finit, d'ailleurs, par se fixer. A l'exemple de tant d'autres expressions indécises à l'origine, qui furent prises ensuite en bonne ou mauvaise part sans qualificatif, il devint peu à peu l'équivalent de *dolus malus*. Ce changement de sens, auquel Aulu-Gelle fait allusion (15), est signalé par Festus (16), et constaté par Ulpien, lib. 11, *ad Edictum* (17).

L'observation de Labéon n'aurait pas eu sa raison d'être, si le mot *dolus* avait toujours revêtu cette acception défavorable (18). Pedius lui enleva tout fondement en mettant à la place de *decipere* le mot *circumscribere*, qui, à la différence du précédent (19), implique toujours chez l'auteur des manœuvres l'intention de nuire (20).

(14) *Pomponius ait, in pretio emptionis et venditionis naturaliter licere contrahentibus se circumvenire* (Ulp., lib. 11, *ad Ed.*, f. 16, § 4, D. *De minor XXV annis*, IV, 4). Adde : Paul, lib. 34, *ad Ed.* (f. 22 § 3, D. *locati*, XIX, 2), et Ulp., lib. 44 *ad Sab.* (f. 37, D. *De dolo malo*).

(15) Aulu-Gelle, *Nuits attiques*, XII, IX ; IX, XII.

(16) Festus, au mot *dolus*.

(17) F. 1, § 3, D. *De dolo malo*.

(18) Labéon, au témoignage d'Aulu-Gelle, était un savant universel, aussi bon grammairien que grand jurisconsulte *(Nuits attiques*, XIII, X).

(19) Voir les passages précédemment cités de Lucrèce, *De rer. nat.*, I, v. 939, et IV, v. 16.

(20) Ulp., lib. 4, *ad. Ed.* (f. 7, § 9. D. *De pactis*, II, 14).

6. — B. Le dol peut avoir lieu sans simulation. —
Cette seconde critique de Labéon est fondée, lorsque
celui qui a conçu la pensée de nuire peut la réaliser
sans le secours d'autrui. Pourquoi simuler, en effet?
La simulation n'a d'autre but que d'égarer l'intelligence, afin d'agir sur la volonté, et la victime du dol
n'accomplit ici aucun acte de volonté (20 *bis*).

Lors, au contraire, que le dol ne peut être réalisé
qu'avec le consentement de celui qui doit en être victime, la simulation est l'élément ordinaire du dol. La
victime du dol, abusée par des manœuvres, donne son
consentement à un contrat, libère un débiteur, affranchit
un esclave, accepte ou répudie une hérédité. Mais, dans
cette hypothèse elle-même, la simulation n'est pas l'é-
lément essentiel du dol. Il est possible, en effet, de
surprendre le consentement d'un tiers par des manœuvres, par des actes ou des paroles, sans recourir à
la simulation. Ulpien, lib. 11 *ad edictum*, est d'accord
avec Pomponius pour décider que celui qui s'est rendu
coupable d'une violence est tenu de l'*actio de dolo*, aussi
bien que de l'action *quod metus causa* (21). Appeler la
violence à son aide, c'est donc commettre un dol, et un
dol exceptionnellement grave, bien qu'il n'y ait pas
même l'apparence de la simulation.

7. — L'auteur du dol peut enfin, sans aucune simulation, surprendre le consentement d'autrui, par des

---

(20 *bis*) F. 18, § 5, f. 34, f. 35, D. *De dolo malo;* — f. 5, § 3,
D. *Quib. modis ususfr. amitt.*, VII, 4; — f. 9, pr. *in fine*, D. *Si
servitus vindic*, VIII, 5; — f. 14, pr. D. *De præscript. verb.*, XIX, 5.

(21) *Eum qui metum fecit et de dolo teneri certum est (et ita
Pomponius)* (f. 14, § 13, D. *Quod metus causa*, IV, 2. Voir encore
f. 4, § 33, D. *De doli mali et metus except.*, XLIV, 4).

réticences ou des omissions, en jouant un rôle passif. Une erreur se glisse dans l'esprit de l'acheteur sans lui avoir été suggérée par le vendeur, mais celui-ci la connaît et se garde de la dissiper. Ou encore le débiteur, pour exécuter son obligation, livre au stipulant un objet détérioré faute de soins, un esclave privé de nourriture. C'est sans doute une vérité reconnue que le législateur, compétent pour nous empêcher de porter préjudice à nos semblables, empiéterait sur le domaine de la morale, s'il voulait nous contraindre à leur faire du bien (22). On pourrait donc penser que la répression légale doit atteindre le dol réalisé par des manœuvres proprement dites, par des actes ou des paroles, mais non le dol par réticence ou omission. Une telle conclusion n'est pas applicable à la théorie des contrats : en appréciant la formation ou l'exécution d'un lien de droit, il est juste de tenir compte du silence ou de l'inaction de l'un des contractants. La partie qui se renferme dans un rôle passif avec l'intention de causer un dommage à l'autre partie ne commet plus seulement un acte contraire à la morale, et viole une obligation contractuelle. Telle est, sans contredit, la doctrine romaine au troisième siècle de notre ère, exprimée sous forme de règle générale par le jurisconsulte Florentin (23), et confirmée par Ulpien (24). Le dol suppose nécessairement une intention positive, celle de nuire. Mais cette intention de nuire peut se manifester

---

(22) Aliter leges, dit Cicéron, aliter philosophi tollunt astutias.

(23) Flor., *lib. 8, instit.* (f. 43, § 2, D. *De contrah. empt.*, XVIII, 1).

(24) Ulp., *lib. 31 et 62, ad Edict.* (f. 8, § 9 et 10, et f. 44, D. *Mandati,* XVII, 1).

d'une manière positive ou négative, c'est-à-dire par un
fait actif ou par un fait passif (25). L'irrégularité commise au préjudice d'autrui, qui constitue un élément de
fait essentiel à l'existence du dol, peut être accomplie
soit par des manœuvres proprement dites actes ou paroles, soit par des réticences ou des omissions (26).

8. — En résumé, si les définitions d'Aquilius et de
Servius embrassent une partie, très importante sans
doute, des hypothèses du dol, elles sont loin de s'appliquer à tous les cas où les jurisconsultes, dès la fin
de la République, voyaient la réalisation du dol, Voilà
pourquoi Labéon définit le dol : *omnem calliditatem, fal-
laciam, machinationem, ad circumveniendum, fallendum, deci-
piendum alterum adhibitam.* Ulpien, qui rapporte cette
définition, *lib. 11, ad edict.,* l'approuve en ces termes :
*Labeonis definitio vera est* (27). Il faut reconnaître que la

---

(25) M. Burckhardt (Sinn und Umfang der Gleichstellung, von *dolus*
et *lata culpa* im Römischen Recht), après avoir indiqué les sens du
mot *dolus*, arrive à conclure que « la base du *dolus* est la volonté positive d'un acte contraire au droit, sous quelque aspect qu'il se présente
dans la réalité des faits ». (V. p. 4.)

(26) F. 4, pr., D. *De doli mali et metus except.,* XLIV, 4; — f. 35,
§ 8, D. *De contrah. empt.,* XVIII, 1; — f. 11, § 5, D. *De act. empt.,*
XIX, 1; — f. 45, D. *De contrah. empt.,* XVIII, 1; — f. 72, § 3, D.
*De condit. et demonstr.,* XXXV, 1; — f. 62 *in fine,* D. *De ædilit.
edict.,* XXI, 1; — f. 18, § 3, D. *De donat.,* XXXIX, 5; — C. 1, C. *De
jure dot.,* V, 12. — Adde : Cicéron, *De off.,* III, 15 et 16; — Molitor,
*Oblig.,* I, n° 110; — Ch. Maynz, *Droit romain,* II, p. 7. — Cf. Vernet,
*Textes choisis,* p. 234 et 237.

(27) F. 1, § 2, D. *De dolo malo.* — On s'est demandé si la définition
de Labéon prévoyait les hypothèses où le dol dérive d'un fait passif.
(*Contra,* Vernet, *Textes choisis,* p. 234. — Cf. Chardon, *Traité du dol
et de la fraude,* I, p. 5.) Ulpien devait bien entendre en ce sens la

définition de Labéon ne donne pas du dol une idée
bien nette, mais ce caractère d'indétermination ne
saurait nous étonner. Le dol, d'après la judicieuse remarque de Paul, *lib. 71, ad edict.*, se ramène surtout à
une question de fait (28), et il y a dol toutes les fois
qu'un acte de mauvaise foi cause un préjudice à
autrui (29).

9. — Nous ne nous sommes pas préoccupé jusqu'ici
de la période antérieure à l'an 688 de Rome et à l'innovation d'Aquilius Gallus. Ce n'est pas à dire pour
cela qu'on ne trouve pas de traces du dol dans les
monuments du droit romain primitif, ainsi qu'en font
foi les expressions *sciens dolo malo, sine dolo malo* et autres

formule de Labéon, lorsqu'il la reproduisait *lib. 11, ad Edict.*, puisqu'au
livre 8, *De off. proc.*, il cite un cas de dissimulation qui réalise pour
lui un acte de *calliditas :* si quis forte rem alii obligatam, dissimulata
obligatione, *per calliditatem* alii distraxerit (f. 3, § 1, D. *Stellionatus*, XLVII, 20).

(28) *Sed an dolo quid factum sit, ex facto intelligitur.* F. 1, § 2,
D. *De doli mali et metus except.*, XLIV, 4.

(29) Pothier s'était maintenu dans le même vague que Labéon : « L'on
appelle dol toute espèce d'artifice dont quelqu'un se sert pour tromper
un autre ». Le droit français s'est écarté de la doctrine du droit romain
reproduite par Pothier. L'article 1116 du Code civil ne fait du dol une
cause de nullité de la convention que lorsque des manœuvres ont été
pratiquées par l'une des parties. Le dol, ainsi restreint dans son champ
d'application, n'est plus réalisé par tout acte de mauvaise foi qui cause
un préjudice à autrui. Nous devons, toutefois, signaler la règle exceptionnelle de l'article 348 du Code de commerce, qui admet la nullité
d'un contrat d'assurance, à raison d'une simple réticence susceptible de
diminuer l'opinion du risque ou d'en changer le sujet. Consulter
encore, en matière d'assurances cumulatatives, l'article 334 du Code de
commerce, modifié par la loi du 12 août 1885 (Promulg. au *Journal
officiel* du 14 août).

expressions synonymes. Mais le *dolus malus* des *leges regiæ,* de la loi des XII Tables et des premiers siècles de la République ne désigne que très exceptionnellement le dol qu'Aquilius Gallus cherche à réprimer. L'expression *dolus* embrasse, en effet, dans la langue du droit romain, deux conceptions juridiques indépendantes l'une de l'autre, et aussi distinctes dans le langage courant que dans les textes de loi (3o).

Dans un premier sens, le *dolus malus* n'est autre chose que l'intention mauvaise, la volonté coupable essentielle à l'existence des délits : c'est le dol de la loi pénale (31).

Dans son acception la plus répandue, le *dolus malus* désigne des ruses, des machinations, des fourberies (32) :

(30) M. Voigt, *Die XII Tafeln,* t. I, § 41, note 29. — Comparer Binding. Normen, II, note 319.

(31) C'est ainsi que le plaidoyer de Cicéron en faveur de M. Tullius roule tout entier sur le dol considéré comme élément intentionnel des violations du droit. L'adversaire, P. Fabius, reconnaissait le dommage subi par M. Tullius, à la suite de violences accomplies par une troupe d'esclaves armés. Mais il invoquait le défaut d'intention coupable : « *Dolo malo* factum negas, lui dit Cicéron, de hoc judicium est..... » (*pro Tullio, IX*); et plus loin : « An *dolo malo* factum sit ambigitur » (*pro Tullio, XVI*). Tandis que la défense ne porte que sur l'absence de dol, les arguments de Cicéron tendent sans cesse à établir l'existence du dol : « Tous les actes de nos adversaires, s'écrie-t-il, démontrent qu'ils ont agi avec une volonté éclairée et en pleine connaissance de cause. Consilium capiunt ut ad servos M. Tullii veniant, *dolo malo* faciunt ; tempus ad insidiandum atque celandum idoneum eligunt, *dolo malo* faciunt, etc..... » (*pro Tullio, VIII*). (Consulter encore *pro Tullio, II, in principio, VI in fine et VII.* Les traducteurs s'accordent à rendre les mots *dolo malo* par *préméditation coupable.*)

(32) Cicéron (*De officiis,* III, 12, voir l'édition donnée par Müller, Leipzig, Teubner, 1882, in-8°) expose un désaccord survenu entre

il suppose une irrégularité commise de mauvaise foi, au cours d'une affaire, au préjudice d'autrui. Il peut même entraîner parfois une responsabilité pénale et prend alors le nom de *stellionatus*. Le stellionat embrasse, en effet, tout fait de ruse ou tromperie constitutif de dol, qui est réprimé comme délit, sans néanmoins avoir été prévu et dénommé par la loi (33). Mais, le plus souvent, il n'oblige son auteur qu'à la réparation du préjudice, sans lui faire encourir aucune responsabilité pénale.

Le dol, dans sa première acception, ne peut être puni indépendamment du délit dont il constitue un élément. S'il consiste en machinations ou tromperies, il est atteint par des voies de répression qui lui sont propres. C'est d'abord le *crimen stellionatus,* lorsque le dol s'analyse en un délit (34). Et si la victime du dol ne peut prétendre à une poursuite criminelle, elle a du moins le droit d'obtenir la réparation du préjudice qu'elle a souffert par l'*exceptio doli,* par l'*actio de dolo* et autres modes équivalents.

Diogène et son disciple Antipater, sur l'étendue des obligations du vendeur : « Le premier, dit-il, après avoir exigé l'observation des règles du droit civil, se contentait pour le reste de l'abstention de tout dol : *Cetera sine insidiis* agere ».

(33) Ubicunque titulus criminis deficit, illic stellionatus objiciemus.... . deficiente titulo criminis, hoc crimen locum habet. Ulpien, *lib. 8, De off. proc.* (f. 3, § 1, D. *Stellionatus*, XLVII, 20).

(34) La peine du stellionat pouvait aller jusqu'à la relégation temporaire pour les citoyens de marque, *aliquo in honore positi,* et jusqu'à la condamnation aux mines pour les hommes du peuple. Le dol poursuivi par le *crimen stellionatus* est incontestablement de même nature que le dol dont l'*actio de dolo* assure la réparation. « *Quod enim in privatis judiciis est de dolo actio, hoc in criminibus stellionatus*

10. — La notion du dol embrasse par conséquent deux conceptions juridiques indépendantes. Le dol, réalisé par la ruse ou la fourberie, se rattache sans doute, comme le premier, à la théorie des actes contraires au droit, mais d'une façon tout autre. Il est facile de s'en rendre compte en remarquant que tout acte contraire au droit implique une injustice de la part de son auteur. Le juge condamne également le voleur et le tiers détenteur du bien d'autrui. Mais l'action contre le voleur suppose nécessairement une injustice coupable : le vol ne se conçoit pas sans intention mauvaise, *sine dolo malo* (35). L'action du propriétaire contre un tiers détenteur n'exige pas, au contraire la mauvaise foi de ce dernier et se borne à réprimer l'injustice d'un état de fait (36). En dehors du droit pénal, l'action peut, en effet, avoir pour base un fait indépendant de toute idée de culpabilité, tel que la négation d'un droit de propriété, l'inobservation d'un contrat, l'inexécution d'un legs..... Si le défendeur

*persecutio* (f. 3, § 1, D. *Stellionatus*, XLVII, 20). Ulpien cite, d'ailleurs, dans le même texte, comme exemples de faits susceptibles de mettre en mouvement le *crimen stellionatus*, des actes de dissimulation, de tromperie ou de ruse (*calliditas*), qui ne laissent place à aucun doute.

(35) Quid enim dolo facit, dit Ulpien (*lib. 42, ad Sab.*), qui putat dominum consensurum fuisse, sive falso id, sive vere putet? (f. 46, § 7 (*adde* : § 8), D. *De furtis*, XLVII, 2).

(36) Hégel (*Philos. du droit*, § 82 et suiv.) qualifie d'injustice *sans préjugé* l'injustice résultant d'un état de fait; tandis que Ihéring (*La faute en droit privé*, p. 5) lui donne le nom d'injustice *objective*, par opposition à l'injustice coupable, qu'il appelle *subjective*. Nous ne citons que pour mémoire ces expressions d'outre-Rhin, dont l'emploi nécessiterait avant tout des explications.

estime que le bon droit est de son côté, comment lui
reprocher une résistance bien naturelle aux prétentions
de son adversaire?. La réclamation du demandeur n'en
est pas moins fondée, s'il établit les faits qui ont servi
de point de départ à ses poursuites. Mais si l'élément
de faute n'est pas essentiel à la naissance d'une action,
dans les rapports où n'apparaît pas l'idée de délit, il
peut toutefois intervenir, même dans ces rapports,
comme élément accessoire, susceptible d'accroître la
responsabilité. La faute n'est plus un élément nécessaire, comme le *dolus malus* dans les délits, c'est un
élément accidentel (37) qui se manifeste en plusieurs
notions juridiques, *mora, culpa,* et enfin le *dolus* tel que
nous l'avons envisagé.

## Essai de rapprochement entre le dol et la fraus.

11. — Il nous a paru intéressant, après avoir défini
le dol, de rechercher les rapports qui existent en droit
romain entre les termes *dolus* et *fraus.* Il importe d'a-
bord de dépouiller toute idée moderne et d'oublier
pour un instant la théorie du droit français sur le dol
et la fraude (38). C'est seulement après avoir fait table

(37) Cf. lhéring, *La faute en droit privé,* p. 24 et 25.

(38) Il faut, d'ailleurs, reconnaître que les caractères distinctifs du
dol et de la fraude dans notre droit français n'ont pas été mis en lumière d'une façon bien nette. Consulter : Chardon, *Du dol et de la
fraude,* I, p. 4 ; — Bédarride, *Du dol et de la fraude,* I, p. 10 ; —
Aubry et Rau, 4e édition, I, p. 114-116 et 119, et IV, p. 146 et p. 301-
305 ; — Demolombe, XXIV, p. 154.

rase de toute doctrine étrangère au droit romain qu'il est permis de poser le problème. Faut-il confondre ou séparer les termes *dolus* et *fraus?* Quelle que soit la solution adoptée, l'appliquera-t-on à toutes les époques du droit romain? ou vaut-il mieux ne pas s'en tenir à une réponse unique et croire à l'existence successive d'une période de distinction et d'une période d'assimilation entre le dol et la *fraus?* Et si une transformation s'est produite, est-il possible d'en retrouver les traces?

12. — Une théorie sur l'assimilation complète du dol et de la *fraus* est faite pour séduire : elle a pour elle l'attrait de la simplicité et semble trouver dans les textes un appui inébranlable. En parcourant le Digeste ou le Code, on y voit le dol et la *fraus* si bien confondus, que les termes *dolus* et *fraus* sont considérés comme synonymes ou employés cumulativement pour désigner la même conception juridique.

13. — LES TEXTES EMPLOIENT LES MOTS DOLUS ET FRAUS COMME SYNOYMES. — *a.* Ulpien, *lib. 28 ad edictum,* prévoyant l'hypothèse d'un commodat consenti à un fils de famille ou à un esclave, décide que l'*actio commodati* permet de tenir compte, non seulement du dol du fils de famille ou de l'esclave, mais encore du dol du *paterfamilias* ou du *dominus* contre qui elle est donnée *de peculio.* Et Ulpien, dans la même phrase, désigne alternativement le dol par les mots *dolus* et *fraus* (39).

*b.* — Modestin, *lib. 8 diff.,* après avoir déclaré que

---

(39) Sed non tantum ex causa *doli* earum personarum pater vel dominus condemnetur, sed et ipsius quoque domini vel patris *fraus* dumtaxat venit (f. 3, § 5, D. *Commodati,* XIII, 6).

les actions des édiles sur les vices rédhibitoires n'appartiennent pas au donataire, lors même qu'il aurait amélioré à ses frais l'objet donné, ajoute néanmoins, en faisant allusion au donateur : Sane de *dolo* obligare se debet et solet, ne quod benigne contulerit *fraudis* consilio revocet (40). Les édiles veulent empêcher toute révocation de donation faite *consilio fraudis*. Comment sera prévenu ou du moins réprimé ce *consilium fraudis* du donateur ? Par une obligation *de dolo*.

*c.* — Antonin Caracalla décide que l'insertion de la *replicatio doli* dans une action suffit à la rendre de bonne foi et à prévenir tout projet de *fraus* (41). Peu nous importe le véritable sens de cette proposition : il nous suffit de constater que la *replicatio doli* est une arme efficace contre les projets de *fraus, commentum fraudis* (42).

(40) F. 62 *in fine,* D. *De ædilit. edict.,* XXI, 1.

(41) Nam replicatio *doli* opposita bonæ fidei judicium facit et commentum *fraudis* repellit (C. 3, C. *De except.,* VIII, 36).

(42) Le *crimen stellionatus* offre un exemple de plus : au nombre des espèces de dol punies par ce mode de répression de la *cognitio extraordinaria,* Ulpien, *lib. 8 De off. proc.,* cite l'acte de dissimulation du débiteur gagiste qui vend, échange ou donne en paiement un objet, malgré le droit de gage dont il est grevé (f. 3, § 1, D. *Stellionatus,* XLVII, 20). Une constitution de l'empereur Philippe, de l'an 245, reproduit la même règle pour l'appliquer dans une hypothèse identique. Elle inflige la peine du stellionat au débiteur malhonnête qui abuse de l'ignorance d'un créancier en lui concédant un droit de gage ou d'hypothèque sur un objet depuis longtemps frappé de semblables droits au profit d'autres créanciers (C. 4, C. *De crimine stellionatus,* IX, 34). Mais, au lieu de parler de dol, à l'exemple d'Ulpien, elle ne fait plus allusion qu'à la *fraus.* Le mot *fraus* n'est pas, du reste, un écart de langage, car il est répété dans la même constitution qui mentionne chez le débiteur un *consilium fraudis.*

14. — LES TEXTES EMPLOIENT CUMULATIVEMENT LES MOTS DOLUS ET FRAUS. — *a.* Paul, *lib. 32 ad edictum,* en fournit un exemple des plus catégoriques : societas, si *dolo malo* aut *fraudandi* causa coita sit, ipso jure nullius momenti est : quia *fides bona* contraria est *fraudi et dolo* (43). Peut-être aurait-on pu croire, en s'arrêtant à la première partie du texte, que Paul distinguait le dol et la *fraus* dans la formation du contrat de société, et les considérait comme deux causes indépendantes de nullité. Mais la raison proposée pour justifier la nullité du contrat supprime tous les doutes. On connaît les antithèses romaines : *Fides* et *Perfidia, bona fides* et *dolus*..... Si donc Paul n'hésite pas à dire : *bona fides contraria est fraudi et dolo,* c'est que ces deux derniers termes expriment identiquement la même idée.

*b.* — Un ancien pupille dirige des poursuites contre son frère, qui fut son tuteur légitime; l'Empereur, après lui avoir conseillé de maintenir son action, ajoute : Nec timueris exceptionem pacti, si in ea *fraudem dolumque* admissum probare potes...... (44). Antonin Caracalla ne se borne donc pas à présenter les termes *dolus* et *fraus* comme synonymes : il les emploie encore simultanément dans la même constitution.

*c.* — Les exemples de l'emploi cumulatif des mots *dolus* et *fraus,* qui sont sans nombre au troisième siècle, se rencontrent même dès le second siècle. Pomponius,

(43) F. 3, § 3, D. *Pro socio,* XVII, 2.
(44) C. 3, C. *De except.,* VIII, 36, *supra,* n° 3.

*lib. 18 ad Sab.*, contemporain d'Antonin le Pieux, voulant indiquer les moyens de paralyser une exception, s'exprime ainsi : Replicabitur de *dolo et fraude* (45). L'Édit perpétuel, d'après une citation de Julien, qui le rédigea sous Hadrien, fait peser la note d'infamie sur quiconque est condamné en son nom personnel par l'*actio de dolo* : qui..... *de dolo et fraude* suo nomine damnatus pactusve erit (46).

15. — L'assimilation du dol et de la *fraus* paraît donc indiscutable : elle ressort avec netteté des usages de la langue juridique, qui sont le meilleur guide et la plus solide base d'interprétation, parce qu'ils permettent de faire revivre la pensée des jurisconsultes ou les volontés de la loi. Cette doctrine, constante à l'époque classique, était-elle celle du droit romain primitif? Il n'est pas nécessaire d'avoir approfondi beaucoup les théories romaines pour savoir combien il serait arbitraire de conclure des principes du droit classique à ceux du droit ancien. *Dolus* et *fraus* sont des termes synonymes au troisième siècle; ils constituent une redondance courante au troisième, et même au second siècle. Mais rien ne prouve qu'il en ait été ainsi dès l'origine.

16. — Le texte de l'Édit, dans sa partie relative aux

---

(45) F. 3, D. *De pignerat. act.*, XIII, 7.

(46) F. 1, D. *Do his qui not. infamia,* III, 2. — L'Édit perpétuel reproduit même l'expression *dolo malo fraudisve causa* assez souvent pour donner lieu à une abréviation usuelle que M. Valerius Probus écrit ainsi : D. M. F. V. C. (M. Valerii Probi de juris notarum significatione (Ch. Giraud, Nov. Enchir., p. 575).

pactes, éveille et frappe l'attention (47). La rédaction
en est remarquable : le préteur distingue si bien le dol
et la *fraus,* qu'il sépare les deux propositions qui s'y
réfèrent par l'énumération des diverses sources du
droit. Ainsi mis en éveil, on ne tarde pas à s'aper-
cevoir que, si les textes du troisième siècle portent la
trace de la confusion du dol et de la *fraus* dans une
notion unique, les monuments primitifs, d'un autre
côté, fournissent la preuve de leur distinction absolue
durant les premiers siècles de Rome. Les termes *dolus*
et *fraus* se rencontrent presque toujours isolés, et si une
cause quelconque les réunit, c'est pour mieux mettre
en relief, semble-t-il, la différence qui les sépare.

17. — Le dol apparaît dès le début avec ses caractères essentiels : il suppose à la fois un préjudice matériel et la mauvaise foi de l'auteur du dommage. En
est-il de même de la *fraus?* Un élément intentionnel
doit-il s'ajouter à l'élément de fait? C'est ce que nous
déterminerons bientôt. Quoi qu'il en soit pour l'instant, la *fraus* se présente avec le rang de notion distincte dans les formules des Féciaux (48), dans la loi

(47) Ait prætor : pacta conventa quæ neque *dolo malo,* neque adversus leges, plebiscita, senatus-consulta, edicta, decreta principum,
neque quo *fraus* cui eorum fiat, facta erunt, servabo (f. 7, § 7, D. *De
pactis,* II, 14. V. Lenel, *Das edictum perpetuum,* p. 53).

(48) Quod sine *fraude* mea populique romani Quiritium fiat, facio
(Tite-Live, I, 24). « Roi, avait dit le fécial M. Valérius en s'adressant à
Tullus Hostilius, me fais-tu ton interprète et celui du peuple romain?...
Oui, répond Tullus, s'il ne doit en résulter aucun préjudice pour moi
ni pour le peuple romain ».

des XII Tables (49), dans la *lex de vere sacro vovendo*, de l'an 535 (5o), dans la *lex Cornelia de XX Quæstoribus* (vulgo : *de scribis)* (51), dans la *lex coloniæ Genetivæ Juliæ sive Ursonitana,* de l'an 710 (52), dans la *lex Tudertina*, vers Auguste (53) et dans le *Fragmentum Florentinum* (54).....
Ces expressions *se fraude esto, sine fraude sua facere liceto....,* se trouvent répétées dans ces monuments comme dans toutes les sources du droit romain originaire. Elles

(49) La loi des XII Tables, dans ses dispositions relatives aux funérailles, tout en défendant d'enfouir de l'or : *neve aurum addito,* faisait sagement exception pour celui qui adhérait aux dents du défunt : ut quoi auro dentes juncti escunt, ast cum illo sepelire urereve *se fraude esto* (M. Voigt, *Die XII Tafeln,* I, p. 732, table X, 8 et 10). — On lit encore : tertiis nundinis partes secanto. Si plus minusve secuerint, *se fraude esto* (M. Voigt, *Die XII Tafeln,* I, p. 703, table III, 8). — Ce terrible moyen d'exécution qui permettait aux créanciers de couper en morceaux leur débiteur insolvable n'avait d'autre but que d'obtenir un paiement du débiteur ou des membres de sa famille. Les créanciers pouvaient donc essayer quelle impression ferait sur un débiteur récalcitrant la section d'un membre, du nez ou des oreilles : si plus minusve secuerint, se fraude esto !

(50) Si quis rumpet occidetve insciens, *ne fraus esto* (Tite-Live, XXII, X).

(51) Mommsen, Corp. inscript., I, p. 108, ligne 5, et Bruns, Fontes jur. rom., p. 79, ligne 5.

(52) *S. f. s. f. l.* pour *sine fraude sua facere liceto.* Bruns, Fontes jur. rom., p. 107, XCI *in fine.*

(53) *Id ei fraudi..... ne esto.* Mommsen, Corp. inscript., p. 263, ligne 8, et Bruns, Fontes jur. rom , p. 117. *Fragmentun Tudertinum,* ligne 8.

(54) Locus ubi quis adversus ea humatus sepultusve erit, purus et religione solutus esto, eumque s (ine) f (raude) s (ua) qui volet exarato (Bruns, Fontes jur. rom., p. 118). — D'après Th. Mommsen (Corp. inscript., I, p. 263), le *Fragmentum Florentinum* ne serait qu'un fragment de la *lex Tudertina.*

signifient que les actes auxquels les textes font allusion, en les faisant suivre des mots *se fraude* ou *sine fraude*, peuvent être accomplis impunément, c'est-à-dire sans préjudice pour leur auteur et sans l'exposer aux sévérités de la loi ou aux réclamations des intéressés (55). Le mot *fraus* doit être traduit par *préjudice*, bien plus exactement que par le mot *fraude*, qui ne lui correspond qu'en apparence et dont l'acception moderne est toute différente. La *fraus* désigne exactement le préjudice, c'est-à-dire l'un des deux éléments essentiels à la naissance du dol. Tandis que la réalisation du dol est subordonnée à l'existence d'un double élément, un élément de fait et un élément d'intention, la *fraus* ne suppose qu'un élément unique, l'élément matériel du dommage ou du préjudice. Pour tout dire en un mot, le droit primitif ne tient pas compte de l'intention de l'agent et n'exige pas que le préjudice ait été causé de mauvaise foi (56).

(55) Le contraire serait exprimé par une formule inverse, dont la **lex Acilia repetundarum** fournit un exemple : sed *fraude sua* extra ordinem dato solvitoque (Mommsen, Corp. inscript., p. 62, LXIX, et Bruns, Fontes jur. rom., p. 61-69).

(56) Cette façon de comprendre la notion juridique de la *fraus* fait disparaître bien des obscurités. C'est ainsi que l'action *ad exemplum inofficiosi*, qui a pour but d'étendre aux donations la *querela inofficiosi testamenti*, implique seulement le préjudice et n'exige pas du tout la mauvaise foi du donateur (Fr. Vat., § 280, 281, 282; — C. 4. C. *De inoff. donat.*, III, 29; — Accarias, *Dr. rom.*, I, p. 859). — Quelques interprètes ont cependant émis l'opinion que la rescision des donations inofficieuses n'était prononcée qu'autant que le donateur, en dépouillant injustement l'héritier de sa quarte, avait eu conscience de la portée de son acte et en avait aperçu les résultats. Leur unique argument repose sur un texte de Dioclétien et de Constance qui prévoit

18. — Aussi les textes, pour ajouter à la *fraus* un élément intentionnel, et indiquer une pensée coupable chez l'auteur du préjudice, font-ils précisément intervenir la conception du *dolus* considéré comme élément moral des infractions à la loi. Si venditor..... *dolo malo fraudem* fecerit, dit Modestin, *lib. 1 de Pœnis* (57). Si la *fraus* impliquait par elle-même un élément moral, la mauvaise foi, à côté de l'élément matériel du préjudice, les jurisconsultes s'en tiendraient à la notion de la *fraus* ainsi entendue, et ne se croiraient pas tenus de faire expressément allusion, par les mots *dolo malo,* à un élément intentionnel qui serait toujours sous-entendu. puisqu'il serait essentiel à l'existence de la *fraus* (58).

l'hypothèse d'une donation faite *in fraudem filiorum* (Fr. Vat., § 270). Or, Dioclétien et Constance ne songent nullement à subordonner la rescision de cette donation à l'existence d'un élément intentionnel, car ils emploient le mot *fraus* dans son acception originaire et veulent seulement désigner le préjudice matériel infligé aux enfants. Le mot *fraus* implique si peu une pensée coupable de la part du donateur, que l'enfant est autorisé à demander la rescision des donations même antérieures à sa naissance (C. 5, C. *De inoff. donat.,* III, 29). Or, il est évident que le père ne pouvait songer, au moment de la donation, à frustrer de leurs droits des enfants qui n'existaient pas encore.

(57) F. 32, § 1, D. *De leg. Corn. de falsis,* XLVIII, 10. — Paul, expliquant également la loi *Cornelia de falsis,* parle comme Modestin : testamentum supprimit, qui *sciens prudensque* tabulas testamenti *in fraudem* heredum vel legatariorum. Les mots *sciens prudensque* sont, en effet, synonymes de *sciens dolo malo* ou *dolo malo* (Voir les commentaires des jurisconsultes sur les lois *Cornelia de falsis* et *Fabia de plagiariis,* qui offrent de fréquents exemples de l'emploi des mots *sciens* ou *sciens prudensque*).

(58) La *fraus* commise par un patron contre son client ou par un client contre son patron est durement réprimée par une loi que Denys d'Halicarnasse (II, 10) attribue à Romulus. Servius (*In Virg. Æneid.,*

19. — Il existe donc une différence complète entre le point de départ et le point d'arrivée. Cette simple constatation ne suffit pas. Trop souvent, sans doute, il faut se borner à décrire l'état du droit à deux ou plusieurs époques, sans réussir à expliquer les changements réalisés dans l'intervalle : on aperçoit les résultats, sans saisir la transition. Ici, par une bonne fortune trop rare, les commentaires des jurisconsultes sur les conditions d'application de la loi *Ælia Sentia* nous permettent de faire revivre la transformation de la notion de *fraus*.

20. — Les créanciers avaient la faculté de demander la révocation des actes faits par leur débiteur en fraude de leurs droits par l'interdit *fraudatorium*, l'action pau-

VI, 609) annote ainsi les mots : *et fraus innexa clienti* : « Ex lege XII Tab. venit in quibus scriptum est : *Patronus, si clienti fraudem faxit, sacer esto* ». (M. Voigt, *Die XII Tafeln*, I, p. 708, table IV *in fine*). N'est-ce pas en contradiction avec notre théorie ? Comment la loi des XII Tables aurait-elle pu déclarer *homo sacer* le patron qui, sans nourrir aucune pensée coupable contre son client, aurait eu le malheur de lui causer un préjudice ? — Bien que *fraudem facere* ait, dans le texte de la *Lex*, le sens tout à fait général de : manquer à ses devoirs, la peine est rigoureuse, car la situation de l'*homo sacer* est digne de pitié (V. à ce sujet Ihéring, Esprit du droit romain, I, p. 277-288). Mais le droit romain primitif, pour apprécier une injustice, se plaçait uniquement au point de vue de la personne lésée, sans porter en compte l'intention de l'auteur du dommage. Le débiteur honnête, mais insolvable, est à la merci de ses créanciers, qui peuvent le couper en morceaux et qui se contentent, en fait, de le vendre *trans Tiberim*. Cette remarque suffirait à expliquer le passage de la loi des XII Tables relatif au patron. Mais la sévérité dont il fait preuve se comprend mieux encore, si on observe que les liens de client à patron étaient au nombre des plus étroits et des plus respectés. Dans l'échelle des devoirs qui nous a été conservée par Aulu-Gelle, les devoirs envers les lienne ou la *restitutio in integrum.* Mais les affranchissements, irrévocables de leur nature, échappaient à l'influence de. ces dispositions prétoriennes. Il fallait donc les reconnaître pleinement valables, ou les déclarer nuls de plein droit. Le préteur avait pris le premier parti, ne croyant pas avoir le droit de révoquer une liberté régulièrement conférée. Le second fut adopté par la loi *Ælia Sentia,* dont l'innovation vint compléter, au profit des créanciers, en l'an 757 de Rome, le système de protection principalement organisé par l'action paulienne (59).

clients occupent une place distinguée..... *PATREM primum, deinde PATRONUM proximum nomen habere....., neque clientes sine summa infamia deseri possunt (Nuits attiq.,* V, C. 13). Le client se trouve ainsi protégé indirectement, malgré son incapacité originaire d'intenter une action contre le patron, dont il n'est pas absolument débarrassé à l'époque classique, puisqu'il ne peut appeler son patron *in jus* sans une autorisation spéciale du préteur. L'influence des idées religieuses, après avoir contribué par-dessus tout à donner au patronat et à la clientèle un caractère sacré, se fait logiquement sentir dans la nature de la peine infligée au patron que la loi proclame *sacer,* qu'elle voue, par suite, à une proscription religieuse terrible dans ses conséquences.

(59) Il ne nous semble pas contestable que la loi Ælia Sentia soit postérieure à l'action paulienne, dont la création remonte, il est vrai, à une date incertaine. N'est-il pas difficile d'admettre, au point de vue rationnel, que le droit civil ait voulu protéger les créanciers contre une seule espèce d'actes frauduleux, c'est-à-dire contre les affranchissements? La loi Ælia Sentia se présente donc comme le complément naturel de l'œuvre du préteur (Accarias, D. rom., II, p. 1073, note 1). Et une lettre de Cicéron prouve que les faits sont d'accord avec la logique. Cicéron (*ad Attic.,* I, 1) fait allusion à une action intentée contre un tiers acquéreur par un créancier frustré de ses droits, *quum magna pecunia fraudaretur* (V., par ex., ed. Panck., tome 18, p. 28). Cette action ne peut être que l'action paulienne, car on ne voit pas autrement à quel

La loi Ælia Sentia contient l'application d'un procédé familier aux lois romaines : devant l'impossibilité de dépouiller un affranchi de l'irrévocable bienfait d'une liberté définitivement acquise, elle prononce la nullité absolue des affranchissements faits *in fraudem creditorum*. La même sanction atteint les affranchissements *in fraudem patroni* qui suivent les règles des premiers. Le sens de ces mots *in fraudem creditorum* ou *in frauden patroni* n'est expressément déterminé nulle part : les textes nous renseignent, néanmoins, à ce sujet.

21. — La loi Ælia Sentia, au moment de sa mise en vigueur, n'exigeait qu'une seule condition, la *fraus,* c'est-à-dire le préjudice souffert par les créanciers du *manumissor*. La nullité des affranchissements était prononcée en dehors de tout élément moral, indépendamment de l'intention d'infliger un dommage aux créanciers. Gaius, *lib. 1 rer. cottid. sive aureor.* fournit la preuve que la doctrine de l'an 757 de Rome n'était pas encore morte cent cinquante ans après, au milieu du second siècle de notre ère. Il considère comme fait *in fraudem creditorum* tout affranchissement dont l'effet est d'aggraver ou d'inaugurer l'état d'insolvabilité du *manumissor*. Les hommes, dit-il, ont souvent une opinion trop favorable de leur situation de fortune : tel est particulièrement le cas de ceux qui se livrent au commerce maritime, par l'intermédiaire d'esclaves ou

mode de protection organisé en faveur des créanciers se serait référé Cicéron. Or, la lettre à Atticus a été écrite sous le consulat de L. Aurelius Cotta et L.-M. Torquatus, en l'an 688 de Rome, plus d'un demi-siècle avant l'apparition de la loi Ælia Sentia.

d'affranchis. La ruine qui les frappe à la suite de ces opérations reste longtemps pour eux un fait ignoré, et ils se laissent entraîner à accorder la liberté à leurs esclaves, sans aucune intention de causer un préjudice, *sine fraudis consilio* (60).

Gaius ne prend donc pas en considération le défaut de *consilium fraudis :* il explique par un exemple comment un *manumissor* peut, de bonne foi, concéder la liberté à ses esclaves au détriment de. ses créanciers; mais il n'en décide pas moins qu'un affranchissement a lieu *in fraudem creditorum* dès qu'il aggrave ou inaugure l'état d'insolvabilité du débiteur, même en l'absence de *consilium fraudis*.

La *fraus* existe donc en dehors de tout élément moral, et n'exige pas cette pensée et ce but coupables qui sont la condition essentielle du dol. On a constaté depuis longtemps l'indifférence du droit primitif à l'égard de la question d'intention. Plus on remonte vers les origines de la législation romaine, plus on est frappé du caractère tout extérieur du droit. L'injustice n'est point alors appréciée d'après sa cause et d'après les circonstances qui ont leur siège dans la personne de son auteur, mais d'après son effet et uniquement au point de vue de la personne lésée. C'est en se plaçant au point de vue de la victime du vol, et non de la gravité plus ou moins caractérisée du délit, que la loi pénale a puni si différemment, à toutes les époques, le *fur manifestus* et le *fur nec manifestus* (61).

(60) F. 10, D. *Qui et a quib. manum*, XL, 9.

(61) L'explication des différences entre le *furtum manifestum* et le *furtum nec manifestum* est proposée par Ihéring (*Esprit du droit romain*, I, p. 128, et *De la faute en droit privé*, p. 20).

La loi Ælia Sentia n'envisageait, de son côté, que l'effet de l'affranchissement : s'il y avait préjudice pour les créanciers, elle prononçait la nullité, sans s'arrêter à cette considération que le *manumissor* n'avait peut-être pas la pensée d'infliger un dommage à ses créanciers. Le *manumissor* de bonne foi est traité comme le *manumissor* de mauvaise foi. Le fait extérieur entraîne l'application de la loi, sans que son rapport avec la volonté soit un élément d'appréciation, et l'on serait tenté de dire en parodiant Cicéron : *non consilii, sed fortunæ pœna repetitur* (62).

22. — Le droit romain cependant, entraîné dans une incessante évolution, tendait peu à peu à faire de l'intention des parties la mesure générale de la responsabilité.

Aussi les jurisconsultes s'efforcèrent-ils d'étendre la conception juridique de la *fraus* pour y faire pénétrer l'élément intentionnel. La règle rigoureuse de la loi Ælia Sentia, bien qu'elle ait encore pour défenseurs, au milieu du second siècle, quelques scrupuleux interprètes, souleva très vite des protestations.

Sabinus, disciple d'Ateius Capito, sous Tibère, et son élève Cassius, pour reconnaître la nullité d'un affranchissement, ne se contentent pas de l'élément matériel du préjudice, et exigent en outre l'élément intentionnel ou *consilium fraudis*. Leur opinion est rap-

---

(62) Tacita est lex humanitatis ut ab homine consilii, non fortunæ pœna repetatur (Cicéron, *pro Tullio*, XIV). Ce texte offre un exemple de l'emploi du mot *fortuna* au lieu du mot propre *casus* (Voir M. Voigt, *Die XII Tafeln*, I, § 42, note 33).

portée par Gaius, *lib. 3 de manum*, au sujet d'une question où il combattait l'opinion de Julien (63).

Julien, qui fut préteur sous Hadrien, se déclara partisan de Sabinus et de Cassius. Nous en avons pour garant, non seulement l'affirmation de Gaius, qui laisserait place à un doute (64), mais encore un texte de Julien lui-même, *lib. 2 ad Urs. Feroc.* Un testateur encore en état de solvabilité a confirmé des codicilles *in futurum :* ayant ensuite conçu le dessein de nuire à ses créanciers, *cum consilium creditorum fraudandorum cœpisset,* il a conféré la liberté à des esclaves par codicille; il est impossible d'admettre que ces affranchissements ne tombent pas sous le coup de la loi Ælia Sentia, car l'intention du testateur de causer un préjudice, *consilium testatoris fraudulentum,* ne s'apprécie pas à l'époque de la confirmation du codicille, mais au moment de sa rédaction en vue de concéder la liberté (65). Si Julien prend soin de déterminer l'instant où doit exister le *consilium fraudis,* c'est qu'il ne reconnaît la nullité d'un affranchissement par application de la loi Ælia Sentia que dans l'hypothèse où le *manumissor* a eu conscience du préjudice qu'il imposait à ses créanciers. Son opinion est donc bien arrêtée (66), et elle finit par triompher.

(63) *Sed non hoc est consequens Sabini et Cassii sententiæ..... qui existimat consilium quemque manumittentis spectare debere* (f. 57. D. *De manum testam,* XL, 4).

(64) Quam et ipse sequi *videtur* (f. 57, D. *De manum testam,* XL, 4).

(65) F. 7, D. *Qui et a quib. manum,* XL, 9.

(66) *Supra,* n° 15.

23. — L'autorité de Julien ne suffit pas cependant à prévenir toute dissidence. Pomponius, contemporain d'Antonin le Pieux, appliquait sans doute la théorie de l'auteur de l'Édit perpétuel (67). Mais on sait que Gaius professait encore, sous Antonin le Pieux et sous Marc-Aurèle, la doctrine battue en brèche par Sabinus et Cassius et détrônée par Julien (68).

On a tenté, il est vrai, d'établir que Gaius n'était pas en contradiction avec les auteurs de la théorie nouvelle, qui comptent tous, comme lui, parmi les membres de l'école sabinienne, et on a invoqué le fr. 57, D. *De manum testam* (XL, 4). Julien avait admis la nullité de l'affranchissement accordé par un testateur insolvable, même avec cette formule : *cum æs alienum solutus erit, Stichus liber esto.* Gaius est d'un avis contraire, et, se plaçant au point de vue qui devait inspirer le raisonnement de Julien, il affirme l'inconséquence de la solution donnée par ce jurisconsulte. Julien n'admettait, en effet, la nullité des affranchissements qu'à la double condition du préjudice et du *consilium fraudis.* Or, la formule de l'affranchissement prouve avec évidence que le testateur n'avait pas l'intention de causer un préjudice à ses créanciers, et le *consilium fraudis* fait défaut. Cela veut-il dire que Gaius exige lui-même le *consilium fraudis?* Pas le moins du monde. Si Gaius valide l'affranchissement testamentaire subordonné à cette condition : *cum æs alienum solutum erit,* c'est que l'efficacité en est subordonnée au paiement intégral

---

(67) *Supra,* no 15, f. 3, D. *De pignerat. act.,* XIII, 7.

(68) Cf. *supra,* n° 21, le commentaire du f. 10, D. *Qui et a quib. manum,* XL, 9.

des créanciers. Un tel affranchissement ne peut donc jamais causer un préjudice aux créanciers : comment serait-il possible de l'annuler? (69).

24. — Il faut donc reconnaître que Gaius avait fait preuve d'une indépendance d'opinion dont les Proculiens et les Sabiniens fournissent d'ailleurs de fréquents exemples (70), et qu'il soutenait encore la doctrine primitive. Après lui, il n'y a plus, semble-t-il, que des partisans de la nouvelle théorie qui est consacrée par Justinien dans ses *Institutes* (71). Justinien avait sous les yeux le livre I, *rer. cottid. sive aureor.* de Gaius, puisqu'il en reproduit des lambeaux (72). Aussi croit-il devoir accorder un souvenir à la règle originaire, que Gaius appliquait encore, pour en signaler la disparition (73). Mais il prend soin d'affirmer, en terminant, la seule solution admise à son époque : si bien qu'il y a un léger défaut de concordance entre les premières lignes empruntées à Gaius et les dernières dont Justinien est l'auteur. Il n'y a plus obstacle à la liberté qu'autant que les créanciers ont à se plaindre à la fois de l'intention du *manumissor* et de la réalité même, c'est-à-dire de l'insuffisance de ses biens (74).

(69) Accarias, *Droit romain*, I, p. 135, note 1.

(70) Cf. Ortolan, *Expl. hist. des Inst.*, I, *Histoire et généralisation*, n° 365.

(71) Inst., I, 6, *Qui, quib. ex causis manum*, § 3.

(72) F. 10, *Qui et a quib. manum*, XL, 9.

(73) *Prævaluisse tamen videtur*, nisi animum quoque fraudandi manumissor habuit, non impediri libertatem quamvis bona ejus creditoribus non sufficiant.....

(74) Itaque nunc intelligimus impediri libertatem, cum utroque modo fraudantur creditores, id est, *et consilio manumittentis, et ipsa re*, eo quod bona non suffectura sunt creditoribus.

25. — La notion de la *fraus* se rapproche désormais du principe du droit naturel exprimé par Cicéron : *tacita est lex humanitatis ut ab homine consilii, non fortunæ pœra repetatur* (75); car une véritable révolution s'est opérée au cours du second siècle. Les jurisconsultes ne s'arrêtent plus au fait matériel du préjudice; ils observent son rapport avec la volonté de l'auteur du dommage, et, pour rester fidèle à notre exemple, avec la volonté du manumissor. Affranchir des esclaves *in fraudem creditorum,* ce n'est plus seulement leur conférer la liberté au préjudice des créanciers, c'est aussi les délivrer de la servitude, avec l'intention de causer un dommage aux créanciers. La *fraus* suppose, d'une manière générale, deux éléments essentiels, l'élément matériel exigé dès l'origine, c'est-à-dire le préjudice, et un élément moral que les jurisconsultes appellent l'intention de nuire, ou littéralement « le dessein ou la conscience du préjudice », *consilium fraudis* (76). Aussi les termes *dolus* et *fraus* commencent-ils à être couramment associés l'un à l'autre au second et surtout au troisième siècle, pour être bientôt usités comme synonymes. C'est alors que nous voyons Modestin, *lib. 8 differ.,* présenter l'exemple typique d'une obligation *de dolo* destinée à prévenir tout projet de fraude (77). Où trouver, en effet, une différence entre la notion du dol et la notion de la *fraus,* puisqu'elles impliquent l'une et

(75) Cicéron, *pro Tullio,* XIV.

(76) La distinction de ces deux éléments est clairement mise en lumière par Justinien (Inst., I, 6, *Qui, quib ex causis manum,* § 3 *in fine*).

(77) F. 62, D. *De ædilit. edict.,* XXI, 1.

l'autre les mêmes éléments. Dès que la notion de *fraus* eut accueilli l'élément d'intention à côté de son élément de fait, grâce aux efforts de quelques jurisconsultes du premier et du second siècles de notre ère, l'assimilation du dol et de la *fraus* put être considérée comme un fait accompli.

# II

# EFFETS DU DOL SUR LA VALIDITÉ DES CONTRATS

## SOMMAIRE

26. — Distinction entre les contrats inexistants et les contrats entachés de nullité.

27-29. — Influence du dol sur les contrats, suivant que les manœuvres ont engendré la crainte ou l'erreur.

30. — L'erreur qui est le résultat d'un dol laisse subsister le contrat, mais fait naître un droit à la réparation du préjudice.

31-34. — Le droit à la réparation du préjudice n'était pas reconnu par le droit civil, sauf en trois cas exceptionnels.

34. — Influence différente du dol sur les contrats, suivant qu'ils sont de droit strict ou de bonne foi. — Division.

26. — Un contrat est l'accord de deux ou plusieurs volontés en vue de produire un effet juridique. Parmi les éléments essentiels à la formation des contrats, il en est deux qui se rencontrent dans toute législation, le consentement des parties et un objet. Si une personne contracte dans un état de folie ou d'ivresse, si un *infans* promet ou stipule, il n'y a pas eu volonté, car l'intelligence a disparu chez le fou et l'homme ivre, et elle n'est pas née chez *l'infans*. La prestation de l'objet de l'obligation est-elle impossible, parce qu'il n'existe plus ou n'a jamais existé, il y aura bien eu deux volontés tendant au même but, mais elles n'auront pu se rencontrer.

A côté de ces éléments essentiels, il en est d'autres artificiels et variables, comme la nécessité d'employer des formes solennelles. La loi peut encore défendre certains actes, et, comme sanction de cette prohibition, en prononcer la nullité : c'est alors une *lex perfecta* qui rend la prestation légalement impossible.

Quand un contrat ne réunit pas tous les éléments essentiels à sa formation, ou s'il tombe sous le coup d'une *lex perfecta,* il est inexistant. Il en résulte, entre autres conséquences, qu'il n'est pas susceptible de ratification et que les tribunaux n'ont pas à en prononcer la nullité, mais à la déclarer.

A l'invalidité complète, M. de Savigny oppose l'invalidité partielle. Le contrat existe, mais ne produit pas tous ses effets. L'incapacité de l'un des contractants, la violation d'une *lex mimus quam perfecta,* les vices qui ont atteint le consentement, engendrent un droit nouveau et de nature contraire. « L'invalidité partielle se montre sous la forme d'une action, d'une exception, d'une obligation ayant pour objet un nouvel acte juridique contraire à l'ancien, ou bien encore comme attribuant la faculté de se faire restituer » (78). Le contrat existe : pour le faire disparaître, il faudra exercer une action en nullité.

27. — Recherchons maintenant quelle est l'influence du dol sur les contrats. C'est un vice du consentement, et le consentement ne subsiste qu'altéré par la crainte ou l'erreur. Le dol s'applique, en effet, aussi bien aux manœuvres qui ont engendré la crainte qu'à celles qui ont produit l'erreur. Lorsque les manœuvres font naître la crainte, il est nécessaire de distinguer entre la contrainte physique et la contrainte morale. Si la violence

(78) De Savigny, trad. par Guenoux, t. IV, p. 202.

consiste en une contrainte matérielle qui fait de celui qui en est la victime un instrument dénué de volonté, le consentement n'existe pas et le contrat est inexistant. Mais la violence peut simplement inspirer la crainte et pousser celui qui en est victime à conclure des actes juridiques, sous l'influence des sentiments qui se sont emparés de lui (79). La volonté existe, car la victime de la violence, entre deux maux, a préféré le moindre. Mais la crainte a été un motif déterminant qui n'a pas laissé à la volonté toute son indépendance, et, si le consentement existe, il est vicié. Si donc le contrat n'est pas inexistant, il est du moins susceptible d'être annulé. Le contrat est-il inexistant, la victime d'une violence physique répond à la poursuite dirigée contre elle : il n'y a pas contrat, et l'*intentio* de la formule d'action que vous invoquez n'est pas fondée. Le contrat est-il entaché de nullité à la suite d'une violence morale, il produit, en droit pur, des effets que vient détruire le préteur par les différentes mesures de protection organisées contre la crainte : *in integrum restitutio,* action et exception.

28. — **Influence du dol sur les contrats quand il a fait naître l'erreur.** — Si le dol a fait naître l'erreur dans l'esprit de la personne qui s'est obligée, il faut encore avoir recours à une distinction pour déterminer son influence sur les contrats. Il est des erreurs tellement profondes qu'elles détruisent le consentement sans qu'on ait à se préoccuper de savoir si

(79) Pour exprimer l'antithèse entre la violence physique et la violence morale, les commentateurs ont imaginé les expressions *vis absoluta* et *vis compulsiva*.

elles ont été spontanées ou si elles sont le résultat d'un dol.

Il en est ainsi lorsque l'erreur porte sur la nature du contrat. Si je livre une somme d'argent à titre de dépôt, et que l'*accipiens* ait cru la recevoir à titre de *mutuum*, il n'y a ni dépôt, ni *mutuum*, car la volonté de l'une des parties ne peut être sacrifiée à la volonté de l'autre (80).

De même, le contrat est inexistant quand il y a erreur sur les modalités du contrat. Si Primus prête purement et simplement une somme d'argent à Secundus, qui emprunte à terme ou sous condition, et réciproquement, le concours de volontés ne s'est pas produit, et il n'y a rien de fait. Le contrat ne se forme pas davantage, au cas d'erreur sur l'identité de la personne. Cette erreur, impossible dans la stipulation, se conçoit aisément dans les contrats qui n'exigent pas la présence simultanée des deux parties (81). Primus est sur le point de conclure un contrat consentuel : il reçoit par la bouche d'un messager le consentement de Tertius, alors qu'il croit recevoir le consentement de Secundus. Le contrat ne prend pas naissance, car les deux parties n'ont pas traité l'une avec l'autre.

Le contrat est encore inexistant lorsque l'erreur porte *in corpore*, c'est-à-dire sur l'identité individuelle de la chose qui doit être l'objet de l'obligation. Si Primus stipule de Secundus l'esclave Pamphile, et que Secundus, en promettant Pamphile, ait eu en vue un autre esclave ainsi désigné ou qu'il croyait à tort

(80) F. 18, pr. et § 1, D. *De reb. cred.*, XII, 1.

(81) Elle est cependant bien rare en pratique, et le Digeste n'en fournit qu'un exemple (f. 32, D. *De reb. cred.*, XII, 1).

appelé de ce nom, le contrat ne prend pas naissance; car, pour déterminer l'objet de l'obligation, on serait forcé de ne tenir compte que de la volonté de l'une des parties (82).

Dans toutes ces hypothèses, l'erreur est par elle-même une cause d'inexistence des contrats, parce qu'elle supprime le consentement. L'opération est l'œuvre d'une volonté unique, et l'indispensable concours de volontés ne s'est pas produit.

29. — Il ne faudrait pas croire pour cela que l'erreur soit toujours un obstacle invincible à la naissance des contrats, ainsi que pourraient le faire croire quelques textes qui pèchent par excès de généralité (83). Si l'erreur est parfois *essentialis,* suivant une expression des commentateurs, elle est, au contraire, *minus essentialis* ou *concomitans* lorsqu'elle ne réduit pas l'opération à être l'œuvre d'une seule volonté, et reste dès lors sans influence sur la validité de l'acte juridique.

Il en est ainsi lorsque l'erreur ne porte que sur le motif déterminant du contrat. C'est un absent de retour qui promet une somme d'argent à celui qu'il considère à tort comme son gérant d'affaires, ou un promettant qui s'engage croyant nover une dette dont il n'est pas tenu en réalité. Cette erreur n'empêche pas le concours des deux volontés du stipulant et du promettant, et le contrat naît malgré elle.

Il se forme également sans difficulté si l'erreur porte

(82) F. 83, § 1, et f. 137, § 1, D. *De verb. oblig.,* XLV, 1; — f. 9, pr., D. *De contrah. empt.,* XVIII, 1.

(83) F. 57, D. *De oblig. et act.,* XLIV, 7, et f. 116, § 2, D. *De reg. jur.,* L. 17.

*in qualitate,* c'est-à-dire sur les qualités matérielles ou morales, soit de l'objet de l'obligation, soit de la personne de l'autre partie. Primus stipule un esclave qu'il croyait docile, frugal et laborieux, il achète une amphore qu'il croyait sôlide, il loue sa maison à un homme qu'il croyait de bonnes mœurs, et l'événement a déçu sa croyance (84).

Il est, enfin, une dernière espèce d'erreur pour laquelle les textes ne donnent pas une réponse catégorique; c'est l'erreur sur la composition physique de la chose qui fait l'objet de l'obligation, *error in substantia* ou *in materia.* Primus croit stipuler ou acheter un vase d'or ou de l'argent massif, et l'objet du contrat est en réalité un vase de cuivre ou de l'argent plaqué. Le consentement est vicié, et il est probable que Primus, mieux renseigné, n'aurait voulu ni de la stipulation, ni de la vente, mais le consentement existe, car la volonté de Primus s'est bien rencontrée avec celle du promettant ou du vendeur. Aussi les jurisconsultes maintiennent-ils l'application rigoureuse des principes. Cela ne fait aucun doute pour la stipulation, où la loi romaine ne tient compte que de ce qui frappe les sens (85), et le stipulant aurait pu facilement éviter le désagrément qui lui arrive en disant : *spondesne vas aureum, spondesne massam argenti?* La règle ne change pas, en général, pour la vente et pour les autres contrats. Dans l'hypothèse d'une vente où l'acheteur avait cru acquérir une table en citronnier, Paul, *lib. 22 ad ed.,* dit

(84) Cf. f. 10, *De contrah. empt.,* XVIII, 1.
(85) F. 22, D. *De verb. oblig.,* XLV, 1.

formellement : *emptionem esse cum in corpore consentiamus* (86), et il accorde seulement à l'acheteur des dommages-intérêts. Marcellus donne la même décision, au témoignage d'Ulpien, toujours parce qu'il y a eu concours de volontés (87). Il est vrai qu'Ulpien considère l'erreur *in materia* comme une cause de nullité de la vente, lorsque l'objet acheté ne contient aucune parcelle de la substance dont l'acheteur l'a cru tout entier composé. C'est ainsi qu'il admet la nullité de la vente, *si acetum pro vino veneat, æs pro auro vel plumbum pro argento*. Il formule des restrictions pour la première espèce, dans l'hypothèse où l'objet de la vente serait du vin piqué et transformé en vinaigre, mais reconnaît toujours la nullité dans les autres espèces qu'il a citées (88). Cette décision ne doit pas sans doute être généralisée, car Ulpien lui-même affirme la validité d'un contrat de gage, malgré une erreur sur la substance de la chose donnée en gage (89).

(86) F. 21, § 2, D. *De act. empt.*, XIX, 1 ; — *Adde* f. 15, pr., *De contrah. empt.*, XVIII, 1.

(87) *Emptionem esse et venditionem, quia in corpore consensum est, etsi in materia sit erratum*..... (f. 9, § 2, *De contrah. empt.*, XVIII, 1).

(88) C'est en ce sens qu'il faut entendre la fin du texte : *in ceteris autem nullam esse venditionem puto, quotiens in materia erratur.* La vente est toujours nulle si l'acheteur a pris du cuivre pour de l'or, du plomb pour de l'argent, car l'or et l'argent sont seuls des métaux précieux qui conservent en tout temps leur valeur vénale (f. 9, § 2, D. *De contrah. empt.*, XVIII, 1 ; — *Adde* f. 11, § 1, D. *De contrah. empt.* : *quia in sexu error est*, dit Ulpien, *nulla emptio, nulla venditio est.*

(89) F. 1, § 2, D. *De pignerat. act.*, XIII, 7.

3o. — En résumé, l'erreur supprime par elle-même le contrat, toutes les fois qu'elle réduit l'opération à être l'œuvre d'une volonté unique; si elle laisse subsister le consentement, elle est sans influence sur la validité de l'acte juridique.

Mais l'erreur de l'une des parties a pu être engendrée par le dol de l'autre. Elle n'a sans doute pas plus d'influence sur le consentement de la partie trompée que l'erreur spontanée, et cependant, la règle n'est plus la même. Il est bien évident, en premier lieu, que l'erreur engendrée par un dol empêche le contrat de se former, comme l'erreur spontanée, lorsqu'elle supprime le concours de volontés. Le seul effet du dol, dans cette hypothèse, est de permettre à celui qui en a été la victime de réclamer des dommages-intérêts. C'est surtout dans les cas où l'erreur laisse subsister le consentement que le dol acquiert de l'importance. L'erreur engendrée par un dol, à la différence de l'erreur spontanée, permet de réclamer la réparation du préjudice dont elle a été la source.

3i. — **Des cas exceptionnels où le droit civil accordait la réparation du dol.** — Il faut se garder de croire que ce droit à une réparation ait été régulièrement organisé dès le début. Imaginer des théories formées de toutes pièces et les appliquer dans leur ensemble à date fixe et sans transition n'est pas un trait de caractère des jurisconsultes romains. Malgré le dol et l'erreur qui en est la suite, le contrat prend naissance et doit produire ses effets. Le droit civil laisse sans protection la victime du dol, et les manœuvres coupables ne sont réprimées que dans trois cas exceptionnels, en faveur des pupilles, en faveur des mineurs de vingt-cinq ans, et dans les contrats de bonne foi (90).

32. — PREMIER CAS. — Le moyen de défense organisé au profit du pupille contre le tuteur coupable de dol n'est connu que par conjecture. On ne sait si le pupille pouvait agir pendant la tutelle ou seulement lorsque le tuteur avait cessé ses fonctions. En admettant la première alternative, peut-être était-ce le *crimen suspecti* (91) qui atteignait le tuteur coupable de dol ou d'une négligence assez grossière pour être assimilée au dol. Le *crimen suspecti*, véritable poursuite criminelle dont l'exercice était ouvert à tous, emportait immédiatement pour le tuteur l'interdiction absolue de continuer son administration. Au cas d'échec de l'accusation, le tuteur recommençait à gérer le patrimoine du pupille. Si l'accusation triomphait, le tuteur encourait l'infamie et même des peines corporelles, et dans tous les cas, la protection des intérêts du pupille était confiée à un nouveau tuteur.

A l'expiration des fonctions du tuteur, le pupille avait à son service une autre action pénale qui remonte à la loi des XII Tables. C'est l'*actio de rationibus distrahendis*, qui suppose des comptes inexacts présentés par le tuteur pour dissimuler un détournement commis au préjudice du pupille. Cette action infamante emporte condamnation au double de la valeur détournée; elle

(90) *Atque iste dolus malus etiam legibus erat vindicatus, ut tutela XII tabulis, et circumscriptio adolescentium lege Lætoria; et sine lege, judiciis in quibus additur ex fide bona* (Cicéron, *De off.*, III, 15). Nous mettons naturellement à part le cas où le dol constituait un délit déterminé, et était puni à ce titre par des actions pénales : *furti, injuriarum*, etc.....

(91) F. 7, § 1, D. *De suspect. tutor.*, XXVI, 10.

est ainsi moins rigoureuse que l'*actio furti,* où l'unité
se calcule toujours d'après l'intérêt de la victime du
vol (92). L'une des moitiés de la condamnation indemnise le pupille, l'autre punit le tuteur : c'est dire
que l'action est mixte et mélangée d'un caractère pénal,
*tam rei quam pœnæ persecutoria* (93).

33. — Dᴇᴜxɪᴇ̀ᴍᴇ ᴄᴀѕ. — A l'origine, les mineurs de
vingt-cinq ans, malgré leur inexpérience, étaient laissés
sans défense spéciale contre le dol. Mais une loi
Plætoria, parfois appelée loi Lætoria ou Lectoria, de
date inconnue, organisa à leur profit un moyen de
protection contre le dol, au plus tard durant la première moitié du sixième siècle de Rome. On ne sait si
cette loi prohibait des actes déterminés comme le *mutuum* (94) ou la stipulation (95), ou si elle portait la
défense absolue de causer un préjudice aux mineurs en
contractant avec eux (96). Quoi qu'il en soit, la condamnation de celui qui lésait les mineurs par des manœuvres dolosives entraînait l'infamie. Cette condamnation, que l'on poursuivait contre l'auteur du dol au
moyen de l'action puisée dans la loi *(judicium legis Plætoriæ),* ne peut avoir consisté uniquement dans la restitution du montant simple du dommage occasionné. On
ne s'expliquerait pas autrement ces paroles de Plaute,
prononcées au sujet de la loi Plætoria : *metuunt credere
omnes* (97). Le droit d'intenter l'action est attribué tout

(92) F. 1, § 2, D. *De tutelæ et ration. distrah.,* XXVII, 3.
(93) F. 2, § 2, *De tutelæ et ration. distrah.,* XXVII, 3.
(94) *Credere* dans Plaute. *Pseudolus,* I, 3, 96.
(95) *Stipulari* dans Priscianus. *Gr. Inst.,* VIII, 4; XVIII, 19.
(96) Ihéring, *Esprit du droit romain,* IV, note 176, p. 117.
(97) *Pseudolus,* I, 3, 96.

d'abord au mineur, mais il est également reconnu à toute autre personne qui prétend en faire usage, ainsi que le donne à entendre Cicéron : *judicium publicum rei privatæ lege Plætoria* (98). Cette expression ne fait point allusion à une instance criminelle, quoi qu'ait pu dire M. de Savigny (99), car les termes *actio publica* se rencontrent souvent employés pour *actio popularis* (100). Il est certain au surplus que, plus que toute autre, cette action méritait d'être populaire. L'action protectrice des mineurs dirigée contre des contractants de mauvaise foi ne faisait ainsi que participer à la faveur dont était entourée la *postulatio suspecti tutoris*. Mineurs et impubères étaient également placés sous la protection publique.

Le judicium legis Plætoriæ était la seule voie de procédure ouverte aux mineurs. Plus tard, lorsqu'avec la procédure formulaire naquirent les exceptions, lorsqu'on établit en règle que celui qui avait une action devait, à plus forte raison, jouir d'une exception (101), on appliqua cette même règle à la loi Plætoria. Mais c'est alors seulement qu'on donna aux mineurs l'*ex-*

(98) Cicéron, *De nat. deor.*, III, 30.

(99) Zeitschrift für gesch. Rechtswissenschaft, vol. X, p. 242. — Cela ne saurait être douteux en présence de la *lex Julia municipalis* (tab. Heracl.), qui, dans son chapitre VIII, rattache le *judicium legis Plætoriæ* aux actions d'injures ou de dol.

(100) F. 30, § 3, D. *De jurej.*, XII, 2 ; — f. 1, D. *De popul. act.*, XLVII, 23 ; — f. 1, § 6, D. *De susp. tut.*, XXVI, 10 ; — et aux Inst., 1, 26, *De suspect. tutor.*, § 3 : quasi *publicam* esse hanc accusationem, hoc est, omnibus patere.

(101) *Cui damus actiones, eidem et exceptionem competere multo magis quis dixerit* (f. 156, § 1, D. *De reg. jur.*, L., 17).

*ceptio legis Plætoriæ* dont il est question dans les textes. Dans l'opinion d'un grand nombre de romanistes, cette exception existait déjà sous la procédure des actions de la loi. Le mineur n'avait, à leur avis, qu'à invoquer la loi pour repousser l'action. Mais cette doctrine est contredite par un texte de Gaius qui déclare les exceptions inconnues à l'époque des *legis actiones* (102). On a alors admis que le moyen de défense ne consistait pas en une exception proprement dite qui ne se comprend que sous le système formulaire, mais se présentait sous forme de *sponsio* préjudicielle. On engageait, croit-on, une *sponsio* sur le point de savoir s'il y avait dol et, par conséquent, contravention à la loi; on nommait ensuite un juge, et, en cas de réponse affirmative à la question, l'action contre le mineur était refusée. Cette théorie a même été généralisée, et on a soutenu que la procédure ancienne s'était régulièrement servi de ce moyen pour suppléer aux exceptions. Nous retrouverons cette affirmation dans un instant (103), et c'est alors que nous en démontrerons le peu de fondement.

34. — Troisième cas. — Le droit civil assurait, enfin, la réparation du dol dans les contrats de bonne foi. Cicéron l'atteste à plusieurs reprises (104), et on ajoute aisément foi à ses paroles. Les contrats de bonne foi, que les exigences de la vie quotidienne ont dégagés du formalisme primitif à une date incertaine, sont formés par un simple échange de volontés et n'ont d'autres

(102) *Nec omnino ita ut nunc usus erat illis temporibus exceptionum* (Gaius, Inst., IV, § 108).

(103) *Infra*, n° 36.

(104) Cicéron, *De off.*, III, 15, et *De nat. deor.*, III, 30.

règles que celles de l'équité. Ils impliquent par eux-mêmes l'obligation de ne pas commettre de dol, et si un acheteur, poursuivi en paiement du prix, démontre que le vendeur s'est rendu coupable d'un dol à son égard, il a le droit de s'en prévaloir.

La distinction des contrats de droit strict et des contrats de bonne foi, qui produit de si nombreuses conséquences en droit romain, est donc d'une importance capitale dans la théorie du dol. Aussi allons-nous déterminer séparément les effets du dol dans les contrats de droit strict et dans les contrats de bonne foi. Si nous commençons par les contrats de droit strict, c'est parce qu'ils constituent la règle : nous en avons pour preuve le procédé de Cicéron, qui indique les cas où les *condictiones* prennent naissance, en posant des principes généraux (105). Le caractère exceptionnel des contrats de bonne foi ressort, du reste, avec évidence des énumérations limitatives que Cicéron (106), Gaius (107) et Justinien (108) nous donnent des *judicia bonæ fidei*.

<hr>

(105) Cicéron, *pro Roscio com.*, ch. IV.
(106) Cicéron, *De off.*, III, 15, et *De nat. deor.*, III, 30.
(107) Gaius, Inst., IV, § 62.
(108) Just., Inst., IV, 6, *De action.*, § 28.

## A. — **Contrats de droit strict**.

### SOMMAIRE

35. — Le dol est sans influence sur la validité des contrats de droit
strict et n'est pas réprimé par le *jus civile*.
36. — Théorie de M. de Savigny sur la *sponsio præjudicialis*.
37. — De la *clausula doli*.
38-40. — Ordre d'apparition de l'*actio de dolo*, de l'*exceptio doli* et de l'*in
integrum restitutio propter dolum*.
41-50. — Rôle de chacun de ces modes prétoriens de réparation du dol.
51. — Influence considérable de l'*actio de dolo* et de l'*exceptio doli*.


35. — Les principes de l'équité n'ont point accès
dans les contrats de droit strict, et notamment dans la
stipulation. Lorsque cette forme générale de contracter,
si précise mais si étroite, a été employée, le consentement est donné, et celui qui a prononcé la réponse
est lié, sans qu'il y ait à considérer rien autre chose
que l'accomplissement des solennités requises. Peu
importe que le promettant n'ait été amené à contracter
que par suite du dol du stipulant. Il a prononcé les
paroles sacramentelles au sujet d'un objet déterminé.
Désormais, aucune place ne reste à l'interprétation de
sa volonté véritable, du moins en dehors des termes
de la formule : *uti lingua nuncupassit, ita jus esto*. Telle
est une des rudes sentences écrites sur les XII Tables.

Le dol est donc sans influence sur la validité des
contrats de droit strict, et le droit primitif n'offre
aucun moyen d'en assurer la réparation. Cicéron nous
fournit la preuve de cette vérité par son anecdote si
connue de Canius et de Pythius. Le chevalier Canius,

se trouvant à Syracuse, avait manifesté le désir d'acheter une villa d'agrément. Aussitôt, le banquier Pythius met à la disposition de Canius des jardins qui ne sont pas à vendre, mais dont il le prie d'user en maître. Canius accepte une hospitalité si gracieusement offerte, et Pythius, à qui sa caisse gagnait la complaisance du prochain, fait venir des pêcheurs, et leur trace un rôle pour le lendemain. Canius est exact au rendez-vous : il voit une table magnifiquement servie; une multitude de barques frappe ses regards, chacun apporte sa pêche, et les poissons s'entassent aux pieds de Pythius. « Eh! s'écrie Canius, qu'est ceci! Comment, Pythius! tant de poissons! tant de barques! — Faut-il que cela vous étonne? dit le banquier, tout le poisson de Syracuse est ici; on ne pêche que dans ces eaux; ces braves gens ne sauraient se passer de cette maison. » Canius, enthousiasmé, fait des offres magnifiques à Pythius, qui finit par se rendre aux instances de son hôte, tout en prenant la précaution de transformer l'obligation de Canius en obligation de droit strict, au moyen d'un contrat *litteris*. Il y a ainsi double opération : d'abord, une vente de la villa, puis une novation de l'obligation de payer le prix qui pèse sur Canius. Dès lors, l'acheteur est propriétaire de la villa, car une tradition intervient sans délai, et le vendeur est satisfait, par suite de l'intervention du contrat *litteris*. Le lendemain, Canius vient au petit jour, et n'aperçoit pas le plus léger esquif. Un voisin empressé lui fait comprendre son erreur, et le chevalier, malgré son étonnement, *stomachari Canius,* ne peut se dispenser de payer la somme portée par son ordre sur les registres de Pythius, qui ne contient pas une joie indécente. Le contrat *litteris* est en règle : il ne reste qu'à l'exécuter. *Sed quid faceret? Nondum enim Aquilius collega et familiaris meus protulerat de dolo malo formulas!* Les formules sur le dol ne sont pas encore introduites, et Canius doit subir le contrat. Il en résulte que le droit civil, en faisant exception pour les hypothèses déjà signalées, ne connaissait aucun procédé pour réprimer le dol.

36. — **Théorie de M. de Savigny sur la sponsio præjudicialis.** — Ce point a cependant été contesté : M. de Savigny a conclu à l'existence, dès l'époque ancienne, de moyens de défense analogues à l'exception de dol, sortes d'actions préjudicielles qui auraient été introduites dans la procédure des actions de la loi en vue de protéger la victime du dol. L'illustre romaniste croit à l'existence d'une *sponsio præjudicialis* qui aurait pu être engagée devant le magistrat sur l'existence du dol (109). Il invoque à l'appui de son opinion un passage de Plaute, auquel il attribue une haute importance juridique. Labrax a perdu une valise pleine d'or et d'argent, qui est tombée aux mains de l'esclave Gripus. Pour rentrer en possession de son trésor, il promet à l'esclave un grand talent d'argent. Mais celui-ci ne se contente pas d'une promesse par stipulation, et fait jurer à Labrax sur l'autel de Vénus qu'il exécutera sa promesse et lui remettra personnellement le talent. Labrax est lié, car, au point de vue religieux, l'esclave a une personnalité, ainsi qu'en témoigne la *jurata promissio operarum liberti*. Néanmoins, après avoir reçu la valise, il refuse de rien donner à Gripus, malgré son serment et malgré la sti-

_________

(109) De Savigny, t. V, nᵒˢ 227 et 228, et notamment p. 195, note e, avec le renvoi.

pulation. Les serments, dit-il, sont faits pour la conservation et non pour la perte des biens. La stipulation elle-même est inutile, parce qu'elle est le résultat d'un dol, et Labrax demande à le prouver (110). Un débat préjudiciel va donc s'ouvrir qui ne permettra d'arriver au procès même relatif à la stipulation que si le dol n'est pas suffisamment constaté. Cette conclusion est-elle fondée ? (111). En premier lieu, il ne s'agit point d'un procès préjudiciel, mais d'un simple arbitrage, car Labrax refuse, dans l'espèce, de plaider avec le maitre de Gripus, qui, seul, aurait qualité pour représenter l'esclave en justice. En second lieu, Labrax se borne à réclamer le bénéfice de la loi *Plætoria*. Avec qui vais-je pouvoir plaider ? dit-il ; je soutiens que la stipulation est affectée d'un dol, et que je n'ai pas encore vingt-cinq ans. Il se prévaut, par conséquent, du droit spécialement organisé par la loi *Plætoria* en faveur des mineurs de vingt-cinq ans, et s'il associe pour se défendre l'idée de la minorité de vingt-cinq ans à celle du dol, c'est parce qu'en principe, le dol ne fait naître aucune voie de recours au profit du majeur de vingt-cinq ans.

Cette interprétation n'a pas arrêté les esprits amis des conciliations. Plaute, a-t-on dit, écrivait sous le système des actions de la loi, et Cicéron sous le système formulaire. Or, il est possible qu'il y ait eu, à l'origine et au temps de Plaute, un moyen de remédier

---

(110)     ..... *Cedo quicum habeam judicem,*
   *Ni dolo malo instipulatus sis, nive etiamdum siem*
   *Quinque et vigniti gnatus annos.*

          (Plaute, *Rudens,* acte V, scène III.)

(111) Consulter Ihéring, *Esprit du droit romain*, IV, p. 119 et suiv.

au dol. Ce procédé de réparation du dol, un instant oublié au moment de l'apparition du système formulaire, et, par conséquent, à l'époque de Cicéron, a pu reparaître plus tard sous le nom d'exception de dol. Cette explication est ingénieuse, mais elle ne repose sur aucun fondement précis : elle est d'ailleurs superflue, puisque la contradiction entre Plaute et Cicéron n'est qu'apparente.

37. — **De la clausula doli**. — Le dol était donc primitivement sans remède dans les contrats de droit strict. D'ailleurs, le contractant lui-même pouvait, au moins dans la stipulation, prévenir les dangers du dol en insérant une clause spéciale portant garantie, de la part de l'autre contractant, que le dol était absent de l'opération ; on ajoutait même d'ordinaire : et en demeurerait absent, *dolum malum abesse, abfuturumque* (112). De cette clause de la stipulation naissait pour la victime du dol, une *condictio ex stipulatu* contre son adversaire, et la possibilité d'obtenir des dommages-intérêts fixés à l'avance ou déterminés par le juge.

38. — **Ordre d'apparition des modes prétoriens de réparation du dol**. — Les choses restèrent dans cet état jusqu'à la fin de la République et jusqu'à l'innovation d'Aquilius Gallus. En l'an de Rome 688, le préteur Aquilius imagine des formules indépendantes de toute *clausula doli,* et bientôt après on voit fonctionner l'*actio de dolo,* l'*exceptio doli* et l'*in integrum restitutio propter dolum.* La victime du dol a ainsi à sa disposition trois moyens de réparation, mais l'ordre de leur intro-

---

(112) F. 7, § 3, D. *De dolo malo ; —* f. 4, § 16, D. *De doli mali et metus except.,* XLIV, 4 ; — f. 19, D. *Ratam rem hab.,* XLVI, 8.

duction est l'objet d'un vif débat entre les interprètes.

39. — L'*in integrum restitutio propter dolum*, dit un premier système qui compte M. de Savigny comme chef. a paru la première, et l'*actio de dolo* en est simplement une dérivation et un perfectionnement. On fait remarquer, à l'appui de cette affirmation, que la *restitutio propter dolum* est un procédé primitif, sans règles fixes, laissant au magistrat un pouvoir discrétionnaire tandis que l'*actio de dolo* est un procédé plus savant témoignant d'une culture juridique plus avancée.

M. de Savigny semble raisonner à un point de vue purement théorique et ne cite aucune preuve pour justifier son opinion (113). Aussi croyons-nous, avec Buchardi et avec M. de Vangerow, qui rejette sans hésiter les conjectures du romaniste prussien, que l'*in integrum restitutio propter dolum* est postérieure à l'*actio de dolo*. Si, en effet, l'*in integrum restitutio propter dolum* avait existé avant l'*actio de dolo*, comment Cicéron n'aurait-il pas mentionné une voie de recours si précieuse dans son énumération des moyens d'atteindre le dol? Comment, enfin, Canius se serait-il trouvé si embarrassé à la suite du dol de Pythius? Si l'*in integrum restitutio propter dolum* avait existé, Canius se serait empressé de se faire restituer contre la vente entachée de dol, et les rires de Pythius auraient cessé. Or, Cicéron nous dit que Canius n'avait à son service aucune voie de procédure pour se garantir contre le préjudice qu'il éprouvait : c'est donc que l'*in integrum restitutio propter dolum* n'était pas encore admise. L'*in integrum restitutio*

_______

(113) De Savigny, VII, § 320 et suiv., p. 135 et suiv.; — Contra : Buchardi, cité par de Savigny; — de Vangerow, *Lehrbuch*, § 185.

est sans doute un procédé en usage bien avant Cicéron et Aquilius, mais son application à la répression du dol n'a eu lieu que postérieurement à la création de l'*actio de dolo*. C'est seulement après avoir parfois constaté l'inefficacité de ce premier remède, que Cicéron considérait à tort comme infaillible, *everriculum maliliarum* (114), qu'on chercha dans l'*in integrum restitutio* un supplément de protection.

40. — L'*in integrum restitutio propter dolum* n'était donc pas connue au moment où Aquilius Gallus imagina ses formules sur le dol, c'est-à-dire l'*actio de dolo* et l'*exceptio doli*. Ici encore, nous nous heurtons à une opinion contraire. On a émis l'idée que l'expression de Cicéron n'a trait qu'à une seule formule. Aquilius Gallus a bien créé l'*actio de dolo*, mais l'honneur d'avoir introduit l'*exceptio doli* revient à Cassius, au témoignage d'Ulpien, *lib. 76 ad edictum* (115). Les divergences viennent de la façon différente de traduire le passage invoqué. Pour les uns, il désigne Cassius comme l'inventeur de l'*exceptio doli*, et c'est l'interprétation de M. de Vangerow, dans sa septième édition (116). Mais

(114) Cicéron, *De nat. dcor.*, III, 30.

(115) Metus causa exceptionem Cassius non proposuerat, *contentus doli exceptione*, quæ est generalis. Sed utilius visum est, etiam de metu opponere exceptionem (f. 4, § 33, D. *De doli mali et metus except.*, XLIV, 4).

(116) De Vangerow, *Lehrbuch*, § 185; — Accarias, *Droit romain*, II, p. 1045, note 2. — Cf. de Savigny, V, p. 194. — La date de l'exceptio doli serait ainsi fixée au milieu du septième siècle de Rome, car il est probable que le texte d'Ulpien se réfère au préteur L. Cassius *cujus tribunal propter nimiam severitatem scopulus reorum dicebatur* (Valère Maxime, liv. III, chap. VII, n° 9).

le savant auteur reconnaît lui-même que l'opinion qu'il avait admise dans ses éditions antérieures était plus conforme au sens grammatical du texte. Ulpien exprime simplement cette pensée que Cassius, en créant l'*actio quod metus causa*, avait jugé inutile de créer une *exceptio quod metus causa* qui lui aurait paru faire double emploi avec l'exception générale de dol.

Cette explication est la seule qui ne soit pas en contradiction avec Cicéron. De quel secours avait en effet besoin le chevalier Canius ? Précisément d'une exception de dol. Poursuivi par Pythius en paiement de la dette valable *jure civili*, il aurait opposé avec succès l'exception : *si in ea re nihil dolo malo Pythii factum sit* (117). Si donc Cicéron déclare que Canius était sans ressource, parce qu'Aquilius Gallus n'avait pas introduit ses formules sur le dol, c'est que l'*exceptio doli* n'existait pas plus que l'*actio de dolo*.

**41. — Rôle de l'actio de dolo, de l'exceptio doli et de l'in integrum restitutio propter dolum. —** Voilà donc, suivant nous, l'ordre d'apparition des modes prétoriens de réparation du dol, l'*actio de dolo* et l'*exceptio doli*, puis l'*in integrum restitutio propter dolum*.

Les commentateurs sont d'accord sur l'usage qu'il convient de faire de l'*exceptio doli* et de l'*actio de dolo*, et sur les effets de ces moyens de droit puisés dans l'édit du préteur.

**42. — Exceptio doli. —** Avant l'exécution du contrat, il y a lieu à l'*exceptio doli*. Les parties étant *in jure*, le défendeur, en vue de soutenir qu'il a contracté par suite du dol de son adversaire, demande au préteur

---

(117) Gaius, IV, § 119 (V. Lenel, *Das edictum perpetuum*, p. 405).

l'insertion d'une exception dans la formule. Si le dol est évident, s'il a eu pour effet de vicier l'obligation tout entière, comme dans l'hypothèse d'une stipulation conclue sans qu'il y ait eu numération des espèces (118), le préteur procède par voie de *denegatio actionis*. S'il est certain, au contraire, qu'aucun dol n'a été commis, il délivre au défendeur une formule *pura,* c'est-à-dire sans exception. Enfin, s'il y a doute sur l'existence du dol invoqué, ou si le dol n'est relatif qu'à une partie de l'obligation, comme au cas où le prêteur d'argent a stipulé cent, en ne remettant que cinquante à l'emprunteur, le magistrat rédige une formule dans laquelle il insère l'*exceptio si in ea re nihil dolo malo A$^i$ A$^i$ factum sit* (119). Si le défendeur démontre qu'il s'est obligé sous l'empire de l'erreur engendrée par les manœuvres de son adversaire, le juge rendra le plus souvent une sentence d'absolution, mais parfois aussi l'effet de l'exception sera de diminuer le montant de la condamnation, même dans l'action de droit strict par excellence, la *condictio certæ pecuniæ* (120).

(118) Gaius, Inst., IV, § 116.

(119) Ces solutions sont indiquées sur l'*exceptio jurisjurandi* (f. 9, pr., D. *De jurejur.,* XII, 2), et il n'y a pas de raison de les restreindre à cette exception. Voir également le titre *Quarum rerum actio non datur* (XLIV, 5), où il est question d'exceptions.

(120) Ce point a été contesté, du moins pour l'époque de la procédure formulaire (Just., Inst., IV, 6, *De action,* § 39), et on a prétendu que le juge devait fatalement condamner ou absoudre. Mais cette façon de penser est démentie par la définition de Paul : *Exceptio est conditio quæ modo eximit reum damnatione, modo minuit damnationem* (f. 22, pr., D. *De except.,* XLIV, 1). L'*exceptio doli* manquerait son but si elle pouvait entraîner l'échec total d'une demande qui n'est pas tout entière dolosive. On aboutirait ainsi à enrichir le défendeur aux

43. — ACTIO DE DOLO. — Si l'exécution du contrat est un fait accompli, la partie lésée par le dol devra intenter l'*actio de dolo,* en vue de se faire indemniser du préjudice éprouvé.

44. — **Caractère subsidiaire de l'actio de dolo**. — L'*actio de dolo* est infamante : aussi n'est-elle donnée que si elle constitue la seule voie de recours possible contre l'auteur du dol (121). Ainsi, avant l'exécution, la victime du dol étant armée de l'*exceptio doli* ne saurait prétendre à l'*actio de dolo.* Si la victime du dol a pris le soin d'insérer dans la stipulation une *clausula doli,* elle ne peut agir que par la *condictio ex stipulatu.* La partie lésée peut-elle invoquer un motif d'*in integrum restitutio,* notamment l'*in integrum restitutio propter ætatem,* parce qu'elle est mineure (122), elle ne peut prendre une autre voie. Un interdit suffirait même à exclure l'*actio de dolo.*

On a proposé enfin, avant d'accorder à la victime du dol l'*actio de dolo,* de distinguer suivant que l'auteur du dol aurait ou non été enrichi par l'exécution du contrat vicié.

Supposons d'abord que l'auteur du dol a obtenu un enrichissement. En ce cas, le demandeur savait-il, lorsqu'il a exécuté le contrat, qu'il était protégé par l'*exceptio doli :* toute action lui sera refusée; il est censé avoir voulu faire une libéralité. Ignorait-il, au con-

---

dépens du demandeur; on ne ferait donc que déplacer le dol, et ce serait un singulier résultat pour une action qui tend à assurer le triomphe de l'équité (Accarias, II, n° 901 *in fine,* p. 1218).

(121) F. 1, § 4, D. *De dolo malo.*
(122) F. 38 *in fine,* D. *De dolo malo.*

traire, qu'il était muni d'une exception perpétuelle, comme est l'*exceptio doli,* en vertu des principes sur la *condictio indebiti,* c'est cette *condictio* qui lui sera donnée.

C'est donc seulement lorsqu'il n'y aura pas eu d'enrichissement obtenu par l'auteur du dol, et alors seulement, que l'*actio de dolo* suivra son cours. Molitor, dit M. Vernet, a tort de ne pas faire cette distinction (123).

Cette distinction, il est vrai, est conforme aux principes; mais elle paraît être complètement étrangère à la jurisprudence romaine. Il suffit, pour arriver à cette conclusion, de citer M. Vernet lui-même. « Contre les héritiers du coupable, continue-t-il, il *n'y aura jamais lieu qu'à la condictio indebiti,* puisqu'ils ne sont tenus que *quatenus locupletiores facti sunt* » (124). Or, si nous nous reportons à un fragment de Gaius, *lib. 4 ad ed. provinc.,* que M. Vernet invoque à l'appui de ses affirmations, nous voyons qu'une action est donnée jusqu'à concurrence de l'enrichissement, et contre l'héritier du coupable, et contre le coupable lui-même, qui sera ainsi atteint dans une certaine mesure, même après la prescription de l'*actio de dolo.* Quelle est donc l'action visée par le texte de Gaius? C'est l'*actio de dolo* qui a perdu son caractère d'action infamante; c'est, en un mot, une *actio in factum.* Aucun doute n'est possible à cet égard, et il est incontestable que, d'après les textes (125), l'héritier du coupable est tenu d'une *actio in factum* perpétuelle.

---

(123) Vernet, *Textes choisis,* p. 236; — Accarias, *Droit romain,* II, p. 1051, note 1.

(124) F. 28, D. *De dolo malo.*

(125) Voir notamment f. 26, 28 et 29, D. *De dolo malo.*

Nous n'avons pas à rechercher si les principes de la *condictio indebiti* pourraient rendre l'*actio de dolo* presque sans application ; nous avons uniquement à déterminer quels étaient les moyens de droit usités à Rome pour réparer les torts causés par le dol, et nous voyons qu'à chaque pas il est parlé de l'*actio de dolo* et jamais de la *condictio indebiti*. Il n'est pas téméraire d'en conclure que les Romains avaient négligé de faire une distinction qu'il n'appartient pas à l'interprète d'établir.

Les mêmes considérations nous portent à admettre que la *condictio ex injusta causa* ne faisait pas obstacle à l'exercice de l'*actio de dolo*. Nous n'avons que deux textes au Digeste, l'un d'Ulpien, l'autre de Pomponius, qui fassent allusion à cette *condictio* (126). Les expressions mêmes dont se servent les jurisconsultes prouvent combien elle était peu en usage. Sabinus a toujours approuvé, dit Ulpien, l'opinion des anciens jurisconsultes, qui pensaient, *id quod ex injusta causa apud aliquem sit posse condici*, et c'est aussi l'opinion de Celsus. Ulpien vivait à l'époque la plus florissante du droit romain, et cependant son pas est si mal assuré, qu'il ne marche pas sans s'appuyer sur l'autorité de ses devanciers. Ce sont, en réalité, les commentateurs du droit romain qui ont donné à cette *condictio* un perfectionnement qu'elle n'eut sans doute jamais. C'est ainsi que Voët n'hésite pas à admettre, conformément aux principes ordinaires des *condictiones*, qu'on pouvait exiger l'extinction par acceptilation d'une dette contractée par suite d'un dol. Mais rien n'est moins

(126) F. 6 et f. 7, D. *De cond. ob turpem vel injustam causam,* XII, 5.

certain. On a vu Ulpien supposer que l'objet est *apud aliquem,* ce qui implique qu'il y a déjà eu exécution. Pomponius, raisonnant dans l'hypothèse où une violence a été commise, suppose également que l'obligation a été exécutée (127), et il n'est pas question d'acceptilation. On ne saurait trop faire observer que les textes n'auraient pas attribué une si grande importance à l'*actio de dolo,* si elle n'avait pas été d'une fréquente application. Or, l'interprétation du droit romain, d'après les seuls principes généraux, arriverait à rendre imperceptible la sphère d'application de l'*actio de dolo.*

45. — La règle qui subordonne l'exercice de l'*actio de dolo* à l'absence de toute autre voie de procédure comporte une exception lorsque le dol a été compliqué de violence. La personne lésée a le droit de choisir entre l'*actio quod metus causa* et l'*actio de dolo* (128). Cette dérogation au caractère subsidiaire de l'*actio de dolo,* s'explique par la volonté bien arrêtée du préteur de réprimer rigoureusement le dol commis avec violence. Le dol compliqué de violence est le plus grave de tous : c'est donc celui qui doit être puni avec la plus grande sévérité. Or, l'*actio de dolo* et l'*actio quod metus causa* convergent vers ce même but sans faire double emploi. Dans la première, la condamnation ne dépasse pas le préjudice, mais elle est infamante; dans la seconde, elle n'est point infamante, mais elle s'élève au quadruple du préjudice. Ainsi que le dit très bien M. Accarias (129), l'une ne fait qu'indemniser le dé-

(127) *Si exacta esset pecunia, repetitionem esse constat* (f. 7, D. *De cond. ob turpem vel inj. causam,* XII, 5).

(128) F. 14, § 13, D. *Quod met. caus.,* IV, 2.

(129) *Droit romain,* II, p. 1052.

fendeur, l'autre peut l'enrichir; l'une atteint plus profondément le défendeur dans ses intérêts moraux, l'autre dans ses intérêts pécuniaires. Selon les circonstances, le demandeur choisira l'action qui sera la plus avantageuse pour lui-même, ou celle qui lui paraîtra la plus rigoureuse pour son adversaire.

46. — L'action *quod metus causa* peut, du reste, être intentée en des hypothèses où l'*actio de dolo* serait impossible. L'édit du préteur sur la *metus* est rédigé en termes très généraux et s'oppose à la confirmation de tout acte entaché de violence (130). Il en résulte que la violence peut être une cause d'action ou d'exception, non seulement contre celui de qui elle émane, mais encore contre quiconque en a profité.

Ainsi se révèle entre le dol et la violence une importante différence (131), dont la raison d'être n'a pas toujours été bien aperçue, quoiqu'on ait proposé de nombreuses explications.

Ulpien, *lib. 11 ad ed.*, indique un premier motif, connu aujourd'hui encore sous sa forme primitive : *metus habet in se ignorantiam* (132). L'auteur de la violence, exposé à des peines sévères, prend des précautions pour rester caché. Le recours de la victime aurait donc été le plus souvent illusoire, s'il avait pu être exercé

(130) F. 1, D. *Quod metus causa.....,* IV, 1. — Cf. Lenel, *Das edictum perpetuum,* p. 90.

(131) On a coutume de caractériser cette différence en disant que les formules de l'action et de l'exception *quod metus causa* sont conçues *in rem,* tandis que les formules de l'action et de l'exception de dol sont conçues *in personam* (Lenel, *Das edictum perpetuum,* p. 91 et 405, 93 et 405).

(132) F. 14, § 3, D. *Quod metus causa,* IV, 2.

seulement contre celui qui avait inspiré la crainte. Ce motif, s'il avait guidé le préteur, aurait dû entraîner deux conséquences. Toutes les fois que l'auteur de la violence aurait été connu, l'action et l'exception *quod metus causa* n'auraient pas pu être opposées à la partie qui profitait de la violence, sans y avoir participé. Toutes les fois, au contraire, que l'auteur du dol aurait été inconnu, l'action et l'exception de dol auraient pu être exercées même contre une personne qui profitait du dol, tout en y restant étrangère. Or, les textes ne renferment aucune trace de ces distinctions.

On a dit encore : la personne qui cède à la *metus* est exempte de faute. Pour que la crainte tombe, en effet, sous le coup de la loi, des conditions sévères sont exigées; il faut que la *metus* soit *justus*, c'est-à-dire de nature à faire impression sur un *constantissimus vir* (133). Il faut que la victime des menaces ait cédé devant un danger qui la frappait dans sa vie ou sa liberté (134) : il n'y a pas *metus justus* quand on ne craint que pour ses biens (135). Si ces conditions rigoureuses se trouvent réunies, on peut affirmer qu'il n'y a rien à reprocher à la personne lésée. La victime du dol, au contraire, a été trop légère ou trop crédule; pourquoi sa faute nuirait-elle à un tiers de bonne foi qui profite, il est vrai, du dol, mais qui n'y a pas participé? Cette raison est satisfaisante quand la personne trompée a donné son concours à l'acte dont elle se plaint, mais

(133) F. 5 et f. 6, D. *Quod metus causa*, IV, 2.
(134) F. 3, § 1, D. *Quod metus causa*, IV, 2.
(135) Cette façon de comprendre la *metus* s'explique par l'influence des idées stoïciennes.

elle ne nous fait pas comprendre pourquoi le dol consistant en un acte matériel, réalisé par l'auteur du délit, n'est pas opposable aux tiers de même que la *metus* (136).

L'explication de cette difficulté doit être recherchée dans des considérations d'un autre ordre. La crainte et le dol sont des vices du consentement, mais ce sont de plus des délits, dont la réparation est poursuivie par des actions pénales. C'est en se plaçant au point de vue du danger que de telles manœuvres font courir à la société que le préteur a réprimé avec plus d'énergie les actes de violence que les actes de dol; les premiers apportent, en effet, dans les relations sociales « un trouble plus grave et plus alarmant » (137).

47. — IN INTEGRUM RESTITUTIO PROPTER DOLUM. — Le droit d'option accordé à la victime du dol entre l'*actio de dolo* et l'*actio quod metus causa* s'explique donc aisément. On a cependant profité de cette exception à la règle pour nier la règle elle-même et déclarer que le caractère subsidiaire de l'*actio de dolo* n'a jamais existé. A la preuve tirée du cumul des actions *de dolo* et *quod metus causa,* on ajoute un argument basé sur l'*in integrum restitutio propter dolum.* Le dol qui a influé sur la formation d'un acte juridique est, dit-on, une cause de *restitutio in integrum;* or, comme il engendre en même

---

(136) Accarias, *Droit romain*, II, n° 847, p. 1067. — Nous signalons seulement pour mémoire l'explication qui consiste à dire que la violence supprime tout consentement. La violence est, en effet, comme le dol, un vice du consentement : elle l'altère plus ou moins profondément, sans le détruire.

(137) Gide, *Revue pratique de droit français*, 1865, t. XIX, p. 239.

temps l'*actio de dolo,* la victime du dol peut exercer à son choix l'une ou l'autre voie de réparation du dol. Il est donc inexact d'affirmer que l'*actio de dolo* est subsidiaire, car si cette action est subsidiaire, elle doit toujours céder le pas à l'*in integrum restitutio.*

48. — Cette difficulté avait attiré l'attention de Doneau, qui s'en tirait par un moyen héroïque : il niait absolument l'existence de l'*in integrum restitutio propter dolum.* Il est vrai que notre titre *De dolo malo* ne désigne pas une seule fois l'*in integrum restitutio propter dolum* et n'y fait pas la plus légère allusion. Mais le dol est toujours énuméré parmi les causes d'*in integrum restitutio,* au même titre que la violence, l'erreur, la minorité, l'absence ou la *capitis deminutio* (138), et il n'est pas permis de supprimer ce chef de restitution. C'est en vain que Doneau cherche à donner le change, en disant que le dol n'est compris parmi les causes de restitution qu'à cause de la très grande affinité qui existe entre l'*actio de dolo* et l'*in integrum restitutio* (139).

Cette explication n'a convaincu personne et n'a pas surtout satisfait M. de Savigny, qui n'a combattu le grand romaniste français que pour tomber dans un excès contraire. Si, en effet, l'existence de l'*in integrum restitutio propter dolum* est incontestable, il est délicat de

---

(138) F. 1, D. *De in integrum restit.,* IV, 1, et Paul, *Sent.,* I, VII, § 2.

(139) Doneau, *De jure civili,* lib. XXI, cap. V (t. V, p. 1053 et suiv.). Voir notamment, p. 1058 *in fine* : Numeratur dolus inter causas in integrum restitutionis..... magis tamen propter affinitatem, quam habet actio de dolo cum in integrum restitutione, quam quod revera sit ipsa in integrum restitutio.....

déterminer les cas dans lesquels elle venait au secours
de la partie lésée par le dol. M. de Savigny, raisonnant
par voie d'analogie, accorde à l'*in integrum restitutio
propter dolum* une portée aussi grande qu'à l'*in integrum
restitutio propter metum*. Il est vrai que le Digeste renferme un texte qui semble autoriser toutes les har-
diesses de généralisation. Marcellus, *lib. 3 Dig.*, décide
que l'*in integrum restitutio* doit être accordée à ceux qui
ont été trompés sans leur faute, lors même qu'il y
aurait eu dol de l'adversaire, et malgré l'existence dans
ce cas de l'*actio de dolo*. Un bon préteur doit, en effet,
accorder l'*in integrum restitutio,* si elle est possible, plutôt
que de délivrer une action infamante, à laquelle il ne
faut recourir qu'en dernier lieu (140).

49. — Malgré ce texte, qui semble très général au
premier aspect, on est d'accord pour reconnaître que
l'*in integrum restitutio* ne peut toujours être accordée à la
suite d'un dol : autrement, l'*actio de dolo* aurait été sans
application, à cause de son caractère essentiellement
subsidiaire. Pomponius rapporte, pour ne citer qu'un
exemple, l'opinion de Labéon qui ne délivrait l'*actio de
dolo* qu'en l'absence d'*in integrum restitutio* (141). Ulpien,
*lib. 5 opin.*, expose une espèce de dol, et il donne à la
partie lésée l'*actio de dolo,* à moins qu'elle ne soit mi-
-neure, car c'est alors l'*in integrum restitutio* qui lui est

(140) ........ Deceptis sine culpa sua, maxime si fraus ab adversario
intervenerit, succurri oportebit : cum etiam de dolo malo actio competere soleat : et boni prætoris est potius restituere litem, ut et ratio
et æquitas postulabit; quam actionem famosam constituere, ad quam
tunc demum descendendum est, cum remedio locus esse non potest
(f. 7, § 1, D. *De in integr. restit.*, IV, 1).

(141) F. 1, § 6, D. *De dolo malo.*

octroyée (142). Ulpien se réfère bien évidemment à l'*in integrum restitutio propter ætatem*, et non à l'*in integrum restitutio* basée sur le dol, qui est impossible, puisque le majeur de vingt-cinq ans obtient la délivrance d'une *actio de dolo*.

Il est donc hors de doute que le dol n'est pas une cause générale d'*in integrum restitutio*. Mais alors, dans quels cas le dol peut-il servir de fondement à l'*in integrum restitutio?* C'est ce que nous allons chercher à déterminer, et nous trouverons en même temps l'occasion d'expliquer le texte de Marcellus, en l'étudiant dans son ensemble.

M. de Savigny accorde l'*in integrum restitutio propter dolum* lorsqu'une hérédité n'a été acceptée ou répudiée qu'à la suite de manœuvres dolosives, et il argumente de décisions analogues en matière de violence. Mais la conclusion à laquelle il arrive est en contradiction avec les textes qui accordent, dans cette hypothèse, l'*actio de dolo*. Si vous m'avez persuadé, dit Ulpien, *lib. 11 ad ed.*, de répudier une hérédité comme insolvable, ou de choisir un esclave comme le meilleur de la maison, j'aurai contre vous l'*actio de dolo,* si vous avez agi par dol (143). Et Furius Anthianus ajoute : celui qui a trompé quelqu'un pour lui faire faire adition d'une hérédité insolvable sera tenu de l'action du dol (144). L'*in integrum restitutio* est donc impossible, quoi qu'en dise M. de Savigny, puisque les juriscon-

(142) F. 38, D. *De dolo malo.*
(143) F. 9, § 1, D. *De dolo malo.*
(144) F. 40, D. *De dolo malo.*

sultes accordent l'*actio de dolo*, qui est la dernière ressource de la partie lésée.

M. de Savigny accorde encore l'*in integrum restitutio propter dolum* lorsque l'auteur du dol est insolvable (145). Il raisonne toujours par voie d'analogie, et s'appuie sur des décisions rendues en matière de violence. Mais est-il vrai de dire qu'il y ait analogie entre l'*actio de dolo* et l'*actio quod metus causa*. Celle-ci n'est pas infamante et n'est pas considérée comme un *ultimum subsidium* : il s'ensuit que l'*in integrum restitutio propter metum* peut très bien exister, même dans les cas où l'*actio quod metus causa* pourrait être délivrée. Au contraire, l'*actio de dolo* est infamante, et, par conséquent, subsidiaire : si donc les textes accordent l'*actio de dolo*, c'est que la victime du dol n'aura pu agir par l'*in integrum restitutio propter dolum*.

50. — Il ne faut donc pas invoquer des analogies plus apparentes que réelles, et il vaut mieux s'en tenir aux décisions qui ont été écrites directement pour l'*in integrum restitutio propter dolum*. Or, si on passe en revue les textes qui mentionnent cette forme de restitution, on s'aperçoit qu'ils se rapportent tous à des actes de procédure.

Callistrate, *lib. 5 cogn.*, raconte que l'empereur Hadrien accorda l'*in integrum restitutio* à Julius Tarentinus, parce que la religion du juge avait été surprise, grâce à la collusion des parties adverses et à de faux témoignages achetés d'avance (146).

Marcellus se place encore exclusivement au point de vue de la procédure dans le fragment qui semble si gé-

(145) Voir à ce sujet le f. 6, D. *De dolo malo*.
(146) F. 33, D. *De re judic.*, XLII, 1.

néral au premier abord (147). Il commence par rappeler
un rescrit d'Antonin Caracalla, aux termes duquel le
préteur doit accorder l'*in integrum restitutio* au plaideur
qui ne répond pas à l'appel de sa cause, parce qu'il ne
l'a pas entendu ou s'est éloigné un instant. Il ajoute
que la même faveur doit être octroyée à ceux qui ont
subi une déchéance ou laissé périmer une action sans
aucune faute de leur part, surtout s'il y a eu dol de
l'adversaire. malgré l'existence dans ce cas de l'action
de dol. C'est en vue de cette hypothèse toute spéciale
que le jurisconsulte dit : *boni prætoris est potius restituere
litem..... quam actionem famosam constituere.*

L'*in integrum restitutio propter dolum* a donc pour but de
rendre à la partie lésée la possibilité de soutenir à
nouveau son procès, et, comme le dit Marcellus, de
*restituere litem.*

Julien affirme cette règle à deux reprises. Il suppose
d'abord qu'une hérédité a été dévolue à deux héritiers :
l'un d'eux, pour répondre à des poursuites, même au
nom de son cohéritier, tout en évitant de fournir la
*satisdatio* due par ceux qui plaident au nom d'autrui, se
déclare seul héritier. Il est condamné, mais insolvable,
et le demandeur pourra obtenir la resçision de l'instance précédente (148). Voilà donc une *in integrum restitutio* fondée sur une réticence dolosive qui aboutit à
une *restitutio litis.*

Dans la seconde espèce, Julien suppose qu'un demandeur n'a pu paraître en justice par suite du dol

<hr>

(147) F. 7, § 1, D. *De in integr. restit.*, IV, 1.

(148) F. 18, D. *De interrog. in jure*, XI, 1. — *Adde*, C. 8, C. *De
collat.*, VI, 20.

d'un tiers. Il lui donne une action *in factum* contre l'auteur du dol solvable ; mais, si l'auteur du dol est insolvable, il autorise l'*in integrum restitutio* contre le défendeur lui-même, auquel le dol d'autrui ne doit pas faire réaliser un bénéfice aux dépens du demandeur (149). Ici encore l'*in integrum restitutio propter dolum* aboutit à une *restitutio litis*. Les textes présentent donc invariablement l'*in integrum restitutio* comme destinée à restituer la victime du dol contre un acte de procédure.

51. — Nous connaissons maintenant les divers modes de réparation du dol introduits par le préteur, et nous en apercevons la sphère d'action. Peu importe, désormais, le principe du droit civil que le dol est sans influence sur la validité des contrats de droit strict. La répression du dol est toujours assurée, grâce à l'intervention du préteur. L'*actio de dolo* et l'*exceptio doli* ont fait pénétrer l'équité dans les contrats de droit strict qui y semblaient rebelles. C'est ici que nous exprimons le regret de ne pouvoir les suivre dans leurs applications variées, et parfois si originales. S'il n'était pas périlleux de procéder par formules générales, on serait tenté de dire (150) que l'*actio de dolo* et l'*exceptio doli* ont amené le

---

(149) F. 3, pr. et § 1, D. *De eo per quem factum erit*....., II, 10.

(150) Cette proposition est exprimée sous une forme qui laisse percer un léger doute que justifient les discussions relatives au règlement des indemnités en matière de spécification ou d'incorporation. Si, par exemple, un possesseur de bonne foi bâtit avec ses matériaux sur le terrain d'autrui, il perd immédiatement la propriété des matériaux employés à la construction, en vertu de la règle : *superficies solo cedit*. Peut-il du moins prétendre à une indemnité ? Sans aucun doute, s'il a conservé la possession : il jouit alors d'un droit de rétention qu'il fera

triomphe pratique du principe d'équité et de droit écrit
par Pomponius, *lib. 9 ex var. lect. : Jure naturæ æquum est
neminem cum alterius detrimento et injuria fieri locupletiorem* (151).

valoir, par une *exceptio doli*, contre la revendication du propriétaire.
S'il est, au contraire, dépossédé, les commentateurs semblent admettre
qu'il ne lui reste aucun moyen de réparer la perte qu'il s'est lui-même
infligée. Pour obtenir une indemnité, il lui faudrait une action que
refuse le droit romain, sous le prétexte qu'entre le propriétaire et lui,
il n'est intervenu ni contrat, ni fait qu'on puisse assimiler à un contrat
(Ortolan, 12e éd., t. II, no 396 ; — Ch. Maynz, *Traité de droit romain*,
3e éd., t. I, § 189, texte et notes 13 et 15 ; 4o éd., t. 1, § 99, texte et
notes 9 et 10, § 102, texte et notes 8-12, § 103, texte et notes 13 et 14).
— M. Demangeat (t. I, p. 482) et M. Accarias (I, p. 583, note 3, et
4e éd., 1, p. 648, note 4), tout en admettant cette solution rigoureuse
comme la doctrine constante des jurisconsultes romains, s'efforcent de
suppléer par des moyens indirects au défaut de recours de la part du
constructeur dépossédé. Enfin, M. Labbé, dans une remarquable dissertation insérée dans Ortolan (12e éd., t. II, Appendice, I, p. 717-722),
se pose les deux questions suivantes : 1o le constructeur de bonne foi
peut-il avoir une *condictio* contre le propriétaire, afin de répéter la
valeur dont ce dernier se trouve enrichi? 2o A-t-il contre lui l'*actio
negotiorum gestorum* utile, pour avoir géré son affaire en croyant
gérer la sienne propre? Par une réponse affirmative à ces deux
questions, le savant auteur reconnaît le droit à une indemnité au
profit du constructeur de bonne foi dépossédé, et refuse de croire à la
violation du principe de Pomponius : Nul ne doit s'enrichir aux dépens
d'autrui.

(151) F. 206, D. *De reg. juris*, L. 17.

## B. — Contrats de bonne foi.

### SOMMAIRE



52. — **Distinction du dolus incidens et du dolus causam dans contractui.** — Les effets du dol sur les contrats de bonne foi sont plus ou moins étendus, suivant le degré d'altération du consentement. Or, l'influence du dol sur la volonté est variable au premier chef, et souvent difficile à préciser. Il est toutefois une distinction très simple qui limite avec netteté le pouvoir d'appréciation laissé au juge. Il suffit de poser la question sous cette forme : en supposant que la victime du dol eût connu la véritable situation, eût-elle

néanmoins consenti, ou bien eût-elle refusé de conclure
le contrat?

Si cette question est résolue dans le sens de la première alternative, grâce aux preuves fournies par la
partie lésée (152), c'est au juge qu'il appartient d'ar-
bitrer dans quelle mesure le dommage causé doit être
réparé. Les conditions, les modalités accidentelles du
contrat (153) sont seules en cause, et le contrat lui-
même est hors d'attaque; le juge se bornera, notamment au cas de vente, à réduire le prix, suivant
l'importance de la qualité accessoire faussement at-
tribuée à l'objet vendu, et l'*actio empti* obligera le vendeur, ainsi que le dit Ulpien, *lib. 32 ad ed.,* à restituer
tout ce qui dépasse le juste prix (154).

Mais s'il résulte au contraire des preuves fournies
que le dol est le seul artisan du contrat; que sans lui
rien n'eût été fait; que la qualité faussement supposée
à l'objet a été le fondement de la convention tout entière (155), il est juste dès lors de permettre à la victime de demander l'annulation de son consentement
surpris et atteint dans son intégrité, de se dégager du
piège qui lui a été tendu et de briser les liens juridiques dont elle s'est elle-même chargée. C'est ce
qu'enseigne Ulpien, *lib. 32 ad ed.,* dans une hypothèse
où le dol du vendeur consiste à n'avoir pas détrompé
l'acheteur qui croyait acquérir une vierge, et non une

---

(152) Mühlenbruch, *Doctrina Pandectarum,* § 337.

(153) Glück, *Pandekt.,* t. III, § 293; — de Vangerow, *Lehrbuch,*
§ 605, n° 11 (t. III, p. 275).

(154) F. 13, § 4, D. *De act. empti.,* XIX, 1.

(155) Glück, *Pandekt.,* t. III, § 293.

femme. L'*actio empti* permettra à l'acheteur d'obtenir la résolution du contrat et la restitution du prix (156).

53. — **Théorie de l'inexistence des contrats de bonne foi viciés par le dol.** — Cette distinction entre ce qu'on a appelé le dol incident et le dol principal, *dolus incidens, dolus causam dans contractui*, est conforme à la nature des choses (157), et résulte de l'analyse la plus simple du degré d'altération que subit la volonté, quand elle est circonvenue par le dol. Est-elle conforme aux textes du droit romain, ainsi qu'aux principes de l'équité? C'est ce qui a été vivement contesté, et on a proposé de rejeter toute distinction, comme contraire à la bonne administration de la justice, *cum tam oneri sit jurisprudentiæ*. Ainsi s'exprime Noodt, le premier auteur qui ait tenté d'assurer à la victime d'un dol quelconque, commis par l'autre partie contractante, le droit de faire anéantir la convention tout entière. Mais, loin de trouver dans les écrits des jurisconsultes un appui pour la solution nouvelle présentée par lui, Noodt est obligé d'effacer un texte directement opposé à son innovation. La célèbre loi *Et eleganter*, tirée du livre 11 *ad ed.*, d'Ulpien (158), sur laquelle nous reviendrons bientôt, renferme cette proposition : Il faut supposer que l'acheteur est sans dol, car, s'il en était autrement, l'acheteur aurait à répondre à l'*actio ex empto*, ou plus exactement à l'*actio venditi*, ainsi que l'a fait le premier observer Ac-

---

(156) F. 11, § 5, D. *De act. empti.*, XIX, 1. — Rapprocher le f. 11, § 1, D. *De contrah. empt.*, XVIII, 1.

(157) De Vangerow, § 605, n° 11, t. III, p. 275.

(158) F. 7, pr., D. *De dolo malo.*

curse (159), *ou même la vente tomberait tout entière, si l'effet du dol eût été justement de déterminer le vendeur à consentir au contrat* (160). Quel que soit le sens des mots d'Ulpien : *aut nullam esse venditionem,* il est clair que le jurisconsulte, dans le cas où il y a dol de l'acheteur, n'admet l'anéantissement possible de la vente que si le dol exercé contre le vendeur a été la cause déterminante de sa volonté, *si in hoc ipso ut venderet.* Noodt ne se dissimule pas l'importance du texte d'Ulpien : « Voilà, dit-il, cette loi particulièrement digne de nos soins, car elle est la clef et la source de cette distinction séduisante entre le *dolus causam dans* et le *dolus incidens,* à l'égard des contrats de bonne foi, distinction qui pèse tant à la jurisprudence » (161). Comment donc interprète-t-il ces mots *aut nullam esse...?* Il ne les interprète pas, il les efface, non sans constater que personne, avant lui, n'avait élevé de doute sur ce point : « Je ferai observer, dit-il, ce que personne n'avait remarqué jusqu'ici, que ces mots *aut nullam esse...* ne sont pas d'Ulpien, et que j'ai dû les effacer » (162). Il est aussi le premier à noter que tous les manuscrits, comme toutes les éditions des Pandectes, portent cette même « addition inconsidérée de quelque glossateur inintelligent », et que les Basiliques prêtent à Ulpien le

---

(159) Corpus juris civilis cum commentariis Accursii....., lib. IV, tit. 3, *De dolo malo* (t. 1, p. 508, note k).

(160) *Aut nullam esse venditionem, si in hoc isso ut renderet circumscriptus est.*

(161) Noodt, *De forma emendandi doli mali,* cap. XIV : *Ulpianus,* l. 7, *De dolo malo ab ingenio emendatus (Opera omnia,* p. 330-331).

(162) Monebo, quod a nomine observatum est....., quæ verba delevi, non esse Ulpiani.

même langage (163). Le jurisconsulte hollandais, abandonnant le terrain de textes, a recours aux raisons de principe. Si, dit-il, lorsque le dol est principal, la partie trompée a l'*exceptio doli* et l'action du contrat à sa disposition, elle a certainement les mêmes armes au cas où le dol n'est qu'incident; tout le monde est d'accord sur ce point. Eh bien! pour ne parler que de l'*exceptio doli,* quel est son résultat au cas de dol principal? C'est de procurer la nullité *ipso jure* du contrat, car, dans les actions de bonne foi, l'*exceptio doli n'a pas besoin d'être insérée dans la formule :* ce qui équivaut à dire que le contrat déclaré nul pour cause de dol, à la suite d'une action de bonne foi, était en réalité nul *ipso jure.* Or, en cas de dol incident, l'exception de dol ne sera pas davantage insérée dans la formule. D'où il suit que le contrat entaché de dol sera, dans tous les cas, susceptible d'être déclaré nul *ipso jure.*

54. — Cette argumentation suppose admis un principe qu'un savant romaniste déclare à bon droit « entièrement insoutenable » (164), savoir que dans tous les cas où il y a lieu de recourir à une exception pour faire tomber un acte *stricti juris,* l'acte *bonæ fidei* serait nul *ipso jure,* parce qu'il est dit dans les textes : *exceptio doli inest judiciis bonæ fidei.*

Bien que M. de Vangerow ait peut-être pu avancer avec raison qu'une pareille thèse n'a certainement besoin d'aucune réfutation spéciale, nous l'étudierons en détail, parce que son examen, tout en nous permettant de repousser la théorie de Noodt sur l'influence

(163) Loi 7, pr. *Basiliques,* X, 3, *De dolo malo.*
(164) De Vangerow, § 605, III, p. 275.

du *dolus incidens,* portera une première atteinte à une
nouvelle et très importante doctrine. Cette dernière
consiste à soutenir que le dol, au moins le dol principal, entraîne non pas la rescision, comme nous l'avons
indiqué jusqu'ici, mais la nullité *ipso jure,* l'inexistence
du contrat. Nous reproduirons plus loin, pour les combattre, les arguments de ce système enseigné par tous
les anciens romanistes. Mais il convient auparavant
d'établir nous-même notre opinion, et, dans ce but, de
développer le sens vrai de la maxime *exceptio doli inest
judiciis bonæ fidei.* Ce sera le point de départ et la base
de toute notre discussion sur la grande controverse relative à l'influence du dol dans les contrats *bonæ fidei.*

Dans tous les cas, ·dit-on, où il serait nécessaire
d'insérer une exception dans la formule d'une action
*stricti juris,* s'il s'agit d'un *negotium bonæ fidei,* il est
déclaré nul ipso jure, puisqu'il n'a pas été besoin de
demander au préteur l'insertion de l'exception dans la
formule. C'est, en effet, une règle de droit écrite dans
les textes et mentionnée en particulier par Ulpien,
*lib. 3 disput.* (165), et par Julien, *lib. 33 Dig.* (166),
que l'exception de dol est sous-entendue dans les
*judicia bonæ fidei,* et cette règle résulte de la nature
même des actions de bonne foi, ainsi que le constate
Justinien (167). Glück, se référant à ces textes, oppose
les contrats de bonne foi aux contrats de droit strict,
et s'exprime ainsi : « De pareils contrats (les contrats
de bonne foi) sont annulés, *non point à l'aide d'une excep-*

---

(165) F. 21, D. *Soluto matrim.*
(166) F. 84, § 5, D. De leg. 1°, XXX.
(167) Just., Inst., IV, 6, de act., § 30.

*tion prétorienne, mais bien par eux-mêmes*. Ici donc, les principes du droit naturel trouvent leur entière application. Un *dolus causam dans* entraînera la nullité du contrat tout entier » (168). Voilà donc méconnue la grande distinction romaine entre les moyens de défense *ipso jure* et les moyens de défense *exceptionis ope*. Personne ne songe à contester qu'il n'est pas nécessaire d'insérer expressément l'*exceptio doli* dans la formule des *judicia bonæ fidei*, parce que les pouvoirs du juge s'étendent aussi loin que le domaine (169) de l'équité. Mais cela ne prouve rien de plus ; et cela ne supprime pas l'intérêt de la distinction des moyens de défense *ipso jure* ou *exceptionis ope*, intérêt si fondamental qu'il a survécu à la procédure formulaire (170).

**55. — Un contrat de bonne foi vicié par le dol n'est pas inexistant, mais entaché de nullité. —** Un contrat nul *ipso jure,* c'est-à-dire inexistant, ne peut jamais engendrer aucun effet : le néant n'a jamais rien produit (171). Au contraire, le contrat valable en soi, malgré l'exception qui peut être invoquée contre lui, entraîne d'importantes conséquences signalées par les textes au sujet du dol lui-même. Les empereurs Dioclétien et Maximien supposent une vente dans laquelle l'acheteur s'est rendu coupable de dol. L'acheteur n'en a pas moins acquis la propriété de l'objet vendu, et, s'il a consenti une seconde vente et fait tradition au sous-acquéreur, celui-ci sera à l'abri

(168) Glück, t. IV, § 296, p. 122.
(169) Cf. M. de Vangerow, § 605.
(170) Molitor, Oblig., II, p. 387.
(171) *Supra,* n° 26.

de la *rei vindicatio* (172). Au contraire, le contrat nul *ipso jure,* comme une donation entre époux, ou une constitution de gage faite par une femme contrairement au sénatus-consulte Velléien, n'est pas un obstacle à l'exercice de la *rei vindicatio,* même contre le tiers acquéreur, parce qu'il n'y a point eu de donation opérée (173), ni de gage constitué (174).

De même, on ne saurait nover, c'est-à-dire transformer ou renouveler une obligation nulle *ipso jure,* puisqu'elle n'a aucune existence véritable (175) : tandis que Paul, *lib. 69 ad ed.,* tient pour définitive l'obligation du délégué envers le délégataire, lors même qu'il aurait pu paralyser les poursuites du délégant par une *exceptio doli* (176). Paul indique bien, après cette allusion à l'exception de dol, des hypothèses dans lesquelles la novation intervenue pourrait se trouver entachée d'un vice nouveau, mais il n'est plus question du dol exercé par le délégant. Le débiteur, en effet, en se prêtant au renouvellement de son obligation en faveur d'un second créancier, substitue au consentement altéré qui lui a été surpris un consentement éclairé et valide (177).

56. — Enfin, le contrat vicié par le dol produit si bien des effets que la victime du dol peut, à son choix, maintenir le contrat ou le faire tomber, lors, du moins,

---

(172) C. 10, C. *De rescind. vend.,* IV, 44.

(173) *Jure civili impedita* (f. 5, § 18, D. *De donat. inter virum et uxorem,* XXIV, 1. — Adde : f. 36, § 1, et f. 48, *eod. titulo*).

(174) F. 39, § 1, et f. 30, D. *De rei vindic.,* VI, 1.

(175) F. 1, pr., D. *De novat. et deleg.,* XLVI, 2.

(176) F. 19, D. *De novat. et deleg.,* XLVI, 2.

(177) C. 8, C. *De novat. et deleg.,* VIII, 42.

que le dol est principal. La partie lésée est maîtresse
de demander l'annulation du contrat ou d'en poursuivre l'exécution, suivant que son intérêt lui conseille
de prendre l'un ou l'autre de ces partis. Elle a si bien
la faculté d'opter à son gré, que l'auteur du dol, ne
pouvant être contraint de rester indéfiniment dans l'in-
certitude, a le droit d'exiger que la partie trompée se
prononce dans un sens ou dans l'autre. C'est la décision d'Ulpien, *lib. 32 ad ed.* : L'acheteur, coupable
d'une collusion avec le mandataire que j'avais chargé
de la vente, peut-il exercer contre moi l'*actio empti?* Oui,
dit Ulpien, mais seulement pour savoir si le contrat
doit être maintenu ou anéanti (178).

Ainsi, nous voyons le contrat entaché de dol susceptible de ratification indirecte, soit par une novation,
soit par l'exécution demandée par la victime du dol.
Bien plus, il est permis d'affirmer la possibilité d'une
ratification directe d'un contrat entaché de dol. Cette
ratification directe existe incontestablement pour les
contrats viciés par la violence, car Alexandre Sévère
raisonne dans l'hypothèse où une vente extorquée par
la violence n'a pas été confirmée (179). Or, il n'est pas
de bonne raison pour ne pas appliquer au dol, du
moins à ce point de vue, ce que le texte dit au sujet de
la violence. Autant, en effet, il est impossible de confirmer un acte qui n'a jamais réellement existé, autant
il est naturel de fortifier et de confirmer un contrat à

(178) F. 13, § 27, D. *De act. empti.*, XIX, 1. — Adde, f. 13, § 28,
*eod tit.*

(179) C. 4, G. *De his quæ vi metusve causa gesta sunt*, II, 20.

l'égard duquel le consentement de l'une des parties a été simplement altéré et affaibli.

**57. — Théorie de Mühlenbruch. —** Le contrat peut donc être maintenu, comme il peut encore, au choix de la victime du dol, être frappé de résolution, d'après l'expression de Paul, *lib. 32 ad ed.* (180), ou de rescision, suivant le mot de Dioclétien et Maximien (181). Il est cependant des textes qui parlent un autre langage et qui déclarent le contrat vicié par le dol *nul* (182), *sans valeur* (183), *non avenu* (184). Les textes auxquels nous faisons allusion sont classés dans une catégorie à part, par Mühlenbruch, qui les considère comme renfermant trois cas exceptionnels auxquels ne s'applique pas la règle ordinaire de la simple rescision pour cause de dol (185). Examinons d'abord les textes relatifs aux exceptions admises par Mühlenbruch. Nous n'expliquerons qu'ensuite la loi *Et eleganter,* ce célèbre fragment d'Ulpien, qui proclame la nullité de la vente entachée de dol principal (186). La disposition qui y est contenue ne saurait rentrer dans les cas exceptionnels de Mühlenbruch, qui, du reste, la passe sous silence.

(180) F. 11, § 5, D. *De act. empti.,* XIX, 1.

(181) C. 5, C. *De rescind. vend.,* IV, 44.

(182) *Nullam esse societatem,* dit Ulpien, *lib. 11 ad ed.* (f. 16, § 1, D. *De minorib. XXV annis,* IV, 4).

(183) *Nullius momenti est,* dit Ulpien, *lib. 40 ad Sab.* (f. 5, § 3, D. *De auctorit. et consensu tutorum,* XXVI, 8); — *Ipso jure nullius momenti,* ajoute Paul, *lib. 32 ad ed.* (f. 3, § 3, D. *pro socio,* XVII, 2).

(184) *Nihil actum fuisse,* dit encore Paul, *lib. 5 ad Plautium* (l. 57. § 3, D. *De contrah empt.,* XVIII, 1).

(185) Mühlenbruch, *Doctrina Pandectarum,* § 337.

(186) *Nullam esse venditionem,* si in hoc ipso ut venderet circumscriptus est (f. 7, pr., D. *De dolo malo*).

58. — *Premier cas : Dol réciproque.* — Le premier cas
est relatif au dol réciproque, c'est-à-dire commis par
les deux contractants. Paul, *lib. 5 ad Plautium*, supposant qu'il n'y a pas eu exécution d'un contrat de
vente vicié par un double dol du vendeur et de l'acheteur, dit *qu'il n'y a rien de fait* (187). Cette décision
s'explique très bien en dehors de toute nullité *ipso jure*;
elle signifie que le contrat ne sera pas exécuté, parce
qu'aucune des parties ne peut en réclamer l'exécution.
Entre les deux adversaires s'opère une sorte de compensation à cause de leur dol mutuel; le contrat est
sans effet, puisque nul ne peut agir. Le vendeur intente-
t-il l'*actio venditi* pour obtenir le paiement du prix : il
sera repoussé par une *exceptio doli,* et c'est en vain qu'il
voudrait opposer à l'acheteur une réplique basée sur
le dol. Marcellus déclare que la *replicatio doli* ne peut
être donnée contre une *exceptio doli* (188). Si le dé-

(187) Nihil actum fuisse (f. 57, § 3, D. *De contrah. empt.*, XVIII, 1).

(188) F. 4, § 13, D. *De doli mali et metus except.*, XLIV, 4; —
adde : f. 39, D. *Soluto matr.*, XXIV, 3.

Marcien, *lib. 2 reg.*, formule, au sujet de l'action de dol, la règle que
nous venons d'expliquer pour l'exception de dol et pour une action *rei
persecutoria* réparatrice de dol : *Si duo dolo malo fecerint, invicem
de dolo non agent* (f. 36, D. *De dolo malo*). Les textes de Paul et
de Marcellus se référaient à l'hypothèse d'un dol réciproque produit
à l'occasion d'un même acte juridique. La règle n'est de même
applicable à l'*actio de dolo* qu'autant que le dol des parties se rattache
à une cause identique. Un créancier, trompé par les manœuvres de son
débiteur, a fait acceptilation, mais, de son côté, il a recours au dol
pour déterminer son ancien débiteur à accepter une hérédité mauvaise : chacun de ces actes illicites engendre une *actio de dolo*, et nous
ne croyons pas qu'il puisse être question d'une sorte de compensation
qui empêcherait l'une ou l'autre de ces personnes, tour à tour auteur

fendeur a recours à une *exceptio doli,* le demandeur ne
peut paralyser cette défense par une réplique qui
lui permettrait de dire à son adversaire : Il est vrai
que j'ai commis un dol, mais vous en êtes coupable
au même degré. La *replicatio doli* serait unique, ajoute
Labéon dans la suite du texte, car elle permettrait
au demandeur de se procurer le bénéfice d'un contrat
entaché de dol.

Mais si l'une des parties a maladroitement exécuté
le contrat, elle n'est pas recevable à se plaindre du
tort qu'elle éprouve. « Entre deux délinquants, dit

et victime d'un dol, d'en poursuivre la réparation. Cette restriction à la
règle de Marcien, en apparence générale, n'est expressément formulée
par aucun texte, mais Ulpien, *lib. 37 ad. ed.* (f. 38, § 2, D. *De noxal.
act.,* IX, 4), fournit un puissant argument d'analogie. Il suppose que
mon esclave vous dérobe un objet et le vend; si vous lui en volez le
prix, il y aura lieu à une double *actio furti.* J'agirai contre vous par
l'*actio furti nummorum nomine,* et *tu adversus me furti ages
noxali servi nomine.* Nous voyons ainsi deux personnes qui se rendent
coupables d'un délit l'une à l'égard de l'autre ; de chacun de ces faits
illicites naît une action pénale. Ces deux actions pourront être exercées
sans que le défendeur à l'une d'elles ait le droit, pour éviter la poursuite, d'alléguer que le demandeur est lui-même coupable d'un autre
délit. Il n'y a pas de raison de ne pas appliquer la même solution
lorsque le délit commis par deux personnes l'une vis-à-vis de l'autre
est un dol.

On donne parfois à la règle : *si duo dolo malo fecerint, invicem de
dolo non agent,* une autre portée. Elle signifie, dit-on, que lorsque
deux personnes s'associent pour commettre un délit, le contrat n'est pas
sanctionné par une action, et aucun des associés n'a le pouvoir de réclamer à l'autre sa part dans les bénéfices. De même, si l'un d'eux est
condamné à réparer le dommage résultant du délit, il n'a pas de
recours contre son complice (V. f. 1, § 14, D. *De tutelæ et rat.,*
XXVII, 3).

Ulpien, *lib. 70 ad ed.,* la meilleure situation est celle
du possesseur, et il n'est permis à une partie de re-
quérir l'application d'une peine qu'autant qu'elle ne la
mérite pas elle-même (189).

Le dol réciproque, commis par les parties à l'occasion d'un même contrat, n'est donc pas une cause
d'inexistence de cet acte juridique ; seulement il n'y a
pas d'action pour demander soit l'exécution du contrat,
soit l'annulation des effets qu'il a produits. L'état de
fait doit être maintenu, et c'est le lieu de rappeler ici
le brocard connu : « *in pari causa melior est causa possi-
dentis.* »

59. — *Deuxième cas : Tutelle.* — Dans le second texte
cité par Mühlenbruch, Ulpien, *lib. 40 ad sab.,* suppose
une vente des biens du pupille consentie au tuteur.
L'*auctoritas* doit être fournie au pupille par un cotuteur,
et s'il y a collusion entre le tuteur et le cotuteur, la
vente est sans effet (190). On pourrait être tenté de
répondre, en premier lieu, que le texte n'a pas trait à
la question. Ulpien, allant au fond des choses, considère que, dans la vente des biens du pupille, le véritable vendeur est le tuteur, bien qu'il se borne en
apparence à fournir son *auctoritas.* Le tuteur ne peut
donc acheter les biens du pupille que grâce à l'intervention d'un cotuteur apte à prêter son *auctoritas.* Si le
cotuteur s'entend avec le tuteur et n'est pour lui qu'un
compère, c'est en réalité le tuteur qui agit seul et
remplit à la fois le rôle de vendeur et d'acheteur. En

---

(189) F. 154, D. *De reg. jur.*, L. 17. — *Adde :* f. 14, § 3, D. *De doli
mali et metus except.*, XLIV, 4.

(190) F. 5, § 2, D. *De auctorit. et consensu tutorum*, XXVI, 8.

conséquence, la vente est radicalement nulle, parce qu'elle est l'œuvre d'une seule volonté, et non à cause du dol.

Tel n'a pas été cependant le raisonnement d'Ulpien : il déclare bien que la vente sera sans effet à l'encontre du pupille, mais elle n'est pas pour cela inexistante, puisqu'elle peut être confirmée par le pupille, à partir du jour où il a atteint l'âge requis (191). Il est, par suite, impossible d'invoquer cette décision pour affirmer que le dol est une cause d'inexistence des contrats de bonne foi.

60. — *Troisième cas : Société.* — La troisième hypothèse qui a attiré l'attention de Mühlenbruch est relative au contrat de société. Ulpien, *lib. 11 ad ed.*, rapporte une décision de Labéon, d'après laquelle le mineur de vingt-cinq ans qui a contracté une société par suite d'un dol n'a pas droit à la *restitutio in integrum,* parce que cette société serait nulle, même à l'égard de personnes majeures (192). Un premier point est hors de doute : s'il y a eu donation déguisée sous la forme d'un contrat de société, l'acte est nul, indépendamment de toute question de dol, ainsi que l'exprime Ulpien lui-même, *lib. 31 ad ed.* Il est bien vrai de dire alors qu'il n'est pas de place pour l'intervention du préteur, *cessare partes prætoris,* et que le droit civil suffit à protéger le mineur, comme le dit Ofilius, sans recourir à l'*in integrum restitutio propter ætatem.*

Laissons de côté cette modification particulière de

<hr>

(191) Sane si suæ ætatis factus comprobaverit emptionem, contractus valet (f. 5, § 2, D. XXVI, 8).

(192) F. 16, § 1, D. *De minorib. XXV annis,* IV, 4.

l'espèce proposée. De quoi s'agit-il dans ce texte placé au titre *De minoribus XXV annis,* où il est traité de l'*in integrum restitutio propter ætatem ?* Il s'agit de savoir si le mineur dont le consentement a été surpris par dol pourra recourir, même dans ce cas, au bénéfice extraordinaire de l'*in integrum restitutio.* Or, le jurisconsulte nous dit que cet *extraordinarium auxilium* sera écarté, le mineur ayant à sa disposition l'action dont le majeur lui-même est armé en pareil cas. C'est en ce sens que le mineur est *ipso jure munitus* (194), c'est-à-dire suffisamment protégé par le droit civil, de sorte que le préteur n'a plus de rôle à jouer, *cessare partes prætoris.* Si on veut connaître l'action dont le majeur lui-même se trouve muni par le droit civil, et en savoir les effets, il suffit de consulter encore Ulpien, *lib. 32 ad ed.* (195). La partie lésée a l'action même du contrat, et l'effet de cette action est d'assurer la résolution du contrat vicié par le dol.

Il existe un second texte relatif à la société, dans lequel Paul, *lib. 32 ad ed.,* dit qu'un contrat de société, né à la suite d'un dol, *ipso jure nullius momenti est* (196). On s'explique aisément ces expressions, si on admet

(193) *Donationis causa societas recte non contrahitur* (f. 5, § 3 D. *pro socio,* XVII, 2.

(194) La pensée d'Ulpien ressort encore mieux si on ne sépare pas le § 1 du *principium.* Ulpien, dans le *principium* du fragment 16, formule un principe dont le § 1 n'est qu'une application, ainsi que l'indique son premier mot *item,* et l'expression *ipso jure munitus* n'est que la reproduction de celle-ci : *mero jure munitus,* qu'on lit au *principium.*

(195) F. 11, § 5, D. *De act. empti.,* XIX, 1.

(196) F. 3, § 3, D. *Pro socio,* XVII, 2.

que le jurisconsulte n'a voulu parler que d'une société
organisée dans un but frauduleux. Mais il est inutile de
recourir à cette interprétation, à laquelle on pourrait
reprocher de mal traduire la pensée de Paul. Que doit-
il résulter de ce que le dol est intervenu dans un
contrat de société ? Que ce contrat soit déclaré sans
valeur par le juge, sur la plainte de la victime du dol.
Ce dol est, en effet, contraire à la bonne foi qui est
l'âme du contrat de société. La clause *dolum malum abesse
abfuturumque* n'a besoin d'être insérée que dans les contrats de droit strict qui gardent tout leur poids jusqu'au
moment où le préteur met dans la balance les dispositions de son édit; tandis que les contrats de bonne
foi deviennent sans valeur, *nullius momenti*, par le seul
effet du droit civil, *ipso jure* (197).

61. — **Interprétation de la loi et eleganter.** —
Nous arrivons à la loi *Et eleganter*, dont voici la paraphrase : C'est avec raison, dit Ulpien, *lib. 11, ad ed.*,
que Pomponius interprète ces mots de l'édit relatif au
caractère subsidiaire de *l'actio de dolo* : « S'il n'y a pas

______

(197) Molitor, *Oblig.*, nᵒˢ 110 et suiv.; — Vernet, *Textes choisis*,
p. 236; — de Vangerow, *Lehrbuch*, § 605. — Mühlenbruch aurait
peut-être préparé un meilleur accueil à sa doctrine si, au lieu de présenter les hypothèses précédentes relatives à la tutelle et à la société
comme de pures exceptions, il avait cherché à les expliquer et à les
rattacher à un principe. Les contrats de bonne foi ne doivent pas être
mis sur la même ligne : la vente et le louage sont conçus dans un
esprit de spéculation incompatible avec la nature de la société ou du
mandat. On comprendrait, par conséquent, que le dol fût simplement
une cause de résolution ou rescision de la vente, tandis qu'il serait une
cause d'inexistence de la société et des autres contrats reposant essentiellement sur la *fides*.

d'autre action », en ce sens que la victime du dol ne doit pas avoir d'autre moyen de sauver son bien. Julien ne paraît point en opposition avec cette doctrine, lorsque, supposant qu'un mineur de vingt-cinq ans, circonvenu par son esclave, a vendu celui-ci avec son pécule à une personne qui a donné à l'esclave la liberté, il accorde à ce mineur contre l'affranchi l'*actio de dolo*. Nous devons admettre que l'acheteur est exempt de dol, *ut ex empto teneri non possit, aut nullam esse venditionem si in hoc ipso ut venderet circumscriptus est.* Quant à sa qualité de mineur, la victime du dol n'en peut exciper afin d'obtenir l'*in integrum restitutio propter ætatem,* aucune *in integrum restitutio* n'étant possible contre un affranchissement (198).

Toute la difficulté porte sur les mots dont la traduction a été réservée, et que nous comprenons ainsi : « Nous devons admettre que l'acheteur est exempt de dol pour qu'il n'y ait pas lieu d'exercer contre lui l'*actio venditi, autrement la vente tomberait,* si, du reste, le dol a eu pour effet de déterminer le mineur à consentir à la vente ». Il y a donc lieu à l'*actio de dolo* contre l'affranchi, parce que l'acheteur, étant de bonne foi, ne peut être attaqué par l'*actio venditi.*

C'est en ce sens que Cujas interprète la pensée d'Ulpien : Recte Julianum scripsisse, in manumissum de dolo actionen dari, nimirum quia deficiunt omnia juris remedia : nec enim in emptorem esse ex vendito actio, quem bona fide emisse necessario ponendum est : alioquim si doli ipse auctor vel particeps fuisset, ipso jure nulla venditio esset, nam hic contractus

---

(198) F. 7, pr., D. *De dolo malo.*

bonæ fidei est; nihil autem tam contrarium bonæ fidei
est quam fraus et dolus.

On remarquera que Cujas ajoute au texte les mots
*ipso jure,* tant l'expression *nullam esse venditionem* est
insuffisante pour préciser les effets du dol, qui ne sont
autres en réalité que de donner ouverture à l'*actio
venditi* et de permettre ainsi l'annulation ou rescision
des contrats. Ajoutons que les Basiliques portent :
ἡ ἄκυρός ἐστιν ἡ πρᾶσις (199), ce qui correspond à l'expression
latine : *irritum est,* qui désigne un acte valable mais
dépouillé de son effet (200).

Cette traduction est celle qui est acceptée par Glück,
dont la paraphrase ne diffère pas essentiellement de
celle que nous avons trouvée dans Cujas. « A supposer,
dit-il, que l'acheteur fût *in dolo,* ce serait dès lors l'*actio
venditi* qu'il faudrait exercer contre lui ; ou, pour parler
en termes propres, la vente serait nulle et de nul effet,
si le dol servait de fondement au contrat lui-même.
En ce cas, la vente ne tenant pas, l'affranchissement
ne peut, en conséquence, être valide, et, par suite, l'*actio
de dolo* ne peut en aucune façon trouver place contre
l'affranchi » (201).

On voit que Glück *complète* le texte avec beaucoup
plus de hardiesse que Cujas. Puis, il constate que la
vente étant *nulle,* il n'y aura pas d'affranchissement ;
c'est exact, mais pourquoi pousser l'analyse si loin ? Il
suffit de savoir si, oui ou non, il y a une autre action
que l'*actio de dolo,* c'est-à-dire l'*actio empti.*

M. de Vangerow, tout en défendant notre doctrine,

(199) Loi 7, pr., *Basiliques,* X, 3, *De dolo malo.*
(200) Just., Inst., II, 17, *Quib mod. testam. infirm.,* § 5.
(201) Glück, *Pandekt,* III. § 5, 293.

a proposé de la loi *et eleganter* une interprétation nouvelle qui commande l'attention à cause de l'autorité de son auteur et des conséquences qu'elle est susceptible d'entraîner. Elle ne tend à rien moins qu'à mettre hors du débat qui s'élève sur les effets du dol dans les contrats de bonne foi ce texte jusqu'ici considéré comme capital. Malheureusement, le savant professeur a recours à un raisonnement qui nous paraît inacceptable. Il part de cette idée qu'Ulpien, interprétant la pensée de Julien, suppose deux cas différents dans lesquels l'*actio de dolo* serait également exclue. Ou bien le contrat est valable s'il n'y a pas eu dol de l'acheteur, *carere dolo emptorem,* car autrement l'*actio venditi* exclurait l'*actio de dolo,* ou bien il y a nullité du contrat. Rien à dire de la première alternative. Mais dans la seconde, d'où provient la nullité du contrat? Assurément, fait observer M. de Vangerow, on ne saurait supposer que le vendeur ait participé au dol, « car, s'il en était ainsi, et que la nullité du contrat résultât de cette cause, la propriété de l'esclave n'aurait pas été transférée. En conséquence, l'affranchissement opéré par l'acheteur apparent serait frappé de nullité, et il ne saurait être question d'*actio de dolo* contre l'affranchi » (202). Le contrat est donc supposé nul par Ulpien, mais sans qu'il y ait eu dol de l'acheteur dans aucun cas, même dans le second (2o3).

---

(202) De Vangerow, *Lehrbuch,* § 605, obs. I, n⁰ 4 (t. III, p. 277-278).

(203) M. de Vangerow ne dissimule pas, du reste, que son interprétation aboutit à reprocher à Ulpien un défaut d'exactitude, puisque le jurisconsulte semble bien établir une antithèse *carere dolo emptorem, aut nullam esse venditionem,* et donne à entendre qu'au second cas, l'acheteur a **participé au dol de l'esclave.**

La cause de cette nullité est donc ailleurs que dans la théorie du dol, et il en résulte que le texte a perdu toute sa valeur pour les partisans du système de la nullité.

Mais s'il est vrai que la nullité pour cause de dol soit impossible à admettre, ainsi que le démontre M. de Vangerow, parce que l'*actio de dolo* serait excluc, il est évident que toute autre cause de nullité entraînerait le même résultat, et est par conséquent aussi inadmissible. Ajoutons que, selon M. de Vangerow, la cause de nullité réside en ce fait que le dol de l'esclave a eu pour conséquence de faire tomber le vendeur dans une *erreur essentielle* qui l'a déterminé à consentir à la vente. Il semble bien que, dans l'espèce, la seule erreur possible ait été une erreur dans les motifs, c'est-à-dire une erreur non essentielle. M. de Vangerow ne se préoccupe pas de ce point : mais alors, quel est le fondement de l'*actio de dolo*, puisque le texte entier se résume dans cette recherche? Le savant romaniste l'indique un peu plus loin : « Lorsque le dol d'un tiers a eu pour résultat d'induire la victime du dol dans une erreur essentielle, le contrat est évidemment nul *ex capite erroris;* mais si cette annulation ne suffit pas à dédommager la victime du dol, l'*actio de dolo* trouve place à l'encontre de l'auteur du dol, f. 7, pr., *De dolo malo* » (204). Ici, n'y a-t-il pas quelque contradiction : s'il y a nullité, la propriété n'a pas été transférée, et il ne peut être question d'*actio de dolo* contre l'affranchi. On voit donc bien, dès lors, que la pensée du jurisconsulte romain est celle que nous

(204) De Vangerow, *Lehrbuch, § 809*, abs. I, nᵒ 4.



7.

avons indiquée avec Cujas et Glück. Elle consiste à ne supposer qu'une seule hypothèse, la validité du contrat, grâce à la bonne foi de l'acheteur, *carere dolo emptorem*, en ajoutant que, s'il en était autrement, c'est-à-dire si le mineur avait été victime d'un *dolus causam dans*, la vente tomberait, *aut nullam esse venditionem, si.....* La seule question qui se pose alors sur ce texte est de savoir quel est le sens de ces derniers mots, et nous avons déjà indiqué, contrairement à l'opinion de Cujas et de Glück, qu'ils autorisaient simplement la résolution ou rescision du contrat.

62. — **Discussions de quelques textes d'après Doneau, Cujas...** — Nous avons fini de passer en revue les textes qui paraissent favorables à la théorie de l'inexistence des contrats de bonne foi viciés par le dol. Examinons maintenant les explications fournies par nos adversaires, pour écarter les lois favorables à la thèse de la résolution ou rescision que nous avons déjà citées. Dioclétien et Maximien autorisent les magistrats à *rescinder* une vente entachée de dol (205). Évidemment, il ne peut y avoir lieu de demander au préteur ou au *præses provinciæ* la rescision d'un acte inexistant : dans aucun texte, si le contrat est inexistant, pour cause d'erreur essentielle, par exemple, on ne se préoccupe des moyens de détruire ce qui n'existe pas. Que signifient donc ces mots : « *præses rescindi* venditionem jubebit? » Doneau reconnaît le premier qu'il n'y a pas lieu de rompre ou de rescinder ce qui est nul : « Non rumpitur aut rescinditur quod nullum est »; mais voici comment il écarte la difficulté. Selon

(205) C. 5, C. *De rescind. vend.*, IV, 44.

lui, la vente en elle-même est bien nulle et de nul effet, et il n'y a pas lieu de la rescinder ; mais il faut distinguer le contrat de vente de la tradition qui l'a suivi. La tradition est parfaitement valable et a pour effet de transférer la propriété, car il suffit, d'après Doneau, pour que la tradition soit munie de la juste cause exigée par Paul, *lib. 31 ad ed.* (206), que le *tradens* soit convaincu que la prétendue *causa*, la vente dans l'espèce, est valable. Cette volonté opère le transfert de propriété : « *Hæc voluntas dominium transtulit* » (207). Que la propriété ait été valablement transférée en pareil cas, cela ressort bien de la C. 10, C. *De rescindenda venditione,* qui maintient la seconde aliénation consentie par l'acheteur ; si la seconde aliénation est valable, c'est bien que la première l'était déjà. En résumé, la vente n'est pas rescindée en soi ; mais on la dit rescindée quant à son effet, c'est-à-dire quant à la tradition qui en a été la suite (208). L'interprétation de Doneau est le premier pas de la thèse moderne, qui distingue la *justa causa traditionis* de la *justa causa usucapionis,* et fait résider la première dans la volonté réciproque d'aliéner et d'acquérir.

Cujas présente la même explication (209) : « Quid opus est rescissione ? dit-il, venditio et traditio quibus dolus..... causam dedit, egent rescissione ; nam res-

___

(206) Nunquam nuda traditio transfert dominium : sed ita si venditio, aut aliqua justa causa præcesserit, propter quam traditio sequeretur (f. 31, D. *De adquir. rer. dom.,* XLI, 1).

(207) Just., Inst., II, 1, *De divisione rerum,* § 40.

(208) Doneau, ad. tit. XLIV, lib. IV, C. *De rescind. vend.* (t. VIII, p. 925-926).

(209) Ad legem, 1, C. *De his quæ vi metusve causa,* II, 20.

cindi debet traditio et restitui in integrum res ». Il faut noter cependant que Cujas ne paraît pas très ferme dans cette doctrine, qu'un contrat inexistant est une *justa causa* suffisante pour rendre la tradition efficace. Voici, en effet, en quels termes il s'exprime au sujet de la C. 5, C. *De rescind. vend.*, dans son Commentaire de la loi *Et eleganter* (210) : « Multa vero cum hac sententia (nullam esse ipso jure venditionem) pugnare videntur : Primum dicta, *l. si dolo,* quod dolo extortam venditionem rescindit dicat, nisi id eis verbis significatur revocari data et tradita *vindicatione,* et *condictione sine causa,* quod et verissimum est. »

Pothier (211) s'empare des mots *conditione sine causa,* et s'autorise de l'autorité du grand romaniste pour soutenir que le dominium a été transféré, mais seulement *sublilitate juris,* l'acheteur étant tenu, du reste, de retransférer la propriété de la chose au moyen de la *condictio sine causa.* Mais Cujas parle de la *rei vindicatio* aussi bien que de la *condictio sine causa,* et puisqu'il n'a opté ni pour l'action réelle, ni pour l'action personnelle, on ne saurait invoquer son opinion à l'appui de la doctrine de Doneau et de Pothier sur la validité de la tradition opérée à la suite d'un contrat inexistant.

Cette doctrine, combattue par M. de Vangerow (212), n'est point admise par tous les partisans du système de l'inexistence des contrats entachés de dol, et en

---

(210) Cujas, *Commentarius ad titulum de dolo malo* (t. I, col. 975 *in principio*).

(211) Pothier, Pandectæ Justinianæ, lib. IV, tit. III, *De dolo malo.* — Ad legem et eleganter (t. I, p. 153, note 3).

(212) *Lehrbuch,* § 605, obs. I, n° 3.

particulier par Fabre et Voët. Voët (213) déclare, en effet, que la vente étant nulle *ipso jure*, il n'y a point translation de propriété et qu'il n'est pas besoin de restitution : sans aucun doute, ajoute-t-il, la victime du dol peut employer les mesures de droit ordinaires, « c'est-à-dire exercer à titre de propriétaire la *rei vindicatio* ». Il reconnaît, cependant, que la C. 10, C. *De rescind. vend.* exclut formellement la *rei vindicatio*, mais il écarte ce texte en supposant que Dioclétien et Maximien entendaient statuer sur une hypothèse de *dolus incidens*. « Il est assez clair, dit-il, *apparet*, qu'il ne s'agit pas d'un *dolus causam dans !* » Et quant à l'expression de rescision, *rescindi*, employée par la C. 5, C. *De rescind. vend.*, il s'en débarrasse en disant qu'il n'est pas nouveau en droit romain d'entendre parler de rescision, alors que l'on sait pertinemment, d'ailleurs, qu'il s'agit de nullité *ipso jure*.

Il est cependant pour lui une décision d'Ulpien (*lib. 32 ad ed.*) très gênante (214). La victime du dol a le choix entre deux partis : faire tomber le contrat ou le maintenir, et elle pourra même être poursuivie par l'auteur du dol et être forcée de faire un choix (215). Si bien qu'un contrat inexistant tirera sa force et sa vie d'une volonté unique, de la volonté de la victime du dol ! On justifie ce résultat singulier en faisant observer que la nullité du contrat vicié par le dol a été organisée dans l'intérêt de la victime du dol, et

(213) Voët (Jean), *Commentarius ad Pandectas, De dolo malo,* n° 3 (t. 1, p. 193).

(214) F. 13, §§ 27 et 28, D. *De act. empti.*, XIX, 1.

(215) Glück, Pand., IV, p. 125.

qu'il n'est pas juste, ainsi que le disent Théodose et Valentinien (216), « que les dispositions légales introduites en faveur d'une personne soient retournées contre elle (217). La vente, dit Fabre (218), si *traditio secuta sit, incipit habere vires, non quod traditio ulla possit transferre dominium quam titulus venditionis aut alius non præcedat, leg. nunquam nuda* 3o, *de acq. rer. dom.,* sed quia, constitutum est favore venditoris, qui in hoc ipso ut venderet circumscriptus fuit, ut venditio nulla sit ipso jure, non debet ei nocere si venditionem ipso jure stare malit (ne quod ipsius favore constitutum est contra eum retorqueatur)*...

Évidemment, le motif allégué ne saurait expliquer d'une manière suffisante la validation d'un acte inexistant. Il faudrait, pour justifier cette exception à tous les principes, un texte exprès, à la place de la formule vague empruntée au Code. Combien est plus logique la doctrine qui permet simplement à la personne dont le consentement a été surpris par un dol d'apprécier elle-même la mesure dans laquelle sa volonté a été altérée et de demander, si elle le juge utile à ses intéréts, la rescision du contrat.

63. — *Résumé : Influence du dol dans les contrats de bonne foi, avant ou après l'exécution.* — En résumé, toutes les fois que le consentement a été donné par une personne à un contrat de bonne foi, cette personne exercera l'action du contrat, et spécialement, s'il s'agit d'une

(216) C. 6, C. *De leg.,* I, 14.

(217) Voët (Jean), *Commentarius ad Pandectas, De dolo malo,* n° 7 (t. I, p. 195).

(218) Fabre (Antoine), *Rationalia in Pandectas, De dolo malo,* IV, 3. *Ad legem et eleganter* (t. I, p. 473, col. 1 *in medio*).

vente, l'*actio empti* ou *venditi* (219). Au cas de dol in-
. cident, elle ne pourra réclamer que des dommages-
intérêts, par exemple, une réduction du prix de
vente (220). Au cas de dol principal, elle devra opter
entre le maintien ou la rescision du contrat et pourra
même être mise en demeure de faire un choix sur la
poursuite de l'adversaire (221). Même au cas où la
victime du dol demande la rescision du contrat, elle
conserve le droit d'obtenir des dommages-intérêts par
voie d'action aussi bien que par voie d'exception (222).
Mais ce bénéfice n'est accordé qu'à charge de rendre le
prix de la chose qui lui est restituée (223).

Nous avons toujours supposé que l'exécution du
contrat avait eu lieu, que l'objet de la vente avait été
livré; en pareille circonstance, le vendeur victime du
dol agit pour réclamer sa chose à charge d'en rendre
le prix. Si nous nous plaçons dans l'hypothèse où le
contrat n'a pas encore reçu d'exécution, le vendeur doit
attendre les poursuites de l'acheteur, et, pour faire
échouer les prétentions de celui-ci, exciper du dol dont
il a été victime. La formule étant de celles qui renferment la clause *ex bona fide* (224), les résultats de
l'instance seront les mêmes que si le vendeur avait lui-
même introduit l'action. Le juge est, dans les deux cas,
muni des mêmes pouvoirs et doit faire l'application
des mêmes principes de bonne foi. C'est cette situation

---

(219) F. 7, § 4, et f. 9, pr., D. *De dolo malo.*
(220) F. 13, §§ 4 et 5 ; f. 32 ; f. 39, D. *De act. empti.*, XIX, 1.
(221) F. 13, §§ 27 et 28, D. *De act. empti.*, XIX, 1.
(222) F. 62, § 1, D. *De contrah. empt.*, XVIII, 1.
(223) F. 11, § 5, *De act. empt.*, XIX, 1.
(224) Cicéron, *De off.*, III, 15.

que les jurisconsultes, au moment où l'*exceptio doli* fut devenue générale, ont déterminée et expliquée en disant, avec Julien : *Judicia bonæ fidei exceptionem doli mali continent* (225), ou avec Ulpien : *quæ exceptio inest judiciis bonæ fidei* (226).

Ainsi donc, la victime du dol doit avoir recours, avant l'exécution, à l'exception de dol sous-entendue, dans l'action même du contrat, et, après l'exécution, à l'action du contrat. De plus, dans les cas exceptionnels que nous avons signalés (227), la partie lésée peut obtenir le bénéfice de l'*in integrum restitutio propter dolum*.

**64. — Effets du dol commis par un tiers étranger au contrat.** — Durant tout le cours de ces explications sur les effets du dol dans les contrats, nous avons toujours raisonné en vue de l'hypothèse où la partie lésée avait été la victime des manœuvres de l'autre partie contractante. Il n'est pas impossible que le dol soit commis par un tiers étranger au contrat. Il est trop juste que la victime du dol réclame la réparation du dommage, non pas à l'autre partie qui n'a rien à se reprocher, mais au tiers qui est le seul coupable. En conséquence, le contrat est pleinement valable et doit être exécuté de part et d'autre. Mais la victime du dol sera munie d'une *actio de dolo* contre le tiers coupable de dol (228), pourvu toutefois, à cause du caractère subsidiaire de cette action, qu'il y ait impossibilité de

(225) F. 21, D. *Solut. matrim.*, XXIV, 3.
(226) F. 84, § 5, *De legatis*, 1°, XXX.
(227) *Supra,* n° 50.
(228) F. 8, D. *De dolo malo.*

recourir à un autre moyen de droit. Si, en effet, le dommage causé par le dol du tiers peut être réparé par une autre voie de procédure, l'*actio de dolo* est écartée. Supposons, par exemple, que Primus vende à Secundus une certaine quantité de blé : la vente conclue, ils empruntent les balances de Tertius pour peser la denrée vendue. Si les balances sont fausses, au su de Tertius, la mauvaise foi de celui-ci amènera l'un de ces deux résultats : ou le vendeur livrera plus, ou l'acheteur recevra moins qu'il n'avait été convenu. Or, il est très facile de rétablir l'équilibre, rompu dans l'exécution du contrat, sans faire intervenir l'*actio de dolo* contre Tertius. Le vendeur, s'il a trop fourni, répétera l'excédant à l'aide de la *condictio indebiti*. Dans l'autre hypothèse, l'acheteur obtiendra ce qui manque de la quantité promise, au moyen de l'action ordinaire de la vente (229). Toutefois, si, dans l'espèce, les parties ont déclaré, en concluant la vente, que la quantité de blé serait déterminée à l'aide des balances de Tertius, celui-ci affirmant la justesse de ces balances, l'exécution du contrat ne peut donner lieu à aucun recours. C'est alors que la partie lésée se retournera contre Tertius et obtiendra par l'*actio de dolo* la réparation du dommage qui lui a été causé. Glück a prétendu que la partie lésée a le droit, en cas d'insolvabilité de Tertius, de faire tomber le contrat lui-même par l'*in integrum restitutio* (230). M. de Savigny, en adoptant la même décision, reconnaît que les textes ne fournissent aucune

(229) F. 18, § 3, D. *De dolo malo.*
(230) Glück, Pand., t. IV, p. 135.

preuve à l'appui de cette allégation (231), et nous savons que l'*in integrum restitutio propter* dolum n'est qu'un secours exceptionnel (232) accordé dans le domaine de la procédure.

(231) De Savigny, t. VII, § 320.
(232) *Supra*, n° 50.

# TABLE

## PAR ORDRE DE MATIÈRES

## LA NOTION DU DOL

### SES EFFETS SUR LA VALIDITÉ DES CONTRATS



## I

### La notion du dol.

## II

## Effets du dol sur la validité des contrats.

### A. — CONTRATS DE DROIT STRICT.

Fin.

# DROIT.CIVIL

## DE LA RESPONSABILITÉ

# DES ARCHITECTES ET DES ENTREPRENEURS

### D'APRÈS LES ARTICLES 1792 ET 2270

# BIBLIOGRAPHIE


### ANCIEN DROIT

BOURJON. — *Le droit commun de la France et de la coutume de Paris.* Paris, 1770. (Liv. VI, titre II, chap. IX, t. II, p. 465.)

BRODEAU (Julien). — *Coustume de la prévosté et vicomté de Paris commentée.* Paris, 1669. (Sur l'art. CXXVII, t. II, p. 200.)

CUJAS. — *Opera omnia.* Naples, 1722-1727, 11 vol. in-f°. (Les renvois sont indiqués à chaque citation.)

DENISART. — *Collection de décisions nouvelles et de notions relatives à la jurisprudence, mise dans un nouvel ordre, corrigée et augmentée par Camus et Bayard.* Paris, 1783-1788. (V° *Bâtiment,* t. III, p. 312.)

DESGODETS. — *Les loix des bâtimens suivant la coutume de Paris.* Édition annotée par Goupi, Paris, 1787. (Sur l'art. 114, p. 580.)

DOMAT. — *Les loix civiles.* Paris, 1777. (Partie I$^{re}$, liv. I$^{er}$, titre IV, t. 1, p. 54.)

FERRIÈRE (Claude DE). — *Coustume de Paris.* Paris, 1714. (Sur l'art. CXIII, n° 23, t. II, p. 366.)

MERLIN. — *Répertoire universel et raisonné de jurisprudence.* 3$^e$ édition, Paris, 1807-1821. (V$^{is}$ *Bâtiment,* t. 1, p. 668-673, et surtout n° VI, p. 672, et *Prescription,* t. 9, p. 495.)

* PITHOU (Pierre) (1). — Troyes, 1609, art. 201.

POTHIER. — *Œuvres complètes.* Paris, 1821-1826. (*Traité du contrat de louage,* t. VI, n$^{os}$ 425 et 426.)


### CODE CIVIL

AUBRY et RAU. — *Cours de droit civil français.* 4$^e$ édition, Paris, 1869-1879. (§ 374, t. IV.)


---

(1) Nous avons eu l'occasion de citer au cours de ce travail quelques ouvrages qu'il nous a été impossible de consulter personnellement; ces ouvrages sont précédés d'un astérisque.

AUCOC. — *Conférences sur l'administration et le droit administratif*. Paris, 1870. (T. II, nos 591 et suiv.) La plus récente édition
a commencé à paraître en 1885. .

* AUNAY (Alf. D'). — *Étude sur la responsabilité des entrepreneurs
et des architectes*. Paris, 1863.

BANCELIN. — *De la durée de l'action en responsabilité contre les
architectes et les entrepreneurs*. Revue critique de législation et de
jurisprudence. 1880, p. 65-77.

BARBIER. — *Réquisitoire prononcé devant les Chambres réunies de
la Cour de cassation*. Dalloz, 1883, 1, 5, et Sirey, 1883, 1, 9.

BAUDRY-LACANTINERIE. — *Précis de droit civil*. 2e édition, Paris,
1885-1886. (T. III, nos 733-739.)

BENOIT-LÉVY (Edmond). — *De la prescription de l'action en responsabilité contre les architectes et entrepreneurs*. Paris, 1880.

BRUGNON (Stanislas). — *Quelle est la durée de l'action du propriétaire contre les architectes et les entrepreneurs?* Défense pour
M. Parent, architecte, contre Mme la comtesse de Béarn. Paris, 1882.

CHRISTOPHLE. — *Traité théorique et pratique des travaux publics*.
Paris, 1862.

CLAMAGERAN. — *Du louage d'industrie, du mandat et de la
commission*. Paris, 1856. (Nos 269-279, p. 233-243.)

DALLOZ. — *Répertoire méthodique et alphabétique de législation,
de doctrine et de jurisprudence*. Paris, 1846-1864. (T. 30, vo *Louage
d'ouvrage et d'industrie*.)

* DELAHAYE. — *Le Code du bâtiment et de la propriété immobi-
lière*. Traité de jurisprudence pratique à l'usage des architectes,
des propriétaires d'immeubles et des entrepreneurs de bâtiments.
Paris, 1873.

DELVINCOURT. — *Cours de Code civil*. Paris, 1824-1834.

DEMANTE et COLMET DE SANTERRE. — *Cours analytique de
Code civil*. Paris, 1849-1880. (T. VI, no 245, p. 357 et suiv.)

DEROUET. — *De la responsabilité de l'architecte et de l'entrepreneur vis-à-vis du propriétaire, et de leur position respective l'un
vis-à-vis de l'autre*. Revue pratique de droit français. 1856, t. 2,
p. 433 et 554.

DURANTON. — *Cours de droit français.* 3ᵉ édition, Paris, 1828-1837. (T. XVII, p. 234.)

DUVERGIER. — *Le droit civil français suivant l'ordre du Code.* Continuation de l'ouvrage de Toullier, *Traité du Louage.* Paris, 1837. (T. II, nᵒˢ 350-364.)

* FABRE (Jules). — *De la prescription de l'action en responsabilité contre les architectes. France judiciaire,* 1880.

FENET. — *Recueil complet des travaux préparatoires du Code civil.* Paris, 1827-1837. (T. XIV et XV.)

FRÉMY-LIGNEVILLE et PERRIQUET. — *Traité de la législation des bâtiments et constructions.* Paris, 1881. (T. I, p. 87 et suiv.)

GUILLOUARD. — *De la responsabilité des architectes et des entrepreneurs.* Revue critique de législation et de jurisprudence. 1880, p. 140-164.

GUILLOUARD. — *Traité du contrat de louage.* Paris, 1885. (T. II, nᵒˢ 832-880.)

HUC et ORSIER. — *Le Code civil italien et le Code Napoléon.* Paris, 1868.

JOUANNEAU et SOLON. — *Discussion du Code civil dans le Conseil d'État.* Paris, an XIII, 1805.

LABBÉ. — *Note dans Sirey.* 1883, 1, 5.

LAURENT. — *Principes du droit civil français.* 3ᵉ édition, Bruxelles et Paris, 1869-1878. (T. XXVI, nᵒˢ 25 et suiv.)

LEPAGE. — *Traité des devis et marchés selon le Code Napoléon.* Paris, 1809.

* LEPAGE. — *Lois des bâtiments.* Paris, 1857.

LOCRÉ. — *La législation civile de la France.* Paris, 1827-1829. (T. XIV et XVI.)

MANUEL DES LOIS DU BATIMENT, publié par la Société centrale des Architectes. Paris, 1879-1880. (2 volumes en cinq tomes.)

MARCADÉ et Paul PONT. — *Explication théorique et pratique du Code civil.* 7ᵉ édition, Paris, 1873-1873. (Sur l'art. 1792, I.)

MASSELIN. — *Nouvelle jurisprudence et traité pratique sur la responsabilité des architectes et des entrepreneurs.* Paris, 1879.

MIMEREL. — *Revue critique de législation et de jurisprudence.* 1853. (T. III, p. 863 et suiv.)

* MIRON DE L'ESPINAY. — *Des entreprises sur devis et marchés.* Paris, 1873.

MOURLON. — *Répétitions écrites sur le Code Napoléon.* 10e édition revue par M. Demangeat. Paris, 1878. (T. III, nos 823-826.)

* PÉRIN et JUQUIN. — *Le nouveau cahier des clauses et conditions générales imposées aux entrepreneurs des travaux des ponts et chaussées.* Paris, 1867.

PERRIN. — *Code Perrin ou Dictionnaire des constructions.* Édition entièrement refondue, avec indications marginales par Ambroise Rendu. 4e édition par Sirey. Paris, 1875. (V*is Architecte, devis, entrepreneur.*)

PERRIQUET. — *Traité des travaux publics.* Paris, 1883. (T. I, nos 375-387.)

SOURDAT. — *Traité général de la responsabilité et de l'action en dommages-intérêts en dehors des contrats.* 2e édition, Paris, 1872. (T. I, nos 670-675 et nos 743-749.)

TESTOUD. — *Durée de l'action en responsabilité des propriétaires contre les architectes et entrepreneurs.* Revue critique de législation et de jurisprudence. 1880, p. 257-263.

TROPLONG. — *Le droit civil expliqué suivant l'ordre des articles du Code.*

    A. *De l'Échange et du Louage.* 3e édition, Paris, 1859. (T. II, nos 993-1015.) Nos citations de Troplong visent toujours le *Traité du Louage*, sauf indication contraire.

    B. *De la prescription.* 4e édition, Paris, 1857. (T. II, nos 939-941.)

* X... — *Mémoire sur la responsabilité en matière de constructions de bâtiments, fait et rédigé au désir du programme proposé par la Chambre des Entrepreneurs de maçonnerie de la ville de Paris.* Paris, 1844.

ZACHARIÆ. — *Le droit civil français,* édition Massé et Vergé. Paris, 1854-1860. (T. IV, § 710.)

# DE LA RESPONSABILITÉ
# DES ARCHITECTES ET DES ENTREPRENEURS

d'après les articles 1792 et 2270

## INTRODUCTION

1. — Les architectes et les entrepreneurs, en passant un marché, contractent des obligations déterminées à la fois par les règles générales des contrats et par les règles spéciales au louage d'ouvrage. Au nombre des plus importantes parmi ces dernières, figurent les articles 1792 et 2270. Ils soumettent les architectes et les entrepreneurs à une responsabilité plus rigoureuse que celle des ouvriers ordinaires, parce que la négligence ou l'impéritie de l'architecte ou de l'entrepreneur risque d'entraîner des conséquences funestes pour la sécurité publique, comme pour la fortune des particuliers.

2. — Le maître peut surveiller la confection d'un travail ordinaire et en apprécier la bonne ou la mauvaise façon. Les connaissances techniques lui font au contraire défaut, sauf de rares exceptions, pour se rendre compte des vices de plan, des vices du sol ou de la qualité des matériaux.

Un édifice peut, du reste, être affecté de vices qui en rendent la chute inévitable, et qui sont cependant invisibles pour l'œil le plus exercé. L'épreuve du temps est donc nécessaire pour qu'il soit possible d'apprécier la valeur d'une construction.

Ce n'est pas le seul, ni peut-être le principal motif des articles 1792 et 2270. Un édifice élevé contrairement aux règles de l'art est une perpétuelle menace pour la sûreté publique. Il met en danger la vie de ses habitants et la vie des passants.

3. — Aussi le législateur exige-t-il de l'architecte et de l'entrepreneur une connaissance parfaite des règles professionnelles de leur art, en leur imposant, comme sanction, une responsabilité très étendue.

Les procédés techniques de construction, les qualités ou les vices du sol, la nature et le mode d'emploi des divers matériaux en usage dans la construction, les règles de police et de voisinage, doivent être familiers à l'architecte et à l'entrepreneur, dans la sphère de leurs attributions respectives.

Toute faute de leur part, à ces divers points de vue, engage pleinement leur responsabilité (1) et les oblige sans excep-

(1) Toutefois, l'architecte ne doit pas être une encyclopédie vivante; aussi n'est-il point tenu sans doute de posséder toutes les connaissances que Vitruve exigeait de lui : « Architectum ingeniosum esse oportet et ad disciplinam docilem; et ut litteratus sit, peritus graphydos, eruditus geometriæ, et optices non ignarus, instructus arithmeticà : historias complures noverit, philosophos diligenter audiverit, musicam sciverit, medicinæ non sit ignarus, responsa jurisconsultorum noverit, astrologiam cœlique rationes cognitas habeat ». (*De Architecturà*, lib. I, cap. I). L'astrologie, la médecine, la philosophie elle-même, ne paraissent pas de nature à faciliter beaucoup l'exercice de la profession d'architecte, et il est périlleux de se prononcer sur l'influence de la musique, car le souvenir des merveilles accomplies par Orphée ne peut faire oublier l'histoire des murailles de Jéricho.

tion. Le double motif des articles 1792 et 2270 démontre, en effet, que ce sont des dispositions d'intérêt public autant que d'intérêt privé, auxquelles doit s'appliquer le principe général de l'article 6 du Code civil.

4. — La responsabilité de l'architecte remonte au droit romain. On en trouve des traces dans un fragment d'Ulpien (2), et une constitution de Gratien, Valentinien et Théodose, rendue en l'an 385 de notre ère, avait fixé à quinze ans, en matière de travaux publics, la durée de cette responsabilité (3).

5. — Notre ancien droit imposait à tous les ouvriers, et spécialement à l'architecte et à l'entrepreneur, une obligation de garantie très clairement définie dans les traités des jurisconsultes. « Il y a lieu à l'action *ex locato* contre le conducteur, disait Pothier (4), non seulement lorsqu'il n'a pas fait l'ouvrage qu'il s'est chargé de faire, mais aussi lorsque l'ouvrage est défectueux et mauvais, soit que le vice vienne des mauvais matériaux que l'entrepreneur a employés, soit qu'il vienne de la façon et de l'impéritie de l'entrepreneur ou des ouvriers qu'il a employés, car quiconque se charge d'un ouvrage s'oblige de le faire bien et selon les règles de l'art, *spondet peritiam artis;* et c'est de sa part une faute de se charger d'une chose qui surpasse ses forces, et d'employer de mauvais ouvriers. C'est le cas de cette règle

(2) Lib. 24, ad edictum : ... Adversus architectum actio dari debet qui fefellit (f. 7, § 3, D. *Si mensor falsum modum dixerit.* XI, 6).

(3) Omnes quibus cura mandata fuerit operum publicorum, usque ad annos quindecim ab opere perfecto cum suis heredibus teneantur obnoxii : ut si quid vitii in ædificatione intra præstitutum tempus pervenerit, de eorum patrimonio (exceptis tamen his casibus qui sunt fortuiti) reformetur (C. 8, C. *De operibus publicis,* VIII, 12).

(4) *Traité du contrat de louage,* n° 425.

de droit : *imperitia culpæ annumeratur* (L. 132, ff., *De regulis juris*) » (5).

Cette théorie, qui est également celle de Desgodets (6) et de Claude de Ferrière (7) sur les articles 113 et 114 de la coutume de Paris, était consacrée par l'ancienne jurisprudence, ainsi que le constate Denisart : « En général, chacun de ceux qui concourent à la construction du bâtiment étant tenu de bien faire ce qu'il fait, est responsable de ses fautes et doit les réparer à l'instant où il les commet.......

« Mais il y a une garantie d'une autre espèce, et plus étendue : c'est celle qui consiste à répondre de la solidité du bâtiment pendant un temps assez considérable, pour qu'on soit assuré que les accidents qui surviennent ensuite ne sont point l'effet de fautes commises dans la construction même du bâtiment » (8).

6. — Les principes de l'ancienne jurisprudence ont été maintes fois rappelés dans les travaux préparatoires.

Galli, dans l'exposé des motifs présenté au nom du Gouvernement dans la séance du Corps législatif du 9 ventôse an XII (29 février 1804), reproduit le fr. 149 D, *De regulis juris* : « *Imperitia culpæ adnumeratur* », cité par Pothier (9).

M. Mouricault est plus explicite dans son rapport au Tribunat du 14 ventôse an XII (5 mars 1804) : « S'il s'agit

---

(5) Adde Pothier, *Du louage*, no 426; *Obligations*, no 163.

(6) Desgodets, *Les loix des bâtimens suivant la coutume de Paris*, sur l'art. 114 (Paris, éd. annotée par Goupi, 1787, p. 580).

(7) Ferrière, *Coustume de Paris*, sur l'article CXIII, no 23 (Paris, 1714, t. II, p. 366).

(8) Denisart, *Collection de décisions nouvelles*, vo *Bâtiment*, § VII, nos 4 et 5 (Paris, 1784, t. III, p. 312).

(9) *Quod imperitia peccavit, culpam esse*, dit-il encore (fr. 9, § 5, D, *De regulis juris*, L. 17). — Fenet, XIV, p. 318, et Locré, XIV, p. 416.

de la construction d'un édifice, et qu'il vienne à périr soit par le vice de la construction, soit même par le vice du sol, l'entrepreneur en est responsable : c'était à lui à savoir sa profession, et par conséquent, non seulement à faire une bonne et solide construction, mais encore à savoir si le sol qu'on lui donnait pour y bâtir était propre à recevoir l'édifice et à résister....... » (10).

On relève enfin dans le discours prononcé par le tribun Jaubert dans la séance du Corps législatif du 16 ventôse an XII (7 mars 1804) : « L'article relatif aux devis et marchés est également traité avec le plus grand soin. On y retrouve toutes les règles consacrées par l'usage sur la garantie due par les architectes ou entrepreneurs, soit en ce qui concerne le fait des personnes qu'ils emploient, soit en ce qui concerne la solidité des ouvrages » (11).

7. — L'article 1792 n'est donc pas une innovation, et n'a d'autre but que de soumettre les architectes et les entrepreneurs à la responsabilité qui pesait sur eux dans l'ancienne jurisprudence : « Si l'édifice construit à prix fait périt en tout ou en partie par le vice de la construction, même par le vice du sol, les architecte et entrepreneur en sont responsables pendant dix ans ».

La même observation doit naturellement être faite au sujet de l'article 2270 : « Après dix ans, l'architecte et les entrepreneurs sont déchargés de la garantie des gros ouvrages qu'ils ont faits ou dirigés ».

8. — Les règles spéciales de responsabilité tracées par ces deux articles ne sont établies qu'en vue de l'hypothèse où les constructions sont achevées et agréées par le proprié-

<hr>

(10) Fenet, t. XIV, p. 341, et Locré, t. XIV, p. 444.
(11) Fenet, t. XIV, p. 355-356, et Locré, t. XIV, p. 461-462.

taire. Si la perte survient au cours des travaux, avant leur vérification et réception, l'architecte et l'entrepreneur encourent la responsabilité qui pèse sur les ouvriers ordinaires, d'après les articles 1788 à 1791.

Il en résulte comme conséquence que l'architecte perd les honoraires qui lui sont dus pour la direction des travaux, lors même que la perte est survenue par cas fortuit (13); en outre, si la ruine de la construction est le résultat de sa faute, il doit indemniser le propriétaire du préjudice qu'il lui cause.

Quant à l'entrepreneur, sa responsabilité varie suivant qu'il fournit ou non les matériaux. Lorsque l'entrepreneur fournit les matériaux, il supporte la perte, même fortuite, des ouvrages qui n'ont pas encore été reçus, et il est privé de la valeur des matériaux et du prix de la main-d'œuvre. L'article 1788 est, en effet, conçu dans les termes les plus généraux, et s'applique à tout louage d'ouvrage, à la construction d'un édifice comme à la confection d'une chose mobilière. Or, l'article 1788 met les risques à la charge de l'ouvrier : « La perte est pour l'ouvrier, *de quelque manière que la chose vienne à périr* », c'est-à-dire quand même elle périrait par cas fortuit. Si la chose vient à périr par la faute de l'entrepreneur, il est évident que c'est lui qui en supporte la perte. Le tribun Mouricault justifie cette responsabilité en faisant remarquer que le contrat « *se rapproche de la vente* ». L'ouvrier « demeure donc propriétaire jusqu'à la confection de l'ouvrage, jusqu'au moment où il est en état et offre d'en faire la livraison. La chose reste donc à ses périls jusque-là » (14).

(13) Frémy-Ligneville et Perriquet, I, nᵒˢ 64 et 65. — L'architecte a droit, au contraire, aux honoraires afférents à la confection des plans qui ont été adoptés, puisqu'ils ont été mis à exécution.

(14) Fenet, XIV, p. 340, et Locré, XIV, p. 443.

On objecte que les matériaux s'incorporent au sol, et doivent être aux risques du propriétaire du sol, qui en devient le maître. Non, car l'incorporation ne se fait pas d'après les règles ordinaires de l'accession. Les matériaux ne deviennent pas la propriété du maître à titre d'accession, puisque le maître a le droit de vérifier les travaux et de refuser de les recevoir, ou tout au moins d'exiger le remplacement des matériaux défectueux (15). Il n'y a donc aucune raison de distinguer entre l'entrepreneur et l'ouvrier, et le premier, comme le second, supporte tous les risques jusqu'à la réception des ouvrages. Toutefois, l'entrepreneur peut se décharger de la responsabilité des cas fortuits établie contre lui par l'article 1788 en mettant le propriétaire en demeure de vérifier les travaux, une fois achevés, et de les recevoir. Après cette mise en demeure, il n'a plus à répondre que de sa faute, dont il ne peut être libéré que par la réception même des travaux.

Dans l'hypothèse où l'entrepreneur ne fournit pas les matériaux, les articles 1789 et 1790 établissent des règles différentes. Il est évident que l'entrepreneur coupable d'une faute est tenu d'indemniser le propriétaire de la perte des matériaux. C'est le droit commun de l'article 1302, en vertu duquel le débiteur d'un corps certain répond de la perte survenue par sa faute. Mais « si la chose vient à périr par cas fortuit, dit le tribun Mouricault, sans qu'il y ait de la faute ni du maître ni de l'entrepreneur, avant que l'ouvrage

(15) Guillouard, II, nos 781 et 782; — Laurent, t. 26, nos 6 et 7; — Aubry et Rau, IV, § 374, texte et notes 3 et 4, p. 526; — Zachariæ, § 374, texte et note 4; — Duvergier, II, no 337; — Duranton, XVII, no 250; — Delvincourt, sur l'art. 1788. — *Req. rej.*, 11 mars 1839; Sirey, 1839, 1, 180; — Civ. Cass., 20 mars 1872; Dalloz, 1872, 1, 140. — Contrà : *Req. rej.*, 13 août 1860; Dalloz, 1861, 1, 105.

ait été reçu et avant que le maître ait été mis en demeure de le vérifier et de le recevoir, alors la perte se partage; elle est à la charge du maître pour la chose, et de l'ouvrier pour le travail, parce qu'ils sont demeurés propriétaires à part, l'un du travail, et l'autre de la chose » (16). Si donc les travaux périssent par cas fortuit, l'article 1788 affranchit l'entrepreneur de toute responsabilité à l'égard du propriétaire. C'est encore une application de l'article 1302 : il en résulte que l'entrepreneur reste tenu de prouver le cas fortuit qu'il allègue, et ce n'est pas au propriétaire de démontrer la faute de l'entrepreneur. L'article 1788, en disant que l'ouvrier n'est tenu que de sa faute, veut seulement exprimer qu'il n'est pas garant des cas fortuits, et il n'y a pas de raison d'enlever à l'entrepreneur le fardeau de la preuve que lui impose l'article 1302. D'autre part, si les matériaux fournis par le propriétaire périssent au cours des travaux, l'entrepreneur ne peut réclamer le prix de la main-d'œuvre. Cette règle, établie par l'article 1790, est contraire à la solution, peut-être plus juridique et plus équitable (17), du droit romain (18), et de notre ancien droit (19). Elle a sans doute séduit le législateur, parce qu'elle présente l'avantage pratique de supprimer des procès fort difficiles sur le point de savoir si l'ouvrage était fait et bien fait. Mais ce qui prouve que la difficulté de vérification n'est pas une raison décisive contre l'entrepreneur, c'est que l'entrepreneur peut réclamer le prix de la main-d'œuvre quand les ouvrages viennent à

(16) Fenet, XIV, p. 340-341, et Locré, XIV, p. 443.

(17) Voir en sens opposé : Guillouard, II, n° 788; — Colmet de Santerre, VII, n° 243 *bis*, III. — Puis comparer : Laurent, t. 26, n° 11.

(18) Fr. 59, D. *locati*, XIX, 2.

(19) Pothier, *Du louage*, n° 434.

périr après une mise en demeure adressée au propriétaire
en vue de les recevoir. Le propriétaire est en faute de n'avoir
pas reçu les travaux, et les risques passent entièrement à sa
charge. Il a cependant le droit de prouver que les ouvrages
étaient défectueux, et qu'il n'aurait pu les agréer, car la
demeure ne saurait être une source de profit pour l'entrepreneur et lui être plus avantageuse que la réception.

Il est un cas où l'ouvrier peut réclamer son salaire malgré
la perte fortuite de la chose avant la réception : c'est lorsque
cette chose a péri par un vice de la matière (art. 1790 *in
fine*) que l'ouvrier n'a pu découvrir malgré l'examen le plus
attentif. L'entrepreneur bénéficie également de cette disposition, mais sa responsabilité est toujours appréciée sévèrement,
parce qu'elle intéresse l'ordre public.

L'entrepreneur a intérêt à faire recevoir au plus vite les
ouvrages, lors même qu'il ne fournit pas les matériaux. En
principe, un ouvrage ne peut être vérifié qu'après son achèvement. Cependant, s'il s'agit de travaux à plusieurs pièces
ou à la mesure, la vérification peut s'en faire pour parties :
elle est même censée faite pour toutes les parties payées, si
le propriétaire paie l'entrepreneur en proportion de l'ouvrage
fait (art. 1791), parce que le paiement proportionnel à l'ouvrage fait permet de présumer la vérification (20).

9. — Les constructeurs ne sont donc pas assujettis à une
responsabilité particulière avant l'achèvement des t.avaux.
Mais, immédiatement après la réception des travaux, ou une
mise en demeure régulière de vérification, ils tombent sous
l'empire des articles 1792 et 2270, qui les déclarent responsables pendant dix ans. Cette garantie décennale imposée à

(20) Laurent, t. 26, n° 15 ; — Contrà, *Req. rej.*, 19 juillet 1870 ; Dalloz,
1872, 1, 18, et la note de cet arrêt.

l'architecte et à l'entrepreneur présente un caractère anormal et exceptionnel. D'après les principes du droit commun, la vérification et la réception du travail déchargent l'ouvrier de toute garantie. Elles n'ont pas seulement pour effet de déplacer les risques et de les faire passer sur la tête du propriétaire : elles suppriment également toute responsabilité à raison des malfaçons qui déparent l'ouvrage.

Ce point n'est pas douteux si le travail présente des vices apparents au moment de la réception. Le maître, ayant accepté l'objet malgré son état défectueux, n'est plus admis à exercer une action en garantie : par son acceptation, il libère l'ouvrier de toutes les obligations qui lui incombent à raison du contrat.

Doit-il en être de même si les vices ne sont pas apparents, ou bien le maître est-il recevable à agir en garantie contre l'ouvrier, au moment de la découverte des défauts cachés?

10. — L'ancienne jurisprudence admettait, dans tous les cas, le recours du maître contre l'ouvrier. Elle se contentait de faire varier, d'après l'importance des travaux, le délai de garantie, qui finit par être fixé à dix ans pour les gros ouvrages, et à un an pour les menus ouvrages. « A l'égard du temps pendant lequel les entrepreneurs sont tenus de garantir les bâtiments qu'ils ont faits, dit Claude de Ferrière (21), M. Pithou, sur l'article 201, dit que la loy *Omnes C. de operib. public.* préfinit quinze ans aux actions pour un bâtiment ou édifice mal fait, et qu'il se pratique en France pour le regard des vices qui se trouvent aux gros murs pendant ledit temps........; mais qu'à l'égard des menus ouvrages et réparations, que l'usage du Châtelet est d'agir contre l'ouvrier

---

(21) Ferrière, *Coustume de Paris*, sur l'art. CXIII, n° 23 (Paris, 1714, t. II, p. 366).

dans trois ans ; qu'autrement, on n'y est plus recevable.

» Néanmoins, on observe, au Châtelet, que les maçons ne sont tenus et responsables que pendant dix ans. »

Desgodets signale la réduction à un an du délai de garantie pour les menus ouvrages. Après avoir indiqué l'obligation de garantie décennale imposée aux entrepreneurs, maçons et charpentiers, il ajoute : « Les autres ouvriers qui contribuent à la construction des édifices et bâtiments sont garants de leurs ouvrages, chacun en leur particulier, pendant la première année après l'achèvement et perfection d'iceux ouvrages, pour ce qui concerne la façon et la qualité des matières qui y sont employées....... » (22).

Denisart présente les règles mentionnées par Desgodets comme le droit commun de la France à son époque (23).

11. — Le Code civil a repoussé les principes de l'ancienne jurisprudence et admis que la réception des ouvrages décharge celui qui les a faits de toute responsabilité. Cette règle générale n'est expressément formulée nulle part, et cependant elle est universellement admise (25). On a tenté de la faire ressortir, par voie d'induction, des articles 1788-1790. « L'article 1788 du Code civil dit que si l'ouvrier fournit la matière, la perte des ouvrages, de quelque manière qu'elle arrive avant la livraison, est pour lui, à moins que le maître ne fût en demeure de recevoir la chose : d'où il suit que si le propriétaire est en demeure de recevoir, ou

(22) Desgodets, *Les loix des bâtimens suivant la coutume de Paris*, sur l'art. 114, n<sup>os</sup> 8 et 9 (Paris, éd. annotée par Goupi, 1787, p. 580).

(23) Denisart, *Collection de décisions nouvelles*, v<sup>o</sup> *Bâtiment*, § VII, n<sup>os</sup> 5 et 7 (Paris, 1784, t. III, p. 312). — Voir encore : Bourjon, *Le droit commun de la France et de la Coutume de Paris*, livre VI, titre II, ch. IX, n<sup>o</sup> VII (Paris, 1770, t. II, p. 465).

(25) Voir les autorités citées au n<sup>o</sup> 135.

s'il a déjà reçu, l'ouvrier n'est plus responsable de la perte, *de quelque manière qu'elle arrive, même par malfaçon* » (26). L'interprétation que nous avons donnée de l'article 1788 (27) fait pressentir que nous n'admettons pas ce raisonnement. Lorsque l'ouvrier fournit la matière, il en supporte la perte survenue avant la livraison et avant toute mise en demeure de réception, sans distinguer si elle est le résultat d'un cas fortuit ou d'une faute. Si la perte survient, dans la même hypothèse, avant la livraison, mais après une mise en demeure de vérification, l'ouvrier est déchargé de la perte par cas fortuit, mais il répond toujours de la perte survenue par sa faute, car le maître a le droit de prouver que l'ouvrage n'était pas bon, et qu'il ne l'aurait pas accepté au moment de la vérification. Il est donc inexact de prétendre qu'une mise en demeure de recevoir libère l'ouvrier de toute responsabilité, même de la garantie des malfaçons.

Les conclusions que l'on a voulu tirer de l'article 1790 donnent lieu à la même critique, parce qu'elles reposent sur la même inexactitude.

Toutefois, en mettant à part le cas de la mise en demeure, l'article 1790 semble bien indiquer que la réception des travaux décharge l'ouvrier de toute garantie, et cette impression se confirme si on rapproche cet article de l'article 1792.

12. — L'article 1792 impose aux architectes et aux entrepreneurs une responsabilité qui survit pendant dix ans à la vérification et à la réception des travaux. Il reproduit ainsi la disposition admise en droit commun par l'ancienne jurisprudence pour tous les gros ouvrages : d'où on pourrait

_____

(26) Frémy-Ligneville et Perriquet, I, n° 79.
(27) *Supra,* n° 8.

être tenté de conclure, en le généralisant, que la vérification et la réception ne font jamais cesser la responsabilité de l'ouvrier. Pour sentir l'impossibilité d'une semblable généralisation, il suffit de se demander pendant combien de temps la responsabilité de l'ouvrier survivrait à la réception du travail.

L'ancienne jurisprudence conservait au maître son action en garantie contre l'ouvrier qui s'était chargé de faire de menus ouvrages même après la vérification et la réception de l'œuvre; mais elle l'avait, du moins, soumise à une courte prescription de trois ans, qu'elle avait plus tard réduite à un an (28).

Ainsi, on n'a jamais pensé que l'action du maître pût durer trente ans.

Cependant, si l'on reconnaissait aujourd'hui qu'elle survit à la vérification et à la réception du travail, ce serait la prescription trentenaire qui serait inévitablement appliquée, dans le silence de la loi, car le délai de dix ans fixé par les articles 1792 et 2270 est spécial aux édifices et gros ouvrages (art. 2262 C. civ.). Il est inutile d'insister en présence d'un tel résultat, qui n'a certainement pas été voulu par les rédacteurs du Code.

13. — Les travaux préparatoires ne laissent, d'ailleurs, aucun doute sur le caractère exceptionnel de l'article 1792. Une discussion s'éleva au Conseil d'État, dans la séance du 14 nivôse an XII (5 janvier 1804), pour savoir si la responsabilité de l'architecte devait survivre à la réception des travaux. A ce propos, M. Regnaud (de Saint-Jean-d'Angély) fit observer « que Pothier décharge l'architecte de la responsabilité aussitôt que l'ouvrage a été reçu ». Il ajouta

(28) *Supra*, n° 10.

« que l'article 113 (art. 1790 C. civ.) semble supposer ce principe en l'appliquant au cas opposé ».

M. Bérenger répondit « *que l'article 113* (art. 1790 C. civ.) *se rapporte à tout ouvrage quelconque,* au lieu que *l'article 115* (art. 1792 C. civ.) *établit une règle particulière pour les ouvrages dirigés par un architecte.* Cette distinction est nécessaire, ajouta-t-il pour la justifier : on peut facilement vérifier si un meuble est conditionné comme il doit l'être ; ainsi, *dès qu'il est reçu, il est juste que l'ouvrier soit déchargé de toute responsabilité ;* mais il n'en est pas de même d'un édifice : il peut avoir toutes les apparences de la solidité, et cependant être affecté de vices cachés qui le fassent tomber après un laps de temps. L'architecte doit donc en répondre pendant un délai suffisant pour qu'il devienne certain que la construction est solide » (29).

Ces paroles n'ont rencontré aucune opposition dans le Conseil d'État : elles ne sauraient dire plus clairement que la faute de l'ouvrier est couverte, en principe, par la réception de son œuvre.

14. — On a quelquefois comparé la réception des travaux à une convention par laquelle le maître accepte et agrée l'œuvre de l'ouvrier. Convention ou non, la réception libère l'ouvrier de ses obligations, de même que le paiement du travail par le maître met fin aux obligations de ce dernier. Les parties contractantes deviennent, dès lors, étrangères l'une à l'autre, à moins que l'acceptation des travaux ne soit le résultat de manœuvres ou de supercheries, par application de la règle : *Fraus omnia corrumpit.* Exceptionnellement, la réception des travaux exécutés par un architecte ou un entrepreneur n'a pas cette portée. Les observations pré-

_______

(29) Locré, XIV, p. 362, et Fenet, XIV, p. 261 et 262.

sentées au Conseil d'État par MM. Réal, Tronchet et Treilhard (30) lui assignent un autre caractère. Son unique but est de constater que les travaux ont été faits d'après le plan et avec les proportions convenues, et, par suite, de rendre exigible la créance de l'architecte et de l'entrepreneur. On peut encore appliquer à la réception des édifices et des gros ouvrages les paroles que Desgodets emprunte à Bullet (31) : « La réception qui se fait des ouvrages dans l'année, après le parachèvement, ne fait point cesser la garantie, parce qu'elle n'est qu'une vérification que ce qui était marqué sur le plan a été exécuté, et que, quelque savant que soit celui qui fait la réception, il ne peut pénétrer dans la construction intérieure » (32).

15. — Le législateur, en prolongeant la responsabilité de l'architecte et de l'entrepreneur après la réception des travaux, accorde donc au propriétaire une faveur exceptionnelle. La garantie imposée aux constructeurs, étant une dérogation au droit commun, ne doit leur être appliquée que dans les hypothèses prévues par la loi. C'est une règle qu'il ne faudra point oublier au cours de cette étude, que nous allons parcourir en recherchant :

1° Les conditions de la responsabilité des architectes et entrepreneurs ;

2° La nature et l'étendue de cette responsabilité ;

3° Les fins de non-recevoir contre l'action qui en résulte.

(30) Fenet, XIV, p. 262 et 263, et Locré, XIV, p. 363.

(31) *Archit. prat.,* p. 464.

(32) Desgodets, *Les loix des bâtimens suivant la coutume de Paris,* sur l'art. 114, n° 6 (Paris, éd. annotée par Goupi, 1787, p. 580).

## CHAPITRE I<sup>er</sup>

## Des conditions de la responsabilité des architectes et des entrepreneurs.

16. — Les articles 1792 et 2270 sont placés, l'un au titre *Du louage*, l'autre au titre *De la prescription*, et présentent une rédaction différente. Il serait inexact d'en conclure que la responsabilité de l'article 1792 doit être distinguée de la responsabilité de l'article 2270.

Le même principe a inspiré ces deux articles, et la responsabilité de l'architecte et de l'entrepreneur, une dans son principe, doit entraîner toujours les mêmes conséquences (33).

L'article 1792 formulait des conditions très restrictives qui n'avaient, à vrai dire, aucune raison d'être, et les rédacteurs du Code, ayant à revenir, au titre *De la prescription*, sur la responsabilité des architectes et des entrepreneurs, ont saisi l'occasion de la soumettre à des conditions moins étroites. L'article 2270 complète en réalité l'article 1792, et il résulte de la combinaison de ces deux textes que l'action en responsabilité à laquelle ils servent de fondement prend naissance :

A. — A la suite de constructions d'édifices (1792) ou de gros ouvrages (2270);

B. — Contre l'architecte ou l'entrepreneur qui ont construit (1792), ou même contre l'architecte qui a simplement dirigé les travaux (2270);

C. — Pourvu que les constructions aient subi une perte

(33) Voir *infrà*, n<sup>os</sup> 58 et suiv.

totale ou partielle (1792), ou soient affectées de graves mal façons (2270).

## A. — Constructions d'édifices (1792) ou de gros ouvrages (2270)

17. — L'article 1792 impose aux architectes et aux entrepreneurs la garantie des « édifices » qu'ils ont construits, et l'article 2270 étend cette responsabilité aux « gros ouvrages » qu'ils ont faits ou dirigés. La loi distingue donc les édifices et gros ouvrages, pour lesquels elle déclare les architectes et les entrepreneurs responsables de tous les autres travaux qui n'engendrent aucune responsabilité après leur réception. Les premiers doivent être garantis pendant dix ans, tandis que les seconds ne donnent lieu à aucun recours contre l'ouvrier, dès qu'ils ont été reçus et agréés.

18. — On est d'accord sur le sens du mot « édifice » employé par l'article 1792. La qualification d'édifice appartient, dans la pensée de la loi, non seulement aux maisons et aux bâtiments d'une grande importance, mais encore à toutes les constructions même les plus primitives, comme une simple « cabane » (34).

19. — Il est plus délicat de déterminer ce qu'il faut entendre par les « gros ouvrages » dont parle l'article 2270, parce que cette expression ne présente pas une signification bien précise.

Il faut assurément classer dans la catégorie des gros ouvrages, non seulement les constructions d'ouvrages nouveaux, mais encore les réparations importantes d'ouvrages anciens, et notamment les « grosses réparations » énumérées

(34) Aix, 16 mars 1832 ; Dalloz, *Rép. alph.*, v⁰ *Responsabilité*, n⁰ 204.

par l'article 606 au titre *De l'usufruit.* La loi ne distingue
point, en effet, entre les ouvrages neufs et les réparations.
Elle statue uniformément sur toutes les entreprises difficiles
à vérifier, comme le rétablissement d'une couverture entière (35) ou la reconstruction de murs ou de piliers (36).

Dès lors, les gros ouvrages comprennent tous les travaux
qui constituent la structure même d'un édifice ou ses parties
maîtresses, et qui reçoivent, dans l'art du bâtiment, le nom
de « gros œuvre », sans rechercher s'ils portent sur des
édifices neufs ou vieux. C'est ainsi que la responsabilité est
applicable aux modifications d'anciennes constructions qui
auraient eu pour résultat de diminuer leur force et leur solidité par des dispositions nouvelles, ou aux augmentations de
vieux bâtiments par leur surélévation d'un ou de plusieurs
étages qu'ils n'étaient pas en état de supporter (37).

Elle s'étend également à la pose de tuyaux de cheminée (38)
et à l'entreprise de la serrurerie d'une maison entière (39).

20. — Mais il faut aller plus loin et ne pas regarder seulement comme gros ouvrages les travaux accomplis sur des
édifices vieux ou neufs, mais tous les ouvrages importants,
quelle qu'en soit la nature, tels que : le pavage d'une
route (40), la pose d'un appareil hydraulique (41) ou de

---

(35) *Req. rej.*, 10 février 1835; Dalloz, *Rép. alph.*, v⁰ *Louage d'ouvrage*,
nᵒ 139, 5⁰.

(36) *Req. rej.*, 10 février 1835; Dalloz, *Rép. alph.*, v⁰ *Louage d'ouvrage*,
nᵒ 139, 5⁰ et 6⁰, et 144, 1⁰.

(37) Amiens, 29 mai 1871; Dalloz, 1871, 2, 171; et Laurent, t. 26,
nᵒ 48, qui s'est approprié l'un des considérants de cet arrêt.

(38) *Req. rej.*, 24 janvier 1876; Dalloz, 1876, 1, 262.

(39) Lepage, II, p. 58; Dalloz, 1871, I, 108, note 1.

(40) Douai, 28 juin 1837, rapporté sous civ. cassation, 27 août 1839;

tuyaux de conduite d'eau (42), l'établissement d'une prise d'eau (43) ou d'un puits (44), la construction d'un mur de terrasse, d'un canal, d'un four (45), d'un pont (46), etc.

21. — Les gros ouvrages de toute nature doivent d'ailleurs s'appliquer à des immeubles. L'intention du législateur ne saurait être douteuse en présence des paroles prononcées par M. Bérenger au Conseil d'État (47).

La responsabilité n'est faite que pour « les constructions d'immeubles en gros ouvrages de bâtisse » (48); elle ne peut garantir la confection d'ouvrages mobiliers, quelle que soit l'importance de certains meubles, comme les navires, et lors même qu'ils seraient destinés à devenir immeubles par destination, comme une cuve ou un pressoir (48).

Dalloz, *Rép. alph.*, v° *Louage d'ouvrage,* n° 139, 4°, et v°, *Travaux publics,* n° 579.

(41) *Req. rej.,* 10 mai 1869; Dalloz, 1871, 1, 107. — Si un ingénieur se charge de construire une usine qui doit fonctionner au moyen d'un appareil hydraulique, peu importe que les vices de construction n'affectent pas l'usine dans son ensemble et ne portent que sur l'appareil hydraulique.

(42) Rennes, 20 avril 1875; Dalloz, 1877, 2, 172.

(43) Civ. Cass., 19 mai 1851; Dalloz, 1851, 1, 138.

(44) Paris, 2 juillet 1828; Dalloz, *Rép. alph.*, v° *Louage d'ouvrage,* n° 139, 1°; Sirey, 1828, 2, 316; — Dijon, 13 mai 1862; Dalloz, 1862, 2, 139. — La jurisprudence administrative est conforme. Voir deux décrets du Conseil d'État du 2 juillet 1855; Dalloz, 1855, 3, 39.

(45) Tribunal de commerce de la Seine, 4 septembre 1862; Dalloz, 1863, 3, 80.

(46) *Req. rej.,* 11 mars 1839; Dalloz, *Rép. alph.*, v° *Louage d'ouvrage,* n° 127.

(47) Fenet, XIV, p. 262, et Locré, XIV, p. 362. V. *suprà,* n° 13.

(48) Metz, 15 octobre 1843; Dalloz; *Rép. alph.*, v° *Louage d'ouvrage,* n° 140; Sirey, 1844, 2, 173.

22. — Les gros ouvrages n'embrassent pas, au contraire, les objets accessoires des maisons et des bâtiments, et tout ce qui peut être enlevé ou déplacé sans compromettre la solidité, ou la clôture et la couverture d'un édifice, comme la pose d'une devanture de café et d'un appareil de fermeture (49), la pose de chambranles de cheminées, les carrelages et dallages, les ouvrages de peinture et vitrerie, les décors et dorures, sonnettes à main ou électriques, etc.

Ces exemples suffisent à faire comprendre les principes d'après lesquels les tribunaux doivent se guider pour apprécier en fait (50), dans chaque affaire, s'il y a ou non « gros ouvrages » (51).


B. — Constructions élevées par un architecte ou un entrepreneur (1792), ou par un entrepreneur sous la direction d'un architecte (2270).


23. — Les articles 1792 et 2270 s'accordent pour faire peser la responsabilité sur l'architecte et l'entrepreneur, qui jouent chacun leur rôle dans les constructions.

On a souvent prodigué à l'architecte les noms d'artiste ou d'homme de la science. Il doit, en effet, connaître tous

_______

(49) Amiens, 29 mai 1871 ; Dalloz, 1871, 2, 171.

(50) Une énumération des gros et des menus ouvrages a été tentée par M. Masselin, nᵒˢ 52 et 53.

(51) Voir, sur l'ensemble de la question : Guillouard, II, nᵒˢ 864-866 ; — Frémy-Ligneville et Perriquet, I, nᵒˢ 82, 83 et 89 ; — Masselin, nᵒˢ 16-28, 25 et 26, 47-55, 129 et 130, 232, 235, 250 ; — Laurent, t. 26, nᵒˢ 44, 46 et 48 ; — Colmet de Santerre, t. VII, nᵒ 245 *bis*, 11 ; — Sourdat, t. 1, nᵒ 671 *bis* ; — Troplong, II, nᵒ 1000 ; — Dalloz, *Rép. alph.*, vᵒ *Louage d'ouvrage*, nᵒˢ 139 et 140.

les principes artistiques ou scientifiques, juridiques ou éco-
nomiques dont l'ensemble compose l'art de bâtir.

Il conçoit la forme et la disposition de la construction,
les devis et cahier des charges, dirige les travaux exécutés
par un entrepreneur et vérifie et règle les mémoires.

En un mot, il fournit son talent et ses soins, mais non
les matériaux ni la main-d'œuvre (52).

S'il entreprend des constructions avec marché et fourniture de matériaux, il sort de ses attributions et empiète sur
celles de l'entrepreneur (53).

L'entrepreneur fournit, au contraire, les matériaux et la
main-d'œuvre. C'est un industriel qui spécule sur l'exécution
des travaux qui lui sont confiés. Il n'intervient que lorsque
toutes les dispositions sont arrêtées entre l'architecte et le
propriétaire. L'architecte a dressé les plans, les devis descriptif
et estimatif, préparé le marché, c'est-à-dire les clauses et
conditions générales suivant lesquelles le propriétaire et
l'entrepreneur s'engageront, l'un à exécuter les travaux
conformément aux plans et devis, l'autre à payer le prix
convenu. C'est alors qu'intervient l'entrepreneur, pour accepter les devis et le marché dont la réunion forme le
cahier des charges.

L'architecte et l'entrepreneur font tous deux un louage
d'ouvrage. Mais le premier loue son industrie personnelle,
tandis que le second loue l'industrie des gens qu'il a sous

_______

(52) La loi romaine tenait en haute estime les architectes et géomètres,
et les empereurs Constance et Constant les déchargent du souci des charges
publiques par une Constitution de l'an 314 de notre ère : « Geometros,
architectos qui divisiones partium omnium, incisionesque servant, mensu-
risque et institutis opera fabricationibus stringunt ». (C. 2, C. *De excusatio-
nibus artificum*, X, 64.)

(53) Masselin, n° 37.

ses ordres, et vend les matériaux employés dans les ouvrages. De plus, si l'architecte a un droit de police et de surveillance générale sur les ouvriers, c'est à l'entrepreneur de leur imposer directement ses volontés, et de répondre de leurs actes et de leurs fautes (1384 C. civ.).

24. — L'architecte et l'entrepreneur ont donc chacun une mission distincte, mais, en fait, leurs rôles sont souvent confondus : l'architecte se livre à l'entreprise et l'entrepreneur fait de l'architecture; de même, un simple ouvrier peut sortir de sa condition et se charger d'accomplir des travaux considérables. Aussi la loi ne tient-elle aucun compte du nom que se donnent les constructeurs, ou dont la société les pare. Elle déclare responsable quiconque traite avec le propriétaire pour construire ou concourir à une construction sans être l'agent passif du maître (54).

## A. — Entrepreneurs

25. — L'entrepreneur est assurément tenu de la garantie organisée par les articles 1792 et 2270, sans qu'il y ait lieu de distinguer suivant qu'il se renferme dans ses attributions ou remplit l'office d'architecte. S'il est responsable au premier cas, à plus forte raison doit-il l'être dans le second, où il cumule la double responsabilité d'architecte et d'entrepreneur (55).

Toutefois, sa responsabilité varie forcément suivant qu'il se charge de l'ensemble ou seulement d'une partie de l'entreprise.

---

(54) Sourdat, t. 1, n° 673.

(55) Paris, 17 novembre 1849; Dalloz, 1850, 2, 206, et *Rép. alph.*, v° *Louage d'ouvrage*, n° 159, 4°; — Masselin, n° 74.

26. — *Entrepreneur général.* — On entend par entrepreneur général celui qui se charge de tous les travaux que comporte une entreprise; il doit, par exemple, exécuter les travaux de terrassements, de maçonnerie, de charpente, de serrurerie, et tous les ouvrages nécessaires à l'édification d'une maison.

Le propriétaire et l'architecte n'ont affaire qu'à l'entrepreneur général : les sous-traitants qu'il se donne dépendent de lui et agissent sous son autorité, comme sous sa responsabilité. Bien qu'il se soit chargé de travaux sortant de sa spécialité, il n'en doit pas moins répondre des vices de l'œuvre tout entière. Ainsi, l'entrepreneur de maçonnerie qui entreprend tous les corps d'état, qui fait, par conséquent, *l'entreprise générale,* est responsable des vices commis par ses sous-traitants, sauf, s'il y a lieu, son recours contre ces derniers (56).

27. — *Entrepreneurs particuliers.* — Le propriétaire qui veut faire exécuter une construction n'en charge pas toujours un entrepreneur général. Il s'adresse souvent à des entrepreneurs particuliers, avec lesquels il traite directement pour la partie de construction concernant leur métier, pour la maçonnerie, la charpente, la serrurerie, et les fait travailler sous sa direction ou celle d'un architecte. L'article 1799 place ces entrepreneurs sur la même ligne que l'entrepreneur général et les soumet à la même responsabilité : « Les maçons, charpentiers, serruriers et autres ouvriers qui font directement des marchés à prix fait sont astreints aux règles prescrites dans la présente section : ils sont entrepreneurs dans la partie qu'ils traitent ».

Mais ils ne sont entrepreneurs que dans leur partie, et leur responsabilité ne peut s'étendre, par suite, aux autres parties

(56) Masselin, n° 23.

de l'édifice dont ils n'ont pas entrepris la construction. Ils travaillent isolément et se conforment aux indications de l'architecte, ou bien, à son défaut, aux ordres du propriétaire. Ils ne sont, par conséquent, tenus que des fautes dont ils se rendent coupables dans l'exécution de l'ouvrage qui leur est spécialement confié : s'ils s'en acquittent avec conscience, ils ne doivent aucune garantie pour des accidents qui se produisent dans l'ensemble des travaux (57).

En conséquence, le maçon qui s'est borné à sceller, selon les règles ordinaires, les attaches de la charpente intérieure d'un plafond n'est pas passible de dommages-intérêts, si ce plafond vient à tomber par suite du défaut de solidité des points d'attache de la charpente surchargée d'ornements en plâtre qu'il ne s'était pas engagé à soutenir (58).

De même, le charpentier qui a établi une charpente de la manière voulue pour qu'elle suffît à un plafond ordinaire, n'a pas à répondre de la chute du plafond alourdi par les surcharges d'ornements que le propriétaire y a fait ultérieurement ajouter. Enfin, le décorateur qui est chargé seulement de l'ornementation et des peintures décoratives d'un plafond, et, n'étant ni architecte ni entrepreneur général, n'a pris l'engagement ni d'en dresser les plans, ni d'en ordonner, soit la charpente intérieure, soit les saillies extérieures, ne saurait être rendu responsable de la perte résultant pour le propriétaire de la chute de cet ouvrage (59).

28. — *Sous-traitants.* — Les sous-traitants sont des entre-

---

(57) Guillouard, II, nᵒ 861 ; — Frémy-Ligneville et Perriquet, I, nᵒ 138 ; — Masselin, nᵒ 70.

(58) Civ. Cass., 24 juin 1874 ; Dalloz, 1876, 1, 398.

(59) Cf. encore, sur cette responsabilité : Poitiers, 1ᵉʳ mars 1844, et Aix, 18 janvier 1841 ; Dalloz, *Rép. alph.*, vᵒ *Louage d'ouvrage*, nᵒ 152, 6ᵒ et 7ᵒ.

preneurs particuliers auxquels l'entrepreneur général cède une partie de son marché, comme l'entreprise de la charpente ou de la serrurerie.

Quelle est exactement leur responsabilité?

Il est certain que les sous-traitants ne sont pas responsables vis-à-vis du propriétaire. Ils n'ont pas traité avec lui et ne lui doivent aucun compte de leurs travaux. Ils ne sont engagés qu'envers l'entrepreneur général. S'il existe des vices de construction, l'entrepreneur général en est seul responsable dans les termes des articles 1792 et 2270, car lui seul est obligé envers le propriétaire. De là naît une question : si l'entrepreneur général a été condamné sur la poursuite du propriétaire, à cause d'une faute de l'un de ses sous-traitants, peut-il, à son tour, invoquer les articles 1792 et 2270 et la garantie décennale pour exercer un recours contre le sous-traitant?

Il ne faut pas oublier que la responsabilité décennale est une exception au droit commun, et qu'elle ne peut être appliquée en dehors des termes de la loi. Or, elle est établie contre l'entrepreneur général par les articles 1792 et 2270, contre les entrepreneurs particuliers qui traitent « *directement* » avec le propriétaire par l'article 1799, mais non contre les sous-traitants auxquels l'entrepreneur général a cédé une partie de son entreprise. On a cependant voulu étendre aux sous-traitants la règle de l'article 1799, en raisonnant par analogie. L'entrepreneur général, dit-on, tient la place du propriétaire : étant responsable envers lui, il doit avoir son recours en garantie contre ses sous-traitants, auteurs directs du dommage. Il est juste que chacun soit responsable de sa faute; c'est ce principe primordial qui a dicté l'article 1799 et fait imposer aux entrepreneurs particuliers la même responsabilité qu'aux entrepreneurs généraux. Il y a identité de motifs pour les rendre responsables envers l'entrepreneur général, comme envers le propriétaire (60).

Cette argumentation doit échouer contre le texte formel de l'article 1799, d'après lequel le signe distinctif qui caractérise l'entrepreneur est d'avoir traité directement avec le maître. D'ailleurs, l'analogie n'est qu'apparente, et l'identité de motifs alléguée n'existe pas. Si le législateur a établi la responsabilité décennale, c'est pour protéger les propriétaires contre leur inexpérience, dangereuse pour eux-mêmes et pour la sécurité publique. Il est facile de comprendre qu'il n'ait pas mis cette arme exceptionnelle au service de l'entrepreneur général. Celui-ci est un homme d'art et d'expérience : il doit surveiller les sous-traitants pour empêcher les malfaçons et refuser tout travail défectueux. Si des vices se révèlent plus tard, c'est qu'il aura mal surveillé l'exécution des travaux, ou superficiellement vérifié leur état au moment de la réception.

Ce fait de la réception le rend inhabile à exercer un recours contre le sous-traitant. C'est ce qu'a décidé la cour de cassation, sans s'expliquer, du reste, sur la responsabilité qui est imposée aux sous-traitants, et qui doit être celle de droit commun, c'est-à-dire celle des ouvriers ordinaires (61).

29. — *Ouvriers employés à la journée ou à la tâche.* — Il reste à parler des simples ouvriers ou gens de travail employés à la journée ou à la tâche par un entrepreneur, ou même par le propriétaire.

Ils ne sont point soumis à la garantie décennale, qui est

(60) Frémy-Ligneville et Perriquet, I, n° 141.

(61) Civ. Cass., 12 février 1868 ; Dalloz, 1868, 1, 502, et Sirey, 1868, 1, 208 ; — *Req. rej.*, 3 août 1868. Sirey, 1868, I, 447. — Voir encore *Req. rej.*, 18 décembre 1839 ; Dalloz, *Rép. alph.*, v° *Louage d'ouvrage*, n° 142. — Dans le même sens, Guillouard, II, n° 862.

une exception et ne s'applique qu'aux architectes et entrepreneurs. De simples ouvriers ne peuvent avoir les connaissances nécessaires pour faire des constructions conformes aux règles de l'art. C'est pourquoi ils ne s'élèvent pas au rôle *d'entrepreneurs*, et le texte fait défaut.

Cette règle est rationnelle : si un propriétaire emploie des ouvriers à la journée ou à la tâche, c'est qu'il a la prétention de remplacer l'homme de l'art. Il est son propre architecte et entrepreneur, et lui seul répondra des vices de la construction. L'ouvrier ne répond pas des vices du sol, parce qu'il est censé ne pas le connaître. Il ne répond pas des vices de construction ou des infractions aux lois ou aux règlements, parce que ce n'est pas lui qui construit, c'est le propriétaire. L'unique objet du contrat est son temps. Il n'a aucune liberté d'action, aucune initiative : il se borne à exécuter le travail matériel qu'on lui commande et n'est que l'instrument du propriétaire.

Il en résulte que les fautes de l'ouvrier sont imputables au propriétaire qui donne les ordres. Il en est ainsi même pour les dommages occasionnés à des tiers, que le propriétaire aurait dû empêcher (1384 et 1797 comb.).

Les simples ouvriers ne sont donc pas tenus de la garantie décennale et n'encourent que la responsabilité du droit commun. La vérification de leur travail les décharge de toute garantie, et si le propriétaire n'est pas satisfait de leurs services, il n'a qu'à les remplacer au plus tôt. La Cour de cassation a consacré ces principes en déclarant irresponsables des ouvriers qui avaient travaillé à la tâche sous la direction d'un architecte à la réparation et à la reconstruction des aqueducs de l'ancienne Carthage (62).

(62) Civ. Cass., 12 février 1868 ; Dalloz, 1868, 1, 502, et Sirey, 1868, 1, 208.

La responsabilité des articles 1792 et 2270 ne s'appliquerait même pas à un entrepreneur de profession, s'il n'avait
travaillé sous les ordres d'un propriétaire, lui-même architecte, qu'à titre de simple ouvrier dépourvu de toute initiative (63).

Toutefois, les simples ouvriers sont soumis, sinon aux règles exceptionnelles des articles 1792 et 2270, du moins aux
règles générales des contrats (art. 1134 et 1135 C. civ.). Ils
sont par conséquent, obligés d'exécuter leur travail en usant
de l'habileté et des connaissances professionnelles exigées dans
leur métier, et en vue desquelles ils ont été agréés et sont
payés par le maître. Ils doivent connaître le métier qu'ils prétendent exercer et faire convenablement le travail qui leur est
confié. Sinon, on peut non seulement les remercier, mais
encore les obliger à recommencer le travail mal fait (64).


## B. — Architectes


30. — L'article 1792 proclame la responsabilité de l'architecte en même temps que celle de l'entrepreneur.

La responsabilité de l'architecte n'est pas douteuse lorsqu'il
construit, c'est-à-dire lorsqu'il ne se borne pas à fournir son
travail personnel et sa science, et spécule sur les matériaux

---

(63) Civ. Cass., 14 juillet 1838; Sirey, 1838, 1, 726; V. encore Civ.
Cass., 24 juin 1874; Dalloz, 1876, 1, 398; — Dijon, 30 juin 1879, *France
judiciaire*, 1879-1880, p. 231; — *Req. rej.*, 20 janvier 1880, Dalloz, 1880;
1, 252, et Sirey, 1880, 1, 412; — Rennes, 18 juillet 1882; Sirey, 1883,
2, 248; — Guillouard, II, nᵒ 863; — Frémy-Ligneville et Perriquet,
I, nᵒ 142; — Laurent, 26, nᵒˢ 36 et 37; — Aubry et Rau, IV, § 374,
p. 534, texte et note 33.

(64) Guillouard, II, 863; — Frémy-Ligneville et Perriquet, I, nᵒ 143.

et la main-d'œuvre en s'immisçant dans la mission propre de l'entrepreneur.

L'article 1792 est, en effet, textuellement applicable à l'architecte qui construit.

31. — La solution ne doit-elle pas changer si l'architecte, se renfermant dans son rôle, se contente de fournir les plans et devis, de diriger ou surveiller les travaux, de les vérifier et de les recevoir, de régler les mémoires ?

Avec l'article 1792 seul, la question de responsabilité de l'architecte pourrait rester indécise, car cet article ne parle que de l'architecte et de l'entrepreneur qui ont *construit*.

On aurait pu, il est vrai, conclure à la responsabilité de l'architecte même avec l'article 1792, dit M. Laurent (65), car il déclare responsables les « architecte et entrepreneur. » Or, quand il y a à la fois un architecte et un entrepreneur, il va sans dire que chacun répond de sa part dans l'œuvre. L'architecte répondra donc de ses plans et de la direction, s'il en est chargé : c'est là sa mission dans le travail de construction, et on peut dire qu'il construit par cela seul qu'il dresse le plan et qu'il en surveille l'exécution.

Mais il est inutile de recourir à ce raisonnement, un peu subtil, en présence de l'article 2270, qui déclare l'architecte responsable, dès qu'il a *dirigé* les travaux. Il résulte, par conséquent, de l'article 2270 que l'architecte doit la garantie, dès qu'il a dressé les plans et dirigé les travaux.

32. — Il faut aller plus loin et soumettre à la garantie décennale l'architecte qui s'est contenté de dresser le plan, sans en diriger l'exécution. Le propriétaire a le droit d'intenter l'action en garantie contre l'architecte s'il prouve que l'entrepreneur auquel il s'est adressé a fidèlement suivi le

(65) T. 26, nº 49.

plan dont les défauts ont amené la perte ou la détérioration de l'édifice ou gros ouvrage. Le texte de l'article 2270 ne peut plus être invoqué, car il ne parle que de l'entrepreneur qui a dirigé de gros ouvrages, mais la solution est néanmoins certaine. Le propriétaire s'adresse à un homme de l'art pour avoir un plan bien fait, et, par suite, une construction bien faite. Si la construction est vicieuse précisément à cause des défauts du plan, n'est-il pas juste *a priori* que l'architecte soit responsable ?

La loi romaine avait consacré sans restriction ce principe d'équité, et Ulpien, lib. 24 *ad edictum*, s'appuyant sur une décision de Septime-Sévère, proclame la responsabilité de l'architecte à raison de ses fautes (66).

Aujourd'hui, l'architecte est soumis aux règles générales des obligations comme aux règles spéciales du louage d'ouvrage. Or, les conventions doivent être exécutées de bonne foi, et, d'après l'article 1135, « obligent non seulement à ce qui y est exprimé, mais encore à toutes les suites que l'équité, l'usage ou la loi donnent à l'obligation d'après sa nature ». L'architecte, en promettant un plan, contracte une obligation qui est loin de s'éteindre, s'il fournit un plan dont l'exécution entraîne la chute de l'édifice. Il ne promet pas un plan de fantaisie, qui ferait peser sur l'édifice des menaces perpétuelles de ruine ; il promet un plan régulier et bien fait, *spondet peritiam artis* (67), et s'il trahit sa promesse, par négligence ou maladresse, il doit en être responsable (68).

---

(66) ... *Adversus architectum actio dari debet qui fefellit*, fr. 7, § 3, D., *si mensor falsum modum dixerit*, XI, 6.

(67) Pothier, *Du louage*, n° 425.

(68) Guillouard, II, n° 843 ; — Frémy-Ligneville et Perriquet, I, n°ˢ 83, 93, 94, 95, 100, etc.; — Masselin, n° 8 ; — Colmet de Santerre, VII, n° 245 *bis*, III ; — Troplong, II, n° 1002 ; — Zachariæ, III, p. 48 ; —

33. — Il n'est pas permis, cependant, de laisser dans un oubli complet quelques objections qui ne tendent à rien moins qu'à décharger l'architecte de toute garantie, sauf le cas de dol ou de fraude, lorsqu'il ne construit pas lui-même et ne spécule ni sur les matériaux ni sur la main-d'œuvre (68 *bis*).

En premier lieu, l'architecte qui se borne à dresser les plans, à diriger ou surveiller l'exécution des travaux et à les recevoir, est un homme de science, un artiste dont la loi ne s'occupe pas. L'article 1792 n'établit la garantie décennale que pour l'architecte ou l'entrepreneur qui ont construit, c'est-à-dire pour l'entrepreneur proprement dit ou pour l'architecte-entrepreneur. L'article 2270, se trouvant au titre *De la prescription*, ne peut étendre la responsabilité à l'architecte qui ne fait pas l'entreprise, car son unique but est de déterminer la durée de l'action en garantie sans en modifier les conditions (69).

En outre, l'ensemble du chapitre III du titre *Du louage*, consacré au louage d'ouvrage et d'industrie, confirme cette

Duvergier, II, n° 354. — Dijon, 10 janvier 1816; Dalloz, *Rép. alph.*, v° *Louage d'ouvrage*, n° 159; 2°; — *Req. rej.*, 20 novembre 1817; Sirey, 1819, 1, 102; — *Req. rej.*, 12 février 1850; Sirey, 1851, 1, 97; — Conseil d'État, 5 avril 1851; Dalloz, 1851, 3, 34; — Conseil d'État, 7 juillet 1853; Dalloz, 1854, 3, 9; — Conseil d'État, 12 juillet 1855; Dalloz, 1856, 3, 6.

(68 *bis*) Cette théorie a été longuement exposée par M. Derouet dans un article très travaillé inséré dans la *Revue pratique* (1856, t. 2, p. 433 et 554). M. Derouet invoque l'autorité de Perrin, *Traité des constructions*, et s'appuie sur un arrêt de la Cour de Bourges du 10 mars 1837. Il cite également un arrêt de rejet de la Chambre des requêtes du 12 novembre 1844 (Sirey, 1845, 1, 180), mais M. Paul Pont a tenté de concilier cet arrêt avec les décisions antérieures de la Cour suprême (*suprà*, note 67). Voir la *Revue critique de la jurisprudence*, 1851, t. I, p. 197-201.

(69) Derouet, *loco cit.*, p. 437 et 439-440.

interprétation. Les articles 1779, 1792, 1793, 1795 et 1796 emploient sans cesse les mots *ouvriers, ouvrages, devis, marchés, matériaux, entreprise, entrepreneurs,* qui ne se comprennent que pour l'entrepreneur, et les travaux préparatoires fournissent à cet argument le plus solide point d'appui (70). L'article 1792 est donc écrit en vue des marchés d'industrie proprement dits et des entrepreneurs d'ouvrages par devis et marchés qui usurpent parfois le nom d'architecte, mais non en vue du véritable architecte qui se renferme dans ses attributions (71).

Enfin, un avis du ministre de l'intérieur du mois de juin 1837 (72) reconnaît que les architectes de département et d'arrondissement ne sont pas soumis à la garantie décennale. Ils ne peuvent être responsables que « de la bonne composition de leurs plans et devis, de l'exactitude et de la régularité des opérations de la comptabilité, de l'assiduité de leur surveillance.....; leur faute peut leur attirer un blâme ou leur faire perdre la confiance de leur administration; mais ils n'encourent point de responsabilité pécuniaire, à moins qu'ils n'aient trahi leurs devoirs en entretenant avec les entrepreneurs des intelligences coupables ».

34. — Ces objections ont si peu retenu l'attention des jurisconsultes et paraissent oubliées depuis si longtemps, qu'il serait superflu de leur consacrer une vraie réfutation. Que l'architecte soit un homme de science, uniquement préoccupé de la conception de ses plans, nous le voulons bien! Il n'en reste pas moins passible de la garantie de

---

(70) Fenet, XIV, p. 231-232, 287, 265-267, 318, 338-339, 340, 341, 342; — Locré, XIV, p. 326-327, 399, 366-368, 415, 441, 442, 444, 445.
(71) Derouet, *loco cit.*, p. 440-450.
(72) Dalloz, 1838, 3, 82.

dix ans, à cause du grand intérêt public et privé qui s'attache à ses travaux. Les articles 1792 et 2270 ne parlent nullement de l'*architecte-entrepreneur*, pour s'appliquer à lui seul : ils distinguent l'architecte ET l'entrepreneur, et les rendent également responsables de leur faute. Si le premier suppose un architecte qui a *construit*, le second s'applique littéralement à l'architecte qui a *dirigé* les travaux, et rien ne saurait prévaloir contre un texte si clair.

Les arguments éloignés que l'on croit découvrir dans le texte de quelques articles du chapitre *Du louage d'ouvrage et d'industrie* et dans leur discussion au Conseil d'État sont trop laborieux pour être concluants. Comment s'étonner d'y rencontrer les mots *entreprise, matériaux, marchés, devis, ouvrages,* puisque les dispositions de la loi s'appliquent à l'entrepreneur? Ce n'est pas une raison pour que la responsabilité de l'entrepreneur soit exclusive de celle de l'architecte.

L'avis du ministre de l'intérieur, dont on cherche à tirer parti, est étranger à la question. L'Administration centrale ou départementale peut traiter ses fonctionnaires comme bon lui semble. S'il lui plaît d'allouer un traitement fixe aux architectes de département et d'arrondissement et de les déclarer pécuniairement irresponsables, il ne faut en tirer aucune conclusion à l'égard des architectes qui sont au service des particuliers. Du reste, si le ministre de l'intérieur a pris soin de proclamer publiquement l'irresponsabilité d'une certaine catégorie d'architectes, c'est assurément parce que les architectes sont tenus, en droit commun, de la garantie décennale.

C'est ici le lieu de rappeler que les conséquences d'une doctrine suffisent souvent à la condamner. Si les désordres proviennent uniquement des vices du plan, faut-il encore affranchir l'architecte de toute garantie et rendre l'entrepreneur responsable d'une faute qui n'est pas la sienne? On n'hésite pas à répondre affirmativement. La loi, dit-on, se montre sévère pour l'entrepreneur, mais son texte est formel. D'ailleurs, s'il est facile de constater les vices d'exécution, la mauvaise qualité des pierres, du bois, du fer....., n'est-ce pas une recherche problématique et dans l'inconnu que de vouloir déterminer avec certitude s'il y a des vices d'architecture? L'architecte pourra toujours répondre que si l'entrepreneur avait construit avec une parfaite régularité, aucun accident ne serait survenu (73). — A peine est-il besoin de signaler l'erreur sur laquelle repose ce dernier argument. Il n'est pas nécessaire d'être expert irréprochable et consommé, pour être en mesure d'affirmer souvent qu'il n'existe pas de vices de construction, et que l'unique cause des désordres provient de la mauvaise conception des plans (74).

35. — DE LA CONDITION DU PRIX FAIT. — En résumé, la loi impose la garantie décennale aux architecte et entrepreneur qui ont reçu du propriétaire la mission de construire un édifice ou gros ouvrage. Il n'y a pas lieu de distinguer à cet égard entre les marchés conclus à prix fait ou autrement.

Le marché à prix fait, ou *per aversionem* (75), est le marché en bloc ou à forfait, par opposition aux marchés à la série de prix, à l'unité de mesure et à tous les marchés dont le prix est déterminé par la nature ou l'importance des travaux (76).

---

(73) Derouet, *loco cit.*, p. 454-455.

(74) Frémy-Ligneville et Perriquet, I., nᵒˢ 94 ; Masselin, nᵒˢ 9 et 10.

(75) *Locatio per aversionem*, dit Florentin, lib. 7, instit. (fr. 36, D., *locati conducti*, XIX, 2).

(76) Frémy-Ligneville et Perriquet, I, nᵒ 3 ; — Masselin, nᵒˢ 41-46 ; — Aucoc, t. 2, nᵒ 595.

Les mots *prix fait* de l'article 1792 ne doivent pas être entendus en ce sens que les architecte et entrepreneur sont responsables des constructions exécutées à prix fait, et qu'ils ne le sont pas si elles n'ont pas été faites pour un prix unique convenu à l'avance. En présence de l'article 1792 seul, il faudrait s'incliner, car il ne vise que les constructions à prix fait : or, c'est un article dont la disposition est exceptionnelle, et il n'est pas permis de l'étendre en dehors de ses termes. Vainement dirait-on que si l'architecte n'était responsable que lorsqu'il construit, il ne le serait jamais. L'architecte ne construit pas, en effet, et s'il construit, ce n'est plus en sa qualité d'architecte, mais à titre d'entrepreneur (77). Vainement encore ferait-on remarquer qu'il n'est pas de bonne raison d'établir des différences entre des ouvrages à forfait et des ouvrages payés d'après un devis estimatif. Une telle distinction est, il est vrai, en dehors des motifs qui expliquent l'article 1792, et on a de la peine à comprendre pourquoi les mots *à prix fait* ont été insérés dans le texte. Les uns y voient une erreur de rédaction (78) ; les autres cherchent à les expliquer par la classification des articles du Code, qui semble limiter aux marchés à prix fait les règles de la section *Des devis et marchés* (79).

Aussi est-on heureux que l'article 2270 ait développé l'article 1792, et imposé à l'architecte et à l'entrepreneur la garantie de toute espèce d'édifices ou de gros ouvrages, sans distinction aucune, et sans exiger la clause du forfait. Le législateur s'est aperçu que la condition du prix fait importe

(77) Bordeaux, 21 avril 1864, confirmant par adoption de motifs un jugement du Tribunal civil de Blaye du 3 juillet 1862 (Dalloz, 1865, 2, 89).

(78) Frémy-Ligneville et Perriquet, I, p. 113.

(79) Laurent, t. 26, n° 45.

peu. Qu'il y ait ou non forfait, l'épreuve du temps est toujours nécessaire pour démontrer la solidité d'un édifice. Voilà pourquoi l'article 2270 n'exige plus la condition du prix fait, et protège toutes les constructions par la garantie de dix ans (80).

36. — Il paraît bien difficile de dire avec précision quelle est, sur ce point, l'opinion de la jurisprudence. La Cour de cassation et plusieurs Cours d'appel ont commencé par admettre la responsabilité pour des travaux exécutés sans prix fait (80 *bis*). La Cour suprême a même décidé expressément que l'architecte est responsable lorsqu'il s'est contenté de stipuler un prix proportionné à l'importance des travaux (81).

Mais une évolution s'est accomplie, et la jurisprudence semble s'en tenir aux termes restrictifs de l'article 1792. Un premier arrêt de rejet de la Chambre des requêtes du 12 novembre 1844 (82), sans même mentionner l'article 2270, déclare que l'article 1792 ne concerne que les constructions à *prix fait* et ne peut s'appliquer aux édifices qui ne sont pas construits à prix fait. La même décision a été adoptée par

(80) Guillouard, II, n° 879; — Frémy-Ligneville et Perriquet, I, n⁰ˢ 84, 95 et 140; — Masselin, n° 9; — Laurent, t. 26, n⁰ˢ 41, 45 et 50; Colmet de Santerre, VII, n° 245 *bis*, III; — Aubry et Rau, IV, § 374, p. 531, texte et note 24; — Troplong, II, n° 1001; — Dalloz, *Rép. alph.*, v° *Louage d'ouvrage*, n° 138; — Duvergier, II, n° 353; — Delvincourt, III, n° 216. — D'après M. Derouet (*loco cit.*, p. 440 et p. 456), l'article 2270 n'amplifie en rien les dispositions de l'article 1792.

(80 *bis*) *Req. rej.*, 10 février 1835; Sirey, 1835, 1, 174; — *Req. rej.*, 11 mars 1839; Sirey, 1839, 1, 180; — Civ. Cass., 19 mai 1851; Sirey, 1851, 1, 393; — Aix, 18 janvier 1841; Sirey, 1842, 2, 73; — Bourges, 13 août 1842; J. Palais, 43, 2, 65; — Rouen, 14 juin 1848; *Recueil de Rouen,* 1848, p. 117.

(81) *Req. rej.*, 12 février 1850; Sirey, 1851, 1, 97, et Dalloz, 1850, 1, 311.

(82) Dalloz, 1844, 1, 8, et Sirey, 1845, 1, 180.

un arrêt de rejet de la Chambre des requêtes du 26 novembre 1873, qui écarte l'application de l'article 1792 à propos d'une construction sans prix fait, sans mentionner encore l'article 2270 (83). Un arrêt de rejet de la Chambre des requêtes du 1er décembre 1868 (84) se montre plus précis : la construction n'ayant pas eu lieu à prix fait, la Cour en conclut que les articles 1792 et 2270 sont inapplicables et que les parties doivent rester soumises au droit commun de l'article 1382. Nous reviendrons sur cette théorie, qui fait d'une disposition spéciale aux délits et aux quasi-délits le droit commun d'une responsabilité essentiellement conventionnelle, comme celle de l'architecte et de l'entrepreneur (85).

37. — EXPERTS OU ARBITRES. — La responsabilité de l'architecte et de l'entrepreneur est en tous points applicable aux arbitres ou experts.

Il est parfois nécessaire de réparer sans retard des vices de construction, ou d'exécuter des travaux que leur indivisibilité ne permet pas aux parties intéressées de faire à leur guise et selon leur gré, comme ceux de reconstruction ou de réparation de murs mitoyens. Des experts ou arbitres sont chargés, par justice ou à l'amiable, d'accomplir ces travaux dans une mesure déterminée par l'ordonnance, le jugement ou la convention qui les investit de leurs pouvoirs.

Si les experts et les arbitres laissent employer des matériaux défectueux et n'exigent pas de l'entrepreneur choisi par eux une mise en œuvre parfaite, ils sont responsables comme tout homme d'art ou praticien qui concourt à la construction

(83) Dalloz, 1875, 1, 20.

(84) Dalloz, 1872, 1, 65, et Sirey, 1869, 1, 97.

(85) *Infrà,* nº 115. — Voir encore *Req. rej.,* 15 juin 1863; Sirey, 63, 1, 409; — *Civ. rej.,* 24 novembre 1875; Dalloz, 1877, 1, 30.

d'un édifice ou gros ouvrage, sur l'ordre des intéressés, sans être un instrument dépourvu d'initiative.

D'ailleurs, en pratique, les experts et les arbitres ne dépendant pas exclusivement de la volonté d'un propriétaire, presque toujours appliqué à restreindre les dépenses, s'acquittent largement de leur mission, et mettent leur responsabilité à couvert, sans tenir compte de la question pécuniaire. C'est sans doute à cette raison qu'il faut attribuer le silence des Recueils de jurisprudence sur les experts et les arbitres (86).

## Responsabilité de l'architecte et de l'entrepreneur en matière de travaux publics.

38. — Les articles 1792 et 2270 sont-ils applicables aux travaux publics, c'est-à-dire aux travaux exécutés pour le compte de l'État, des départements, des communes et établissements publics? La question ne peut guère se poser pour la *régie,* qui est l'un des trois principaux modes d'exécution des travaux publics. La régie, dans le sens large du mot, comprend les différents systèmes employés par l'État lorsqu'il traite directement avec les ouvriers et les fournisseurs de matériaux, à ses risques et périls. La régie ne comporte pas d'intermédiaire entre l'ouvrier et l'État représenté par ses agents : le travail s'accomplit à la journée ou à la tâche, sans engager en rien la responsabilité de l'ouvrier, qui est un simple instrument (87), et, dès lors, il est impossible d'appliquer les articles 1792 et 2270.

39. — La *concession,* autre mode d'exécution des travaux

(86) Masselin, nᵒˢ 15 et 39.
(87) Aucoc, t. 2, nᵒˢ 586 et 587.

publics, est un contrat par lequel l'Administration attribue aux personnes qui s'engagent à exécuter un travail le droit de percevoir, pour la rémunération de leur industrie et de leurs dépenses, une rétribution de ceux qui profiteront du travail.

La concession suppose une convention d'un caractère spécial qui n'a pas d'analogue en droit civil. Les règles qui régissent ce contrat ne se trouvent, le plus souvent, ni dans les textes de loi ni dans les règlements. Il ne faut, en général, les chercher que dans les conventions passées avec les concessionnaires, dans les cahiers des charges spéciaux à chaque entreprise (88). Or, on ne comprendrait pas comment un cahier des charges pourrait imposer au concessionnaire, par une clause spéciale, la responsabilité décennale établie par le Code civil contre les architectes et les entrepreneurs. L'une des principales obligations du concessionnaire consiste, en effet, à entretenir les travaux et à les rendre en bon état à l'expiration de la concession. Peu importe, par conséquent, la cause de la perte totale ou partielle! Le concessionnaire, étant tenu de rendre les travaux en bon état à l'expiration de la concession, doit les reconstruire, lors même qu'ils auraient péri après dix ans ou qu'ils auraient été détruits, sans sa faute, par un cas fortuit ou de force majeure.

Tout autre est la question de savoir si le concessionnaire peut se prévaloir de la responsabilité décennale des articles 1792 et 2270 contre les entrepreneurs qu'il a chargés de l'exécution des travaux compris dans la concession. La situation du concessionnaire ne ressemble qu'en apparence

(88) Aucoc, t. 2, nᵒˢ 681 et suiv.

à celle de l'entrepreneur général qui confie l'exécution d'une partie de son marché à des entrepreneurs particuliers. L'entrepreneur général spécule sur l'exécution des ouvrages, et possède des connaissances techniques qui lui permettent de diriger ou de surveiller les sous-traitants auxquels il s'adresse (89). La construction des travaux sera peut-être une source de bénéfices pour le concessionnaire, mais elle n'est cependant qu'un moyen d'arriver à la réalisation du but principal, c'est-à-dire à l'exploitation de la concession. C'est, d'ailleurs, une règle constante que, pour l'exécution des travaux, le concessionnaire est substitué à tous les droits de l'Administration. Si donc l'Administration peut invoquer les articles 1792 et 2270 contre les entrepreneurs de travaux publics, il doit en être de même des concessionnaires, et nous arrivons ainsi naturellement à la question de la responsabilité dans les *entreprises* ou *marchés,* qui sont le plus usité des modes d'exécution des travaux publics.

40. — L'entreprise ou marché est un contrat synallagmatique par lequel un entrepreneur s'engage envers l'État, un département, une commune....., à exécuter un travail, moyennant un prix donné, et sous certaines conditions.

Les règles de fond de ce contrat, qui lie l'État, le département et la commune, comme l'entrepreneur, sont établies par la loi et par la convention des parties.

Les dispositions de la loi sont celles du Code civil sur les obligations en général et sur le contrat de louage d'ouvrage.

Les conventions passées entre l'Administration et les entrepreneurs sont contenues dans différentes pièces : le cahier des clauses et conditions générales révisé le 26 novembre

---

(89) *Suprà,* n° 28.

1866 (90); le devis ou cahier des charges; le bordereau des prix (91).....

41. — Entrepreneurs de travaux publics. — Il est aujourd'hui reconnu que les entrepreneurs de travaux publics sont tenus de la garantie de dix ans. La question se réduit à savoir si les conventions passées avec l'Administration ne dérogent pas aux principes du Code civil, et si les articles 1792 et 2270 ne doivent pas s'effacer devant une règle administrative analogue à celle de l'article 28 des clauses de 1866. Cet article 28 permet d'allouer à l'entrepreneur une indemnité, sous réserve de l'approbation de l'Administration supérieure, à raison des pertes, avaries ou dommages résultant de cas de force majeure, pourvu que ces événements aient été signalés par l'entrepreneur dans un délai de dix jours au plus.

L'article 28 déroge donc, en faveur des entrepreneurs, à l'article 1788 du Code civil, qui n'admet pas de distinction et fait supporter toutes les pertes à l'entrepreneur, jusqu'à la

(90) La première rédaction d'un cahier des charges communes à toutes les entreprises de travaux publics remonte à une déclaration royale du 7 février 1608, qui céda la place à une autre déclaration du 7 juin 1708. En 1811, l'Administration des Ponts et chaussées, s'inspirant de ces précédents, et notamment des clauses établies pour les travaux du pavé de Paris, avait fixé les conditions générales des entreprises. Ces clauses, remaniées en 1833 (Circ. du 25 août 1833), ont été transformées, par arrêté du 26 novembre 1866, à la suite de longues délibérations du Conseil général des Ponts et chaussées, présidées par M. Béhic, alors ministre de l'agriculture, du commerce et des travaux publics. Le cahier des clauses et conditions générales n'a subi, depuis 1866, que de très légères modifications dans ses articles 31 et 34. (Cf. circ. de novembre 1866 et du 24 avril 1877.)

(91) Aucoc, t. 2, nᵒˢ 588 et 591-603.

réception de l'ouvrage ou jusqu'à une mise en demeure de procéder à la réception (92).

42. — On pourrait être tenté de trouver cette règle administrative dérogatoire aux articles 1792 et 2270 dans les articles 46 et 47 des clauses de 1866, qui ordonnent une double réception des travaux publics. Aux termes de l'article 46, immédiatement après l'achèvement des travaux, il est procédé à une réception provisoire par l'ingénieur ordinaire, en présence de l'entrepreneur. A dater de la réception provisoire commence à courir un *délai de garantie* d'une durée variable d'après la nature des ouvrages. Le délai de garantie peut être formellement déterminé par le cahier des charges spécial à l'entreprise. A défaut de stipulation expresse dans le cahier des charges, il est de six mois pour les travaux d'entretien, les terrassements et les chaussées d'empierrement, et d'un an pour les ouvrages d'art. Après l'expiration du délai de garantie, l'ingénieur ordinaire procède, en présence de l'entrepreneur, et au besoin sur sa mise en demeure, à la réception définitive (art. 47 des clauses de 1866). L'ingénieur ne consent à la réception qu'à la suite d'une visite attentive, dans laquelle il s'assure que les travaux satisfont aux conditions du devis et sont en bon état d'entretien. Il faut se garder d'en conclure que ce délai de garantie soit substitué, en matière de travaux publics, à la garantie de dix ans des articles 1792 et 2270, et que la réception définitive décharge l'entrepreneur de travaux publics de toute garantie.

Le délai de garantie et la réception définitive ont, l'un et l'autre, un but parfaitement déterminé. Pendant le délai de garantie, l'entrepreneur demeure responsable de ses ouvrages et est obligé de les entretenir. La réception définitive a pour

(92) Aucoc, t. 2, n° 629.

effet de décharger l'entrepreneur de tout entretien, de rendre exigible le paiement intégral du solde dû à l'entrepreneur, d'entraîner le remboursement du cautionnement, et, s'il y a lieu, la mainlevée des hypothèques inscrites sur les immeubles de l'entrepreneur.

Les règles administratives ne dérogent donc pas, en principe, aux dispositions des articles 1792 et 2270.

Peu importe, après cela, les précautions spéciales qui sont prises pour la bonne exécution des travaux, la surveillance incessante des ingénieurs et les formalités de réception provisoire et de réception définitive. C'est à tort que l'entrepreneur voudrait s'en faire une arme contre l'Administration : il est toujours responsable des vices de construction qui entraînent, dans les dix ans, la ruine des ouvrages.

43. — La jurisprudence est très ferme dans l'application de ces principes, et la question semble avoir été définitivement tranchée en 1853. Il s'agissait d'une affaire de travaux communaux auxquels les anciennes clauses et conditions générales de 1833 avaient été déclarées applicables par un article spécial du cahier des charges. Le Conseil d'État décida que la réception définitive n'a d'effet qu'au point de vue du paiement du solde, de la retenue de garantie, et qu'elle ne décharge pas l'entrepreneur des obligations qui pèsent sur lui en vertu du droit commun (93).

(93) Conseil d'État, 21 juillet 1853; Dalloz, 1854, 3, 55; Sirey, 1854, 2, 277, et Lebon, *Arrêts du Conseil*, 1851, p. 751; — Guillouard, II, n° 858; — Ducrocq, *Droit administratif*, 5e édition, Paris, 1877, II, n° 1112; — Aucoc, t. 2, n°s 659-662; — Sourdat, t. 1, n° 743 (un peu vieilli sur ce point); — Conseil d'État, 29 juillet 1846; Dalloz, *Rép. alph.*, v° *Travaux publics*, n°s 574 et 579; — Conseil d'État, 2 août 1851; Dalloz, 1852, 3, 1, et *Rép. alph.*, v° *Travaux publics*, n° 574; — Conseil d'État, 12 juillet 1855;

Le Conseil d'État ne fait même pas exception pour les vices du sol. D'après un arrêt de 1861 (94), un entrepreneur de travaux publics est fondé, au moment où il reconnaît que l'emplacement choisi pour la construction du bâtiment ne présente pas une solidité suffisante, à suspendre ses travaux, et, sur le refus de l'Administration de reconnaître le fait allégué, à porter la question devant le Conseil de préfecture. Si l'Administration reconnaît devant le Conseil de préfecture que le sol est de mauvaise qualité, mais prétend qu'il est possible d'y élever des constructions solides moyennant l'exécution de travaux supplémentaires, et s'engage à tenir compte de ces travaux à l'entrepreneur, celui-ci est déchargé de toute responsabilité relativement aux vices du sol, et ne peut plus refuser de construire.

La position de l'entrepreneur de travaux publics est cependant bien favorable. Il se trouve en face d'ingénieurs aussi compétents pour apprécier les qualités ou les défauts du sol que peu disposés à admettre des observations à ce sujet. Il est dans une sorte de dépendance, et M. Aucoc (95), dont l'opinion est adoptée par M. Guillouard (96), le reconnaît responsable pour la mauvaise exécution des ouvrages, mais l'exonère de toute garantie à raison des vices du sol.

44. — Ingénieurs. — Les articles 1792 et 2270, appli-

Dalloz, 1856, 3, 6; — Conseil d'État, 16 novembre 1866; Dalloz, 1867, 3, 41; — Douai, 28 juin 1837, sous Civ. Cass., 27 août 1839; Dalloz, *Rép. alph.*, v° *Travaux publics*, n°s 575 et 579; — Civ. Cass., 19 mai 1851; Dalloz, 1851, 1, 138.

(94) Lebon, *Arrêts du Conseil*, 1861, p. 789.
(95) Aucoc, t. 2, n° 662.
(96) Guillouard, II, n° 858.

·cables à l'entrepreneur de travaux publics comme à l'entrepreneur ordinaire, sont-ils aussi applicables à l'ingénieur des
ponts et chaussées comme à un architecte ordinaire ?

En principe, l'ingénieur des ponts et chaussées n'encourt
qu'une responsabilité morale lorsqu'il travaille, pour le
compte de l'État, à des routes, canaux, chemins de fer,
ponts, digues, chaussées, qui composent son domaine habi-
tuel, ou encore lorsqu'il dirige les travaux de routes départementales qui rentrent dans ses attributions normales,
d'après le décret du 16 décembre 1811. Il en est de même
lorsque, sur l'ordre de ses supérieurs hiérarchiques, il dresse
les plans de constructions départementales ou communales
et préside à leur exécution.

Les fonctions des ingénieurs sont, en effet, déterminées
par le décret du 7 fructidor an XII, qui ne se réfère nul-
·lement aux articles 1792 et 2270. De plus, leurs honoraires
sont modestes, car ils reçoivent un traitement fixe ou des
rémunérations fixées par le décret du 10 mai 1854, article 4,
à un taux beaucoup moins élevé que celui des architectes
ordinaires (97).

Il faut, toutefois, faire exception pour les cas où l'ingénieur,
à la suite d'un contrat particulier passé avec une commune,
un établissement public, travaille en dehors de ses fonctions,
au même titre qu'un architecte ordinaire. L'ingénieur, rem-
plissant alors les fonctions d'un architecte pour le plan et la

---

(97) V. Avis du Ministre de l'intérieur de juin 1837; Dalloz, 1838, 3,
82; — Conseil d'État, 30 juillet 1863; Dalloz, 1864, 3, 107; — Conseil
d'État, 20 février 1880; Dalloz, 1880, 3, 113, et Sirey, 1881, 3. 58; —
Conseil d'État, 11 novembre 1881; Sirey, 1883, 3, 32; — Guillouard, II,
n° 858; — Aucoc, t. 2, n°ˢ 579 et 662.

direction des travaux, encourt la responsabilité pécuniaire réglée par les articles 1792 et 2270 (98).

C'est ce qu'a très bien exprimé la Cour de Dijon par un arrêt du 10 janvier 1816 : « Considérant que le sieur de Montfeu n'a point été employé par la ville de Dijon comme fonctionnaire public chargé de présider à la confection de travaux publics, mais par l'effet d'un choix libre qu'elle aurait pu faire porter sur toute personne versée dans l'art de l'architecture; d'où il suit que, vis-à-vis de la ville de Dijon, le sieur de Montfeu est rentré dans la classe ordinaire des architectes, et qu'il est passible de toutes leurs obligations... » (99).

### C. — Constructions ayant subi une perte totale ou partielle (1792), ou renfermant des malfaçons graves (2270) (100).

45. — La perte totale ou partielle d'un édifice engage la responsabilité de l'architecte et de l'entrepreneur, aux termes de l'article 1792. Le propriétaire peut exercer contre eux son recours, non seulement pour une ruine totale, mais encore pour la ruine d'une partie quelconque du bâtiment, telle que mur, corniche, entablement ou plancher.

Il ne faut point, du reste, interpréter littéralement ces mots

(98) Aucoc, t. 2, n° 662 ; — Cf. Sourdat, t. 1, n° 675 *ter*. — Masselin, n<sup>os</sup> 38 et 11-13, semble confondre la responsabilité civile et la responsabilité pénale.

(99) Dijon, 10 janvier 1816; Dalloz, *Rép. alph.*, v° *Louage d'ouvrage*, n° 159, 1°; — Conseil d'État, 10 janvier 1867; Dalloz, 1868, 3, 12.

(100) Consulter, sur ce point : Guillouard, II, n° 846; — Frémy-Ligneville et Perriquet, I, n<sup>os</sup> 85 et 86; — Masselin, n<sup>os</sup> 24, 26 et 56; — Dalloz, *Rép. alph.*, v° *Louage d'ouvrage*, n° 150; — Duvergier, t. II, n<sup>os</sup> 357 et 361.

de l'article 1792 : « *si l'édifice périt* ». La loi n'exige point que la chute de la construction soit consommée, et l'action est recevable dès que les vices de l'édifice en font redouter la perte prochaine. Si le propriétaire constate un commencement de dislocation, indiqué par une lézarde, par l'inclinaison des murs, ou par tout autre fait annonçant qu'une des parties de l'édifice tend à se séparer de l'autre, il doit chercher à prévenir la rupture définitive de l'équilibre, et imposer à l'architecte ou à l'entrepreneur les mesures nécessaires pour arrêter et réparer les désordres qui se sont manifestés. Il importe de supprimer au plus tôt les causes d'accidents, et la diligence du propriétaire diminuera, au profit du constructeur, les frais des réparations.

46. — Le cas de perte totale ou partielle de l'édifice rentre seul dans les prévisions de l'article 1792 : s'il est le plus grave, il est loin d'être le plus fréquent. La perte accuse une faute lourde, un défaut de soins ou de connaissances techniques qui sont rarement imputables aux hommes de l'art. Cela ne veut pas dire que l'architecte et l'entrepreneur soient à l'abri de tout recours pourvu que l'édifice ne tombe pas en ruine. Si la loi renfermait l'exercice de l'action en garantie dans des limites aussi étroites, elle n'atteindrait qu'incomplètement le but de protection qu'elle se propose. Ce n'est point assez de sauvegarder l'intérêt public, il faut encore ne pas exposer les intérêts des particuliers à des risques trop grands.

Il est évident que le propriétaire, en donnant l'ordre de construire, n'a pas eu en vue un édifice dont le seul mérite serait de tenir debout. Il a compté sur un bâtiment destiné à lui rendre tous les services qu'il a formé le projet d'en retirer. Est-il trompé dans son espérance ? il a le droit de recourir contre l'architecte et l'entrepreneur, car l'article 2270, si large dans ses termes, ne subordonne plus l'exercice de l'action en garantie à la perte de la construction. « Attendu, dit la Cour de cassation, que l'article 1792, qui statue sur la perte de l'édifice, n'exclut pas la responsabilité de l'architecte sous les autres rapports » (101).

S'il en est ainsi malgré les principes d'interprétation restrictive qui sont applicables à l'article 1792, comme à toutes les règles dérogatoires au droit commun, c'est parce que l'article 2270 est général et déclare l'architecte et l'entrepreneur indistinctement responsables dans tous les cas.

47. — C'est ainsi que le propriétaire peut agir en garantie dès qu'une malfaçon compromet la solidité de l'édifice, notamment si les cheminées, irrégulièrement disposées, risquent de communiquer le feu à la charpente ou aux planchers, si des infiltrations · se produisent dans la couverture...... (102).

Il en est autrement si les défectuosités de la couverture ne sont pas de nature à nuire à la solidité du · bâtiment (103).

48. — La responsabilité de l'architecte et de l'entrepreneur comprend encore les malfaçons qui, sans nuire précisément à la solidité de l'édifice, empêchent de conclure à l'existence d'une bonne construction. Elle est engagée, par exemple, si l'entrepreneur glisse dans la construction des pierres salpêtrées qui donnent aux murs une humidité malsaine (104), si les cheminées remplissent les appartements d'une fumée

(101) *Civ. rej.*, 3 décembre 1834; Dalloz, *Rép. alph.*, vᶦˢ *Louage d'ouvrage*, nᵒ 150, et *Obligations*, nᵒ 1593; Sirey, 1835, 1, 216.,

(102) *Req. rej.*, 26 janvier 1876; Dalloz, 1876, 1, 262.

(103) Conseil d'État, 14 avril 1864; Dalloz, 1864, 3, 97; — Conseil d'État, 4 mai 1870; Dalloz, 1871, 3, 63.

(104) Troplong, II, 1003.

qui les rend inhabitables, si les ouvertures mal closes laissent l'habitation exposée, sans défense, aux rigueurs des saisons (105).

L'omission de travaux prévus dans les devis doit, enfin, être considérée comme une cause de garantie (106).

Mais les malfaçons qui ne menacent pas l'existence de l'édifice ou gros ouvrages n'engendrent la responsabilité que si elles présentent de la gravité et sont de nature à causer au propriétaire un préjudice sérieux (107).

Il n'y aurait point garantie, par exemple, pour la mauvaise qualité de quelques pierres (108) : les malfaçons d'une si médiocre importance ne sauraient servir de base à un recours en garantie postérieurement à la réception des travaux. L'ancienne jurisprudence faisait, il est vrai, survivre la responsabilité, d'abord pendant trois ans, puis pendant un an, mais cette règle n'a pas été maintenue par le législateur de 1804 (109).

Aujourd'hui, l'architecte et l'entrepreneur ne peuvent plus être recherchés, après la réception des travaux, pour des malfaçons sans importance, que s'ils ont garanti leur travail durant un certain temps par une convention spéciale, ou si les malfaçons sont le résultat du dol ou de la fraude.

49. — Toutes les défectuosités des édifices ou gros ouvrages ne sauraient, d'ailleurs, passer pour des vices de

(105) Comparer : Conseil d'État, 9 août 1865 ; Lebon, *Arrêts du Conseil*, 1865, p. 790.

(106) *Civ. rej.*, 3 décembre 1834, *suprà*, note 101.

(107) *Civ. rej.*, 3 décembre 1834, *suprà*, note 101 ; — Masselin, nº 249.

(108) Conseil d'État, 25 juillet 1872 ; Lebon, *Arrêts du Conseil*, 1872, p. 474.

(109) V. *suprà*, nᵒˢ 10 et 11.

construction. Il est des imperfections inévitables auxquelles le propriétaire doit s'attendre dans une certaine mesure. Il ne peut en rendre l'architecte èt l'entrepreneur responsables, parce qu'elles sont le résultat ordinaire du travail qui se produit dans les constructions neuves. Les bois employés dans les bâtiments fléchissent toujours sous l'influence de leur propre poids ou de la charge qui leur est imposée, et tout plancher est appelé à perdre plus ou moins de sa rigidité dans un temps déterminé. Un léger fléchissement de poutres en bois ne peut donc être considéré comme une malfaçon, lorsqu'il a pour cause naturelle « la dessiccation des bois » (110).

Il en est de même des tassements qui résultent de l'affaissement de toute chose chargée. Élever une maison dont la façade est en pierres de taille et dont les murs intérieurs sont en moellons n'a rien de contraire aux règles des constructions. Cependant, les murs intérieurs s'affaisseront plus que les murs de façade; un déchirement se produira sur la façade en pierres de taille; les planchers suivront le mouvement et perdront leur niveau. Ces tassements ne proviendront pas, néanmoins, de vices de construction proprement dits, car on ne peut arriver à une stabilité parfaite. Il est possible de régulariser l'affaissement général d'une construction par l'homogénéité des matériaux et d'en rendre les effets peu apparents, mais non de le supprimer (111).

(110) Masselin, nº 115.

(111) Frémy-Ligneville et Perriquet, I, p. 140; — Masselin, nᵒˢ 57-60. — Soufflot, en construisant le Panthéon, s'efforça de prévenir tout tassement. Dans les constructions ordinaires, des cales en bois remplissent les joints qui existent entre les diverses assises de pierre. Soufflot supprima les cales en bois, et réduisit autant que possible l'épaisseur des joints en don-

50. — Il ne faut pas oublier que la responsabilité de l'architecte et de l'entrepreneur est engagée non seulement par la perte de leurs travaux ou par les malfaçons qui s'y révèlent, mais encore par les dégradations qui peuvent résulter, pour les maisons voisines, de l'exécution des ouvrages qui leur sont confiés (112).

## APPENDICE. — **De la preuve**.

51. — Les conditions d'application des articles 1792 et 2270 peuvent maintenant se résumer en quelques mots : les architecte et entrepreneur qui ont concouru à la construction d'un édifice ou d'un gros ouvrage sont responsables des pertes ou des malfaçons imputables à une faute de leur part. Si la faute est apparente, la règle reçoit son application sans difficulté. Mais si l'édifice s'écroule ou se dégrade avant l'expiration du délai de garantie, sans que la cause de la ruine ou de la dégradation soit connue, à qui donc incombe le fardeau de la preuve? L'architecte et l'entrepreneur sont-ils responsables de plein droit, sauf à eux d'établir que l'édifice a péri par cas fortuit ou par suite d'un fait qui ne peut leur être imputé? Ou bien est-ce au propriétaire, qui prétend les rendre responsables en vertu des articles 1792 ou 2270, de démontrer que la perte ou malfaçon a pour cause un vice du sol ou de construction ou toute autre faute de leur part?

nant aux lits une forme légèrement concave. La pierre s'écrasa sur le bord des joints, et les tassements s'accentuèrent bientôt. Rondelet, qui fut chargé de reprendre en sous-œuvre le dôme du Panthéon, découvrit les fâcheuses conséquences du procédé imaginé par son prédécesseur.

(112) Bordeaux, 21 avril 1864; Dalloz, 1865, 2, 39.

En un mot, l'architecte et l'entrepreneur sont-ils sous le coup d'une présomption de faute ?

52. — La question est des plus discutées : c'est, d'après nous, au propriétaire de prouver que la perte ou la malfaçon est le résultat d'une faute de l'architecte ou de l'entrepreneur.

Il n'est pas nécessaire, pour établir la vérité de cette solution, de forger à grand'peine des arguments, car elle est conforme aux principes généraux du droit. Le propriétaire a vérifié et agréé l'édifice élevé à son intention ; il a procédé à la réception des travaux : l'architecte et l'entrepreneur ont accompli leurs obligations. Plus tard, l'édifice périt ou se détériore : quelle est la cause de la perte ou des malfaçons ? Est-ce une faute de l'architecte ou de l'entrepreneur, ou bien un cas fortuit, ou encore un vice du sol ou de construction des maisons voisines ? On ne saurait le dire, et c'est au propriétaire de prouver la faute à laquelle il attribue la ruine ou les malfaçons, et sur laquelle il base sa demande en garantie. « Celui qui réclame l'exécution d'une obligation doit la prouver », d'après l'article 1135 du Code civil.

Il faudrait un texte formel pour écarter l'application de cette règle de droit commun et la remplacer par une présomption de faute contre l'architecte et l'entrepreneur. Ce texte n'est assurément pas l'article 2270. On est unanime à reconnaître que cet article n'établit, tout au moins en lui-même et par ses termes, aucune présomption de faute contre l'architecte et l'entrepreneur. Reste l'article 1792, qui semble encore moins favorable à une présomption de faute. D'après lui, l'architecte et l'entrepreneur sont responsables pendant dix ans, si l'édifice périt par le vice de la construction ou par le vice du sol : en d'autres termes, ils sont responsables si la perte arrive par leur faute. Cette faute est-elle présumée pour cela? Dira-t-on qu'il résulte de l'article 1792 une présomption de faute contre le constructeur, c'est-à-dire que le constructeur répond de toute perte survenue dans les dix ans, sans que le propriétaire soit tenu d'établir aucune faute à la charge du constructeur? Ce serait créer une présomption par voie d'induction. La loi ne dit point que toute perte survenue dans les dix ans est imputable à l'architecte ou à l'entrepreneur. Elle dit, ce qui est bien différent, que si l'édifice périt dans les dix ans par un vice de construction ou du sol, l'auteur des travaux en répond. Elle rend donc l'architecte et l'entrepreneur responsables sous une condition : « si l'édifice périt par le vice de la construction ou par le vice du sol ». Pothier subordonnait de même la responsabilité du constructeur à une condition : « Si l'ouvrage est trouvé défectueux, le juge condamne l'entrepreneur à en réparer les défectuosités » (113).

De même que le propriétaire devait prouver, dans l'ancien droit, les défectuosités de l'ouvrage, de même il doit prouver aujourd'hui que la perte est arrivée par le vice de la construction ou par le vice du sol. Il doit, en un mot, établir la faute de l'architecte et de l'entrepreneur conformément au droit commun de la preuve, auquel ne déroge pas l'article 1792 (114).

53. — C'est en vain qu'on chercherait à battre en brèche notre point de départ, d'après lequel la réception des travaux décharge l'architecte et l'entrepreneur de leurs obligations, pour soutenir que les obligations des constructeurs survivent

(113) Pothier, *Du louage,* n° 426.

(114) Guillouard, II, n°s 836 et 839; — Laurent, t. 26, n°s 29, 31 et 56; — Masselin, n° 31; — Dalloz, *Rép. alph.,* v° *Louage d'ouvrage,* n° 149.

pendant dix ans à la réception des travaux. Ce serait mal comprendre les articles 1792 et 2270 que de leur attribuer cet effet de prolonger durant dix ans les obligations de l'architecte et de l'entrepreneur. En droit commun, la réception des travaux décharge l'ouvrier, non seulement de ses obligations, mais encore de toute garantie. Elle rend l'action du maître non recevable, lors même que la perte du travail serait le résultat certain de la faute de l'ouvrier. Par exception, la responsabilité de l'architecte et de l'entrepreneur survit à la réception des travaux, en vertu des articles 1792 et 2270. L'action du propriétaire reste recevable contre l'architecte et l'entrepreneur, malgré l'extinction de leurs obligations, opérée par la réception des travaux. C'est déjà une faveur : pourquoi vouloir l'étendre encore, en prétendant qu'elle existe de plein droit au profit du propriétaire, même sans la preuve d'une faute imputable à l'auteur des travaux ?

54. — On objecte « que le cas fortuit ne se présume pas, et qu'il est aussi naturel d'en demander la preuve que facile de la donner » (115).

C'est raisonner absolument comme s'il n'existait que deux causes possibles de perte d'une construction : la faute du constructeur et le cas fortuit. Or, si le constructeur est présumé en faute, le seul moyen d'écarter les poursuites du propriétaire est de prouver que la perte résulte d'un cas fortuit.

Mais, en vérité, si la ruine ou la dégradation provient d'un vice du sol ou d'un vice de construction des maisons voisines, si les dommages survenus sont dus au propriétaire lui-même et dérivent d'une cause postérieure et étrangère

(115) Marcadé, art. 1792, I.

aux constructions (116), faudra-t-il donc encore contraindre l'architecte et l'entrepreneur à démontrer l'existence de ces faits d'ordres divers, pour renverser la présomption de faute qu'on imagine contre eux?

Admettons pour un instant que les deux seules causes de perte soient la faute du constructeur et le cas fortuit. Si le cas fortuit ne se présume pas, la faute se présume encore moins et doit être prouvée par celui qui l'allègue.

D'ailleurs, le sens de cette proposition générale : « le cas fortuit ne se présume pas », est des mieux délimités. Lorsqu'un détenteur de la chose d'autrui cherche à se soustraire à l'obligation de restituer en invoquant un cas fortuit, il est bien évident qu'il doit prouver le cas fortuit : c'est en ce sens que l'article 1302 *in fine* déclare que « le débiteur est tenu de prouver le cas fortuit qu'il allègue ».

Le titre *Du louage* fournit plusieurs applications de cette règle. Au cas d'incendie, le locataire étant le gardien et le débiteur de la chose louée, ne peut se dispenser de la rendre au bailleur qu'en démontrant que l'incendie est arrivé sans sa faute, et, notamment, par cas fortuit. (art. 1733 C. civ.)

De même, une chose peut périr entre les mains de l'ouvrier, avant d'avoir été vérifiée et reçue, par la force majeure, le vice de la matière ou la faute de l'ouvrier. Lorsque la cause de la perte est ignorée, c'est à l'ouvrier d'établir soit le vice de la matière, soit le cas fortuit ou de force majeure, parce qu'il est responsable envers le propriétaire. Il doit représenter le corps certain dont il est débiteur, et s'il prétend faire résulter sa libération de la perte de la

(116) Lyon, 18 juin 1835; Dalloz, *Rép. alph.*, v° *Louage d'ouvrage*, n°s 145 et 147, 1°.

chose, il doit prouver que cette perte est survenue sans sa faute (117).

Mais la situation de l'architecte et de l'entrepreneur ne peut être comparée à celle d'un débiteur de corps certain, et le principe de l'article 1302 ne peut leur être opposé. L'architecte et l'entrepreneur ont rempli toutes leurs obligations. Le propriétaire a vérifié les constructions; il les a reçues et en a assumé la garde. Si elles viennent à périr, et qu'il veuille former une demande en garantie, c'est à lui de prouver les faits sur lesquels il désire s'appuyer, c'est-à-dire les défectuosités de l'ouvrage, d'après Pothier, les vices de construction ou du sol, d'après l'article 1792 (118).

55. — Cette théorie, si conforme aux principes du droit commun sur la preuve, est rejetée par la jurisprudence, et compte jusqu'ici dans la doctrine autant d'adversaires que de partisans.

On se prévaut contre elle des différences de rédaction des articles 1792 et 2270 pour conclure à l'existence d'une double responsabilité, la responsabilité de l'article 1792 et celle de l'article 2270, qui se distingueraient par leurs conditions et par leurs effets.

56. — A. *Conditions*. — D'après l'article 1792, la responsabilité de l'architecte et de l'entrepreneur est subordonnée à quatre conditions. Il faut :

(117) Pothier, *Du louage*, n° 435; — Guillouard, II, n° 787; — Laurent, t. 26, n° 9; — Colmet de Santerre, VII, 243 *bis*, I; — Troplong, II, n° 987; — Dalloz, *Rép. alph.*, v° *Louage d'ouvrage*, n° 133; — Duvergier, t. 2, n° 341; — Lyon, 14 mai 1849; Dalloz, 1852, 2, 75; — Grenoble, 18 juin 1869; Dalloz, 1870, 2, 149, et Sirey, 1870, 2, 67.

(118) Guillouard, II, n° 839; — Masselin, n° 32; — Troplong, II, 1005; — Dalloz, *Rép. alph.*, v° *Louage d'ouvrage*, n° 149; — Duvergier, t. 2, n° 356.

*a.* — Qu'il s'agisse d'un *édifice ;*

*b.* — Que cet édifice ait subi une *perte totale ou partielle ;*

*c.* — Que l'architecte ne se soit pas borné à *diriger* les travaux et qu'il ait personnellement *construit*, en s'immisçant dans les fonctions de l'entrepreneur;

*d.* — Que le marché ait été conclu *à prix fait.*

L'article 2270 étend, au contraire, la responsabilité :

*a.* — A tous les *gros ouvrages,* qu'ils aient ou non le caractère d'édifices;

*b.* — A toutes les *malfaçons,* lors même qu'elles ne constituent pas une perte partielle de la construction;

*c.* — A tout architecte qui a simplement « *dirigé* » les travaux de construction exécutés par un entrepreneur;

*d.* — A tous les marchés, sans distinction, conclus à prix fait ou pour un prix inconnu à déterminer d'après la nature et l'importance des travaux.

57. — B. *Effets.* — L'article 2270, en formulant des conditions de responsabilité plus larges que celles de l'article 1792, se montre plus sévère pour les architectes et entrepreneurs, puisqu'il augmente le nombre des cas où ils sont responsables.

En revanche, les effets de la responsabilité créée par l'article 2270 sont moins rigoureux que ceux de la responsabilité prévue par l'article 1792. Ce dernier article aggrave, en effet, beaucoup la situation des architectes et des entrepreneurs en établissant contre eux une *présomption légale de faute.*

Dès qu'un édifice, élevé conformément aux quatre conditions de l'article 1792, s'écroule ou se dégrade dans le délai de dix ans, le constructeur est responsable de plein droit de la ruine ou de la dégradation, et, pour se débarrasser de cette responsabilité, doit prouver qu'aucune faute ne lui est imputable. Bien au contraire, la responsabilité de l'article 2270 n'implique pas de présomption légale de faute : si donc il s'agit d'un gros ouvrage qui ne peut être qualifié d'édifice, comme un puits ou une route, si l'architecte s'est contenté de dresser le plan du travail ou d'en diriger ou surveiller l'exécution, si l'ouvrage est simplement affecté de quelques malfaçons, ou s'il a été fait à la série de prix ou à l'unité de mesure, c'est au propriétaire de démontrer que l'auteur ou le directeur des travaux s'est rendu coupable d'une faute (119).

58. — On se réjouit d'avoir trouvé une explication satisfaisante de l'article 2270, qui n'étend si facilement la responsabilité de l'architecte et de l'entrepreneur que parce qu'il ne maintient pas contre eux la présomption légale de faute créée par l'article 1792.

On a même proposé une justification rationnelle des différences que l'on distingue, suivant les circonstances, dans la responsabilité de l'architecte et de l'entrepreneur. Lorsque l'édifice est construit *à prix fait*, le constructeur est intéressé à économiser le plus possible sur les fournitures et la main-d'œuvre. Il est porté à commettre des malfaçons, des fraudes, ou au moins des imprudences dans la construction (120).

(119) Frémy-Ligneville et Perriquet, I, n° 159 ; — Sourdat, t. 1, 671 *ter ;* — Aubry et Rau, IV, § 374, p. 529-531 ; — Massé et Vergé sur Zachariæ, IV, § 710, note 17 *in fine,* p. 414 ; — Marcadé, art. 1792, I ; — Devilleneuve, Sirey, 1835, 1, 174 ; — *Req. rej.,* 12 novembre 1844 ; Sirey, 1845, 1, 180 ; — *Req. rej.,* 15 juin 1863 ; Sirey, 1863, 1, 409 ; — *Req. rej.,* 1er décembre 1868 ; Dalloz, 1872, 1, 65 ; — *Req. rej.,* 26 novembre 1873 ; Dalloz, 1874, 5, 323 ; — *Civ. rej.,* 24 novembre 1875 ; Dalloz, 1877 ; 1, 30 ; — Angers, 23 août 1877 ; Dalloz, 1878, 2, 45 ; — *Contrà,* Guillouard, II, n°s 837 et 840 ; — Laurent, t. 26, n° 29, 44 et *passim.*

(120) Sourdat, t. 1, n° 671 *ter, in fine.*

Voici, du reste, comment s'expriment MM. Aubry et Rau (121) : « La présomption légale de faute établie par » l'article 1792 s'explique par l'intérêt qu'a l'architecte ou » l'entrepreneur qui s'est chargé à forfait d'une construction » de restreindre le plus possible les frais de cette cons-» truction. Or, comme cet intérêt n'existe plus lorsque le » prix doit être déterminé d'après les bases d'un devis, la » présomption dont s'agit n'a plus, dans cette hypothèse, » de raison d'être ».

Cette raison conjecturale, dont on ne trouve aucune trace, est-il besoin de le dire, dans les travaux préparatoires, ne prouve pas assez ou prouve trop. Elle n'est applicable, en effet, qu'à l'une des quatre différences proposées entre les articles 1792 et 2270. Mais, si elle est vraie, on ne comprend guère pourquoi la présomption de faute ne s'étend pas aux gros ouvrages construits à prix fait, de même qu'elle atteint les édifices construits à prix fait.

D'ailleurs, est-il bien vrai de dire que l'architecte n'a pas intérêt à la malfaçon lorsqu'il travaille sur devis, parce qu'il est payé selon son travail ? La malfaçon est moins à craindre peut-être, mais le propriétaire en est encore menacé ! Le constructeur qui travaille par séries de prix, à tant le mètre, ou pour être payé à la fin des travaux, d'après leur esti-mation, peut encore se livrer à de nombreuses malfaçons : il peut employer de mauvais matériaux, remplir l'intérieur des murs avec des plâtras, comme le faisait remarquer Tronchet au Conseil d'État (122), tout en leur donnant à la surface les meilleures apparences. Le propriétaire, abusé par ces dehors menteurs, paie le prix dû pour une exécution

(121) T. IV, § 374, note 20, p. 530.
(122) Locré, t. XIV, p. 362, et Fenet, XIV, p. 262.

loyale et régulière du travail, et le constructeur profite des malfaçons qu'il a réalisées (123).

59. — La justification rationnelle tentée par MM. Aubry et Rau tombe donc d'elle-même, parce qu'elle est contraire à la réalité pratique, et la double responsabilité qu'elle se proposait d'expliquer ne peut davantage se soutenir, parce qu'elle n'est pas entrée dans les vues du législateur. Quel est, en effet, le rapport que le législateur a voulu fixer, quel est l'esprit de la loi dans les articles 1792 et 2270 ? (124).

Tandis que la responsabilité de l'ouvrier se couvre par la vérification et la réception du travail, l'architecte et l'entrepreneur, malgré la vérification et la réception de leur œuvre, en demeurent responsables pendant dix ans, si elle périt par le vice de la construction ou du sol.

Voilà l'esprit de la loi, tel qu'il a été mis en lumière par les paroles de M. Bérenger (125), qui sont l'explication officielle de l'article 1792. Si le constructeur est responsable durant dix ans, malgré la réception de son œuvre, c'est qu'une construction présente presque toujours, à l'heure de son achèvement, toutes les apparences de la solidité. Les vices de construction ne se révèlent qu'avec le temps. La responsabilité de l'architecte et de l'entrepreneur ne pouvait donc être efficace qu'à la condition de survivre à la réception des travaux : voilà pourquoi la loi la maintient durant dix ans. C'est une dérogation au droit commun, comme on le

---

(123) Frémy-Ligneville et Perriquet, I, n° 166. — Cf. encore Laurent, t. 26, n° 50 *in fine*.

(124) On lira avec intérêt, sur l'« esprit de la loi » en général, les premières lignes d'un article de M. Henri Monnier, publié par la *Revue critique de lég. et de jurispr.*, 1880, p. 108 : *De l'esprit de la loi dans l'article 951 du Code civil*.

(125) *Supra*, n° 13.

sait, puisque le constructeur continue à être tenu de la garantie, malgré la réception de ses ouvrages.

L'esprit de la loi serait-il, en outre, d'établir par l'article 1792 une présomption légale de faute, qui ne serait plus opposable à l'architecte ou à l'entrepreneur poursuivis en vertu de l'article 2270 ? Mais où trouver la trace d'une semblable présomption ? quelle en est l'origine ? sur quels termes de la loi l'appuyer ? Il n'en est question nulle part dans les travaux préparatoires, et notamment dans la discussion assez longue qui s'est élevée sur l'article 1792 au sein du Conseil d'État (126).

60. — L'esprit de l'article 1792 et son unique but est de prolonger la responsabilité de l'architecte et de l'entrepreneur après la réception des travaux, parce qu'il est impossible de savoir, dès le jour de la vérification, si les constructions sont bien faites.

L'article 2270 est conçu dans le même esprit, et il n'a jamais eu pour but d'établir à la charge de l'architecte et de l'entrepreneur une seconde responsabilité, très différente de la première. La responsabilité des constructeurs ne saurait être multiple, puisqu'elle dérive d'une seule cause : elle prend source dans le contrat de louage d'ouvrage conclu entre le propriétaire et les constructeurs. A la suite de ce contrat, l'architecte et l'entrepreneur sont tenus de tous les soins de bons constructeurs. S'ils manquent à leurs obligations, ils en sont responsables. De quelle manière ? C'est ce que détermine l'article 1792, complété par l'article 2270. Le premier pose la règle que la réception des travaux laissera subsister pendant dix ans la responsabilité des constructeurs. Mais il est conçu en termes trop restrictifs : il parle de construction *d'édifice*, de

(126) Laurent, t. 26, nᵒˢ 32 et 36 *in fine*.

construction *à prix fait,* alors que son esprit lui commandait d'embrasser les constructions de *gros ouvrages avec ou sans prix fait,* car l'épreuve du temps n'est pas moins nécessaire pour les unes que pour les autres. Voilà pourquoi le législateur, appelé à fixer, au titre *De la prescription,* la durée de l'action en garantie dirigée contre les constructeurs, a saisi l'occasion de donner à la responsabilité de l'architecte et de l'entrepreneur tout le développement qu'elle devait avoir, pour ne pas être en contradiction avec l'esprit des articles 1792 et 2270. Il eût été préférable sans doute de fondre ces deux articles en un seul, et de régler la responsabilité de l'architecte et de l'entrepreneur par une disposition unique. Mais le titre *Du louage* était déjà voté et décrété alors qu'on discutait encore le titre *De la prescription.* Ainsi s'explique la double disposition des articles 1792 et 2270, qui a fourni un prétexte à la théorie d'une double responsabilité dont les conséquences sont peu rationnelles (127).

61. — L'architecte est, en effet, responsable de *l'exécution* des travaux, d'après l'article 1792 : la loi, dit-on, présume qu'il est en faute.

L'architecte est responsable de son plan et de sa direction, d'après l'article 2270 : la loi, dit-on, ne présume pas qu'il est en faute.

Pourquoi présumer la faute dans le premier cas et ne pas la présumer dans le second? Nul ne saurait le dire. Comment alléguer une raison juridique de cette différence, puisque la situation de l'architecte ne varie pas et qu'il promet toujours la même science et la même diligence. Il est une hypothèse caractéristique. L'architecte répond des vices du sol, d'après l'article 1792. Il en répond également aux termes de l'ar-

(127) Laurent, t. 26, nᵒˢ 30, 31 *in fine,* et 47.

ticle 2270. Si donc l'architecte s'est chargé de construire un édifice, et que cet édifice périsse dans les dix ans par un vice du sol, l'architecte est responsable. La même responsabilité pèse sur lui quand il s'est borné à fournir le plan d'un édifice et à diriger les travaux, si cet édifice périt dans les dix ans par un vice du sol. Les deux hypothèses sont bien identiques, puisque, dans les deux cas, l'édifice a péri par un vice du sol. Cependant, on veut que l'architecte soit présumé en faute s'il a construit l'édifice, et qu'il ne soit plus présumé en faute s'il en a seulement fourni le plan et dirigé les travaux. Il paraît difficile de concilier ces deux règles, si différentes à propos de deux cas identiques (128).

62. — Quelques partisans de la présomption légale de faute ont bien compris que la responsabilité de l'architecte et de l'entrepreneur est une, parce qu'elle découle d'une seule cause, et qu'il n'est pas rationnel d'établir de différence entre les divers cas de responsabilité. C'est parce qu'ils n'ont trouvé aucun fondement sérieux pour asseoir la théorie d'une double responsabilité, qu'ils se sont laissés entraîner à généraliser la présomption de faute qu'ils avaient admise sur l'article 1792. C'est ainsi que MM. Frémy-Ligneville et Perriquet se demandent pourquoi la présomption de faute ne s'appliquerait pas, dans les hypothèses prévues par l'article 2270, comme dans celles de l'article 1792. Ils sont jusqu'au bout conséquents avec eux-mêmes : la présomption de faute qu'ils ont admise dans le second cas leur paraît s'imposer dans le premier, puisque la responsabilité du constructeur est toujours la même. Ils ont raison d'éprouver quelque étonnement du triomphe de la doctrine contraire,

---

(128) Aubry et Rau, IV, § 374, texte et note 26, p. 532 ; — Laurent, t. 26, n° 50 *bis*.

car si les termes de l'article 1792 sont suffisants pour permettre de conclure à une présomption légale de faute, on ne voit pas pourquoi il en serait autrement des termes de l'article 2270 (129).

63. — Nous ne terminerons pas sans faire remarquer qu'une action en garantie intentée contre un constructeur aboutit à une expertise, dans laquelle les experts constatent les causes de la ruine totale ou partielle de l'édifice. M. Laurent en conclut que la question de preuve est sans importance pratique. « Régulièrement, le tribunal ordonne une expertise ; il est assez indifférent qu'elle soit provoquée par le demandeur ou par le défendeur ». Cela est vrai dans la majorité des cas, parce que les experts, dont la science est rarement en défaut, déterminent avec assurance la vraie cause de la perte ou de la dégradation. Mais cette cause reste inconnue quelquefois, et il n'est pas impossible que

(129) Marcadé, 1792, I ; — Frémy-Ligneville et Perriquet, I, nº 160. — M. Guillouard (II, nº 838) dit que l'opinion de Marcadé et de Frémy-Ligneville est *peut-être* partagée par MM. Troplong (II, 1005) et Duvergier (t. 2, nº 356). Il explique son doute en disant que « le langage de ces deux savants jurisconsultes n'offre pas ici la précision qui leur est habituelle, à ce point que MM. Aubry et Rau les citent comme ayant l'opinion de Marcadé, et que Marcadé les combat comme ayant une opinion contraire à la sienne ». Les passages incriminés ne nous ont point paru différer beaucoup, sous le rapport de la précision, des paragraphes précédents, et Marcadé avait bien raison de combattre Troplong et Duvergier, qui n'admettent aucune présomption légale de faute contre l'architecte et l'entrepreneur. La citation de MM. Aubry et Rau n'a pas la portée que lui prête M. Guillouard, et on ne saurait en conclure que MM. Aubry et Rau aient jamais considéré Duvergier et Troplong comme les partisans de l'opinion de Marcadé, car ils citent également et en même temps Delvincourt et Zachariæ, qui n'ont pas du tout soutenu la théorie de la présomption légale de faute (Aubry et Rau, IV, § 374, note 18, p. 530).

les experts aient la modestie d'en convenir. Dans notre opinion, le propriétaire, n'ayant pas démontré la faute de l'architecte ou de l'entrepreneur, n'établit pas suffisamment le bien fondé de sa demande, et doit en être débouté. Les tribunaux, appliquant, au contraire, la théorie de la jurisprudence, admettront ou rejetteront la demande du propriétaire, suivant qu'elle aura son fondement dans l'article 1792 ou dans l'article 2270 (130).

(130) Laurent, t. 26, n°s 32 *in fine* et 56 *in fine*.

# CHAPITRE II

## Nature et étendue de la responsabilité de l'architecte et de l'entrepreneur.

64. — Lorsqu'un édifice menace ruine, se détériore ou porte des traces de malfaçons, l'action du propriétaire est dirigée tantôt contre l'architecte, tantôt contre l'entrepreneur, tantôt contre l'un et l'autre dans la mesure de leur responsabilité respective et d'après le degré de faute qui peut leur être reproché. On sait, en effet, que la responsabilité de l'architecte et de l'entrepreneur est subordonnée à la preuve d'une faute de leur part. Il importe, par conséquent, de fixer avec précision le genre de faute qui peut engager la responsabilité d'un constructeur.

En admettant même, avec la jurisprudence, que le constructeur soit responsable de plein droit dans les cas prévus par l'article 1792, il est encore intéressant de déterminer la nature des fautes qui lui sont imputables. La présomption légale invoquée contre l'architecte et l'entrepreneur peut être détruite par la preuve contraire : elle disparaît si l'architecte démontre qu'il n'a commis aucune des fautes susceptibles de faire naître contre lui une action en garantie.

§ I<sup>er</sup>

65. — La faute de l'architecte et de l'entrepreneur se manifeste sous deux formes principales : la violation des

règles de l'art et l'inobservation des règlements de voirie ou des lois sur le voisinage (131).

## A. — Violation des règles de l'art

66. — Les règles de l'art sont violées toutes les fois qu'un édifice est affecté :

D'un vice de construction,

D'un vice du sol

Ou d'un vice du plan.

67. — A. Vices de construction. — Il y a vice de construction par suite du défaut de qualité de matériaux défectueux ou insuffisants, ou par suite de leur mauvais emploi. C'est la faute que l'article 1792 place au premier rang, sans doute parce qu'elle est la plus fréquente et la moins excusable. (132).

68. — *Vice des matériaux.* — La bonne ou mauvaise qualité des matériaux employés dans les édifices et les gros ouvrages est une des principales causes de la durée ou de la ruine d'une construction; trop souvent, les matériaux se décomposent au contact de l'air et de la pluie ou éclatent sous l'influence de la gelée. Les planchers ou les parquets construits avec des bois abattus en pleine sève se dégradent et se piquent. Les escaliers formés par l'assemblage de bois gercés et remplis de nœuds fléchissent vers le centre de leur cage. L'inexpérience ou la négligence dont le constructeur a fait preuve dans le choix de ses matériaux l'expose à une action en garantie de la part du propriétaire.

Le constructeur est également responsable, malgré la bonne

---

(131) Guillouard, II, n° 841. — Sourdat, I, n° 672.

(132) Masselin, n° 90.

qualité des matériaux, si les dimensions en sont insuffisantes : c'est ainsi que les étages supérieurs d'une maison éprouvent parfois des tassements, à cause de la faiblesse des bois employés (133).

69. — *Vices d'exécution.* — Un bon choix des matériaux n'est pas l'unique élément nécessaire à la solidité d'un édifice. L'exécution des ouvrages n'est à l'abri des reproches que si les matériaux ont été employés après une préparation adaptée à leur nature, et en temps opportun. Tandis qu'il est possible d'élever une construction très résistante avec des matériaux médiocres habilement mis en œuvre, il arrive souvent qu'une construction soit vouée à une détérioration prochaine avec d'excellents matériaux employés à contre-temps ou sans art. Des assises de pierre mal appareillées, des bois de charpente mal joints, des rampes d'escaliers mal assujetties sont la preuve d'une exécution imparfaite et constituent autant de causes de responsabilité (134).

70. — B. Vices du sol. — Il faut entendre par vice du sol tout ce qui le rend impropre à la construction. Il y a donc vice du sol lorsque le terrain qui doit servir d'assiette à un édifice n'est pas suffisamment préparé pour le recevoir, ou encore lorsque ce terrain renferme des causes génératrices de ruine par suite de sa position, de son état ou de celui des terrains avoisinants, de sa composition géologique.....

On voit que les vices du sol peuvent varier, sinon à l'infini, du moins dans une large mesure. Il y a, par exemple,

(133) Guillouard, II, n° 842; — Frémy-Ligneville et Perriquet, I, n° 109 ; Masselin, n^os 91, 111-113, 116-117; — Laurent, t. 26, n° 35; — Paris, 9 juin 1853; Dalloz, 1855, 2, 321.

(134) Frémy-Ligneville et Perriquet, I, n° 110; — Masselin, n^os 91 et 236.

vice du sol si un constructeur édifie une lourde masse de bâtiments sur un sol fouillé, comme celui d'une ancienne carrière, sans pénétrer jusqu'au sol vierge pour y faire reposer les fondations. Il y a encore vice du sol si le terrain est glaiseux, imprégné de matières corrosives, humide et malsain à cause des infiltrations d'eaux qui s'y produisent (135).

71. — L'article 1792 porte que l'architecte et l'entrepreneur sont responsables de la perte de l'édifice survenue « même par le vice du sol ». La responsabilité des constructeurs, appliquée aux vices du sol, paraît exorbitante au premier aspect. Le propriétaire fournit le sol et fixe l'emplacement des travaux, suivant ses préférences ou ses caprices : il doit seul, semble-t-il, supporter les conséquences des défectuosités du terrain et du mauvais choix de l'emplacement. Le législateur, en imposant à l'architecte et à l'entrepreneur la garantie des vices du sol, n'a-t-il pas violé à la fois une règle de bon sens et le principe de l'article 1790, aux termes duquel le maître répond des vices de la matière qu'il fournit à l'ouvrier ?

La décision de l'article 1792 est à l'abri de la critique, parce que le rôle de l'architecte et de l'entrepreneur est d'éclairer le propriétaire sur la véritable valeur de son terrain, comme sur tous les autres points essentiels des constructions. Le propriétaire est étranger à l'art de bâtir : pourquoi s'adresse-t-il à un homme spécial, sinon pour lui emprunter des connaissances techniques dont il est dépourvu et qui sont cependant indispensables à la solidité des édifices ?

(135) Paris, 2 juillet 1828 ; Sirey, 1828, 2, 316 ; — Masselin, n⁰ˢ 131-135, cf. n⁰ 237.

L'architecte et l'entrepreneur doivent donc considérer comme leur premiér devoir d'étudier le sol destiné à servir d'assiette à un bâtiment, et, s'ils ne le font pas ou le font mal, ils sont responsables. C'est à eux d'exiger que les fondations soient creusées jusqu'à la rencontre d'une couche de terrain suffisamment résistante, ou d'ordonner les travaux indispensables à la consolidation du sol.

Bien loin de contredire la règle de l'article 1790, l'article 1792 est conforme aux principes généraux. Le vice de la matière retombe sans doute, dans la majorité des cas, sur le maître qui l'a fournie. Mais il n'en est plus ainsi toutes les fois que l'ouvrier, à raison de ses connaissances professionnelles, aurait dû connaître ce vice, qui ne préjudicie alors qu'à lui seul (136).

Or, on vient de voir que le premier effet de la mission de l'architecte et de l'entrepreneur est de les obliger à connaître le sol sur lequel ils s'engagent à bâtir. Quels que soient, par conséquent, les vices du sol, le constructeur doit les reconnaître et y porter remède (137).

72. — Toutefois, cette règle n'est pas absolue : l'ouvrier ne répond des vices de la matière fournie par le maître que s'il lui a été possible de les découvrir à l'aide de ses connaissances techniques. De même, l'architecte et l'entrepreneur ne sont plus soumis à aucune garantie quand il est démontré que la ruine du bâtiment provient de causes impossibles à

___

(136) Guillouard, II, nᵒ 790 ; — Laurent, t. 26, nᵒ 14 ; — Colmet de Santerre, VII, nᵒ 245 *bis*, IV ; — Aubry et Rau, IV, § 374, p. 527, texte et note 8 ; — Duvergier, t. 2, nᵒ 342 ; — Duranton, XVII, nᵒ 251.

(137) Guillouard, II, nᵒ 844 ; — Frémy-Ligneville et Perriquet, I, nᵒ 104 ; — Laurent, t. 26, nᵒ 33 ; — Colmet de Santerre, VII, nᵒ 245 *bis*, I ; — Aubry et Rau, IV, § 374, p. 532, texte et note 26.

prévoir au moment de la construction. La responsabilité s'étend, sans conteste, à tous les vices reconnaissables par l'examen attentif du sol ou même par la connaissance générale des terrains du pays, qui est familière aux constructeurs de profession. Mais si un accident plus ou moins considérable se manifeste par suite d'une cause naturelle ou fortuite qui ne pouvait raisonnablement entrer dans les prévisions de l'architecte et de l'entrepreneur, l'action en garantie ne prend pas naissance. C'est, par exemple, une maison qui s'écroule, à cause des excavations d'anciennes carrières autrefois exploitées dans le voisinage. Si rien n'est venu révéler au constructeur l'existence de ces carrières, ni le contrat d'acquisition du terrain, ni les fouilles et sondages pratiqués à la profondeur ordinaire, ni le plan des carrières déposé à la mairie, ni la notoriété publique, il n'a point à redouter l'action en garantie.

Il en est de même si un bâtiment construit sur un terrain en pente s'écroule ou se lézarde par suite de l'affaissement du sol, qui glisse et se dérobe malgré une consistance parfaite, et sans qu'aucun accident de ce genre se fût jamais produit dans la région (138).

C'est, du reste, à l'architecte et à l'entrepreneur qu'il appartient de démontrer le caractère anormal et exceptionnel de l'accident. Lorsque le vice du sol est constant, il y a tout lieu de penser que le constructeur est en faute. C'est à lui de prouver que l'inspection la plus minutieuse et la science la mieux dirigée auraient été impuissantes (139).

73. — C. Vices du plan. — Un vice du plan est toute

---

(138) Guillouard, II, n° 844; — Masselin, n°s 146-149; Gourlier, *Dictionnaire de l'industrie*, v° *Responsabilité*.

(139) Frémy-Ligneville et Perriquet, I, n° 107.

mauvaise disposition introduite dans les plans, devis et marché de l'édifice à construire.

L'effet ordinaire des vices du plan est d'affecter la solidité de l'édifice, qui est menacé, dans un avenir plus ou moins prochain, d'une ruine totale ou partielle.

Il en est ainsi lorsque le plan prévoit des fondations dont l'épaisseur et la profondeur sont insuffisantes (140), ou encore lorsque l'épaisseur des murs cotée au plan est trop faible (141). Les murs sont convertis en tuyaux pour éviter la dépense de tuyaux adossés, et ne présentent plus de parties pleines pour servir de point d'appui aux poutres et faîtages. Les piles et les points d'appui, d'une trop petite section, s'écrasent sous la charge. Les cloisons de distribution ne portent pas d'aplomb les unes sur les autres ou reposent sur le vide. Les chaînages en fer destinés à maintenir l'ensemble du bâtiment présentent des solutions de continuité. Les cheminées des étages supérieurs sont placées sur les planchers, sans point d'appui pour les soutenir, ou encore elles sont adossées à de simples cloisons au lieu d'être appuyées contre des murs (142).

74. — Les vices du plan ne sont pas exclusivement relatifs à la solidité de l'édifice. Un édifice habilement disposé et irréprochablement construit engage néanmoins la responsabilité de l'architecte, s'il empiète sur les terrains voisins (143), s'il n'englobe pas tout le terrain appartenant

---

(140) Frémy-Ligneville et Perriquet, I, nᵒ 108.

(141) Conseil d'État, 5 avril 1851; Lebon, *Arrêts du Conseil*, 1851, p. 239.

(142) Masselin, nᵒˢ 71 et 78-79; Frémy-Ligneville et Perriquet, I, nᵒ 95 *in princ*.

(143) Masselin, nᵒ 234.

au propriétaire, ou s'il est bâti sans observer les servitudes qui grèvent le terrain.

L'architecte doit, avant tout, réclamer au propriétaire le contrat d'acquisition du sol destiné à recevoir des constructions. Il se renseigne ainsi utilement et exactement sur la longueur de la façade et la profondeur du terrain, et il est à même de contrôler les indications de contenance fournies par les géomètres. Il s'assure en même temps des conditions particulières du contrat sur le mode de bâtir, et reconnaît l'existence des servitudes créées. C'est ainsi que les villes, en vendant des terrains, imposent fréquemment des décorations d'un genre déterminé, stipulent la construction d'un hôtel ou d'un bâtiment à deux étages, exigent que l'édifice soit élevé en retrait de l'alignement (144).

75. — Un édifice renferme, enfin, un vice du plan lorsqu'il ne répond pas aux besoins du propriétaire qui l'a fait élever. La responsabilité de l'architecte est certaine, pourvu que la destination des constructions résulte nettement d'un accord exprès ou tacite intervenu avec le propriétaire. Une école destinée à recevoir deux cents élèves ne peut en contenir que cent cinquante. La cour d'un hôtel disposée pour l'entrée et la sortie des voitures est si exiguë que les voitures ne peuvent y tourner. Un propriétaire veut une maison avec de grandes pièces largement éclairées, et la maison ne renferme que des réduits obscurs; il désire une maison distribuée en petits logements à bon marché, et le bâtiment se trouve divisé en grands appartements (145).

(144) Masselin, nos 84-85.
(145) Masselin, no 86.

## B. — Inobservation des Règlements de voirie<br>ou des lois sur le voisinage.

76. — Les architectes et les entrepreneurs ne sont pas uniquement responsables des vices des bâtiments élevés contrairement aux règles de l'art ; ils le sont aussi des infractions aux règlements de police et aux lois sur le voisinage.

La liberté de bâtir qui n'admettrait pas de contrôle et qui permettrait au propriétaire d'édifier des constructions au gré de ses caprices serait une source de désordre et de dangers. Aussi existe-t-il des règles, non seulement pour fixer les rapports du propriétaire avec l'architecte et l'entrepreneur, mais encore pour déterminer les relations de ces derniers avec le public et avec les propriétaires voisins.

Les règlements de police et les lois sur le voisinage se divisent en deux grandes catégories, d'après le but qu'ils poursuivent.

Les uns sont portés en vue d'assurer la longue durée des édifices et gros ouvrages, la commodité, la salubrité et la sécurité des voies de communication, l'embellissement et la régularité des cités..... Tels sont ceux qui concernent les alignements et le nivellement, les saillies, balcons et corniches, la hauteur des maisons, la nature et la dimension des matériaux, le placement des cheminées pour éviter les causes d'incendie, les constructions des fosses d'aisances..... (146).

Les autres sont établis dans l'intérêt du voisinage, pour empêcher les empiétements de propriété ou la gêne et les incommodités entre voisins. On peut en citer comme

______

(146) V. Dalloz, *Code pénal annoté*, sur l'art. 471, p. 959, et *Code des lois administratives annoté*, v<sup>is</sup> *Commune et Voirie*.

exemple les lois qui traitent de la mitoyenneté et des contre-murs (147), des précautions à prendre quand on bâtit contre la propriété d'autrui (148), les vues sur les propriétés voisines (149), l'égout des toits (150).

Tandis que les règles de cette catégorie ne tendent qu'à la protection des intérêts privés, les premières touchent au contraire, en général, à l'intérêt public. La théorie des fins de non-recevoir contre l'action en garantie exercée d'après les articles 1792 et 2270 montrera la raison d'être de cette distinction (151).

Il suffit de faire remarquer pour le moment que l'architecte et l'entrepreneur sont responsables de l'inobservation des règlements de voirie ou des lois sur le voisinage, et tenus en principe, dans tous les cas, de réparer le préjudice qui en résulte pour le propriétaire (152).

77. — On est unanime à reconnaître que l'architecte et l'entrepreneur sont garants de toute infraction aux lois de police et de voisinage, mais il faut déterminer la base de cette responsabilité.

L'action en garantie, dirigée contre l'architecte et l'entre-preneur à cause d'infractions de cette nature, est une suite

(147) Art. 657 et suiv. C. civ.

(148) Art. 674 C. civ. — D'après la *Coutume de Paris,* art. 190 : « Qui veut faire un four..... doit laisser un demi-pied de vide et d'intervalle entre-deux du mur et four ». C'était ce que les anciens jurisconsultes, dans leur langue pittoresque, appelaient le *tour du chat.*

(149) Art. 675 et suiv. C. civ.

(150) Art. 681 C. civ.

(151) V. *infrà,* n° 162.

(152) Guillouard, II, n° 845 ; — Frémy-Ligneville et Perriquet, I, n° 93 ; — Masselin, 81 et 82, 150, 154 ; — Sourdat, I, n° 672 ; — Aubry et Rau, IV, § 374, p. 534 et 535 ; — Troplong, II, n° 1012 ; — Dalloz, *Rép. alph.,* v° *Louage d'ouvrage,* n° 157 ; — Duvergier, t. 2, n° 361.

naturelle du contrat intervenu entre le propriétaire et son constructeur. Est-ce à dire pour cela qu'elle doive être comprise dans le champ d'application des articles 1792 et 2270? C'est l'avis de M. Guillouard, d'après lequel « la formule de l'article 2270 est assez générale pour y faire rentrer tous les faits de l'architecte qui causent un préjudice au propriétaire avec lequel il a traité » (153).

On répond en affirmant que les articles 1792 et 2270 ne concernent que la garantie de la bonne exécution et de la solidité des ouvrages, et que la violation des lois de police et de voisinage réalise un dommage tout à fait indépendant de la bonne exécution et de la durée des travaux (154).

Mais cette réponse ne détruit pas notre solution : en admettant la vérité de son point de départ, qui est une pure affirmation, l'action en garantie échappe, dans notre hypothèse, à l'empire des articles 1792 et 2270; mais elle n'en est pas moins une conséquence directe du contrat intervenu entre le propriétaire et le constructeur. On sait, en effet, que les obligations de l'architecte et de l'entrepreneur ne sont pas contenues exclusivement dans les articles 1792 et 2270 et dans le chapitre *Du louage d'ouvrage;* elles sont encore déterminées par les règles générales des contrats. Or, il suffit de lire les articles 1134 et 1135 pour se convaincre que l'architecte et l'entrepreneur doivent éviter tout acte dont l'effet serait de causer un préjudice au propriétaire, et, en particulier, s'abstenir de toute infraction aux règlements de police et aux lois sur le voisinage.

Quelle serait d'ailleurs, à défaut des articles 1792 et 2270 et des règles générales des contrats, la base de la répons-

(153) Guillouard, II, nº 845.
(154) Aubry et Rau, IV, § 374, p. 534, note 32.

sabilité de l'architecte et de l'entrepreneur? Ce ne peut être les articles 1382 et suivants : on verra plus loin que ces articles sont étrangers à la théorie des contrats et ne peuvent jamais être appliqués dans les rapports de l'un des contractants avec l'autre. Il est certain qu'une infraction aux lois de voisinage permet au voisin d'intenter une action contre le propriétaire, en s'appuyant sur les articles 1382 et suivants, ou contre le constructeur, en invoquant encore l'article 1382. Mais ces articles renferment des dispositions spéciales à la matière des quasi-délits qui ne peuvent servir de fondement à l'action du propriétaire, puisqu'elle est conventionnelle (155).

## § II

78. — D'après ce qui précède, les fautes qui engagent la responsabilité de l'architecte et de l'entrepreneur consistent à méconnaître les règles de l'art par suite de vices de construction, de vices du sol ou de vices du plan. Elles se réalisent encore par la violation des règlements de voirie ou des lois sur le voisinage (156).

Dans ces deux ordres d'hypothèses, l'action en garantie basée sur les articles 1792 et 2270 atteint à la fois l'archi-

---

(155) Guillouard, II, 845 ; — Troplong, II, 1014 ; — Duvergier, t. 2, n° 363. — L'opinion contraire, qui a reçu la sanction de la jurisprudence, est soutenue par M. Laurent (t. 26, n° 64), et par MM. Aubry et Rau (IV, § 374, p. 533, texte et note 31). Les savants éditeurs de Zachariæ professent cependant, à la même page et aux pages précédentes, que les articles 1382 et suivants ne s'appliquent pas aux fautes contractuelles (IV, § 374, notes 21, 24 et 28).

(156) Duvergier, t. 2, n° 362.

tecte et l'entrepreneur, puisque la loi les déclare l'un et l'autre responsables (157). Cela veut-il dire qu'un architecte et un entrepreneur, employés en même temps par le même propriétaire, soient tous deux également responsables de la ruine ou des malfaçons, et passibles au même titre de l'action en garantie ? (158).

La question ne s'accommode point d'une réponse unique et nécessite des distinctions suivant les différentes hypothèses qui peuvent se présenter. Les rôles de l'architecte et de l'entrepreneur sont distincts et susceptibles d'extension ou de réduction, d'après la volonté expresse ou tacite des parties. Mais si les bornes n'en sont invariablement délimitées ni par la loi ni par l'usage, elles présentent cependant une certaine fixité qui permet d'apprécier la responsabilité respective de l'architecte et de l'entrepreneur, et d'en déterminer l'étendue.

79. — Il ne faut pas surtout oublier le point de vue auquel se placent les articles 1792 et 2270 : ces deux textes supposent que la construction est exécutée par un entrepreneur sous la direction d'un architecte, car l'article 1792 dit : « Les architecte et entrepreneur sont responsables », et la formule de l'article 2270 est encore plus explicite. Or, il arrive fréquemment que la construction est l'œuvre d'une seule de ces personnes, soit de l'architecte qui emploie directement des ouvriers sous ses ordres, soit de l'entrepreneur qui offre de dresser lui-même le plan du travail qu'il est appelé à exécuter. L'action en garantie ne peut alors s'égarer et frappe à coup sûr. L'architecte qui se livre à l'entreprise assume la double responsabilité d'architecte et d'entrepreneur, et il en est de même de l'entrepreneur qui usurpe les fonctions d'architecte.

---

(157) Frémy-Ligneville et Perriquet, II, n° 154.
(158) Laurent, t. 26, n° 38 *in princ.*

On doit, par suite, leur appliquer indistinctement toutes les règles de responsabilité qui sont ordinairement spéciales à l'un ou à l'autre.

Toutefois, l'entrepreneur ne doit pas être traité, sur certains points, avec la même rigueur que l'architecte. Il est assurément responsable de tous les vices qui affectent l'édifice. S'il n'a pas les connaissances techniques essentielles pour élever une construction dans son ensemble, c'est à lui de ne pas accepter une tâche au-dessus de ses forces, et de ne pas s'immiscer dans les fonctions de l'architecte (159). Mais le propriétaire qui s'est adressé directement à l'entrepreneur ne peut s'attendre à trouver en lui les connaissances approfondies qui sont propres à l'architecte. Si donc la faute commise n'aurait pu être évitée qu'avec une somme de connaissances qu'on ne rencontre que chez les architectes, le propriétaire devra subir les conséquences de son mauvais calcul d'économie, et l'entrepreneur n'encourra aucune responsabilité.

On arrive ainsi à reconnaître que les vices de construction sont strictement imputables à l'entrepreneur, tandis que les vices d'un plan, pour lequel l'entrepreneur ne reçoit le plus souvent aucun salaire (160), ne font naître contre lui l'action en garantie que s'ils sont grossiers ou facilement reconnaissables, même pour un simple praticien (161).

Cette importante observation étant faite une fois pour toutes, nous raisonnerons désormais en supposant toujours que l'architecte et l'entrepreneur se renferment chacun dans leur rôle, sans sortir de leurs attributions.

---

(159) Frémy-Ligneville et Perriquet, I, n° 124; — Masselin, n° 231.

(160) Guillouard, II, n° 822; — Frémy-Ligneville et Perriquet, I, n° 37. — Cf. Bordeaux, 29 novembre 1848; Dalloz, 1849, 2, 117.

(161) Guillouard, II, 853; Frémy-Ligneville et Perriquet, I, n° 6.

## N° 1. — **Responsabilité de l'architecte.**

80. — La responsabilité de l'architecte varie suivant la mesure dans laquelle il a contribué à la construction. L'architecte peut, en effet, se borner à tracer les plans et devis; il peut aussi diriger les travaux exécutés soit d'après le plan qu'il a dressé, soit d'après un plan fourni par un tiers; il peut simplement surveiller les travaux; les recevoir quand il n'en a pas dirigé l'exécution, et, enfin, régler les mémoires.

81. — A. *Tracé des plans et devis.* — L'architecte est tout naturellement responsable des défauts des plans et devis qu'il fournit, lors même qu'il n'est pas chargé de la direction ou de la réception des travaux. Ce point n'est plus contesté depuis longtemps : c'est en vain que l'architecte voudrait s'affranchir de la garantie, sous le prétexte qu'il n'a pas dirigé les travaux, et que la direction lui aurait permis de découvrir les vices du plan et de les corriger. L'architecte qui dresse un plan est réputé le connaître dans tous ses détails et doit se rendre compte à l'avance des conséquences de chacune des dispositions qu'il adopte (162). La responsabilité de l'architecte reste, d'ailleurs, entière, malgré l'approbation administrative du plan (163).

Pour que l'action en garantie prenne naissance à raison d'un vice du plan, il ne suffit pas que le plan soit l'œuvre de l'architecte; il faut, de plus, qu'il ait été exactement suivi et que les vices dont il est affecté soient de nature à causer à l'édifice de graves dommages. C'est ainsi que la garantie

---

(162) Dijon, 10 juin 1816, et *Req. rej.*, 20 octobre 1817; Dalloz, *Rép. alph.*, v° *Louage d'ouvrage*, n° 159, 1°, et v° *Responsabilité*, n° 208, 1°.

(163) Conseil d'État, 5 avril 1851; Dalloz, 1851, 3, 34, et Lebon, *Arrêts du Conseil*, 1851, p. 316.

décennale ne frappe pas l'auteur d'un plan sur lequel a été élevée une construction irrégulière ou désagréable à l'œil, mais solide et durable (164).

La responsabilité des devis comprend toute indication de matériaux de dimensions trop faibles ou impropres à l'usage auquel ils sont destinés. Cette règle reçoit cependant une exception dans le cas où la faute est le résultat d'une erreur commune : spécialement, l'architecte qui a employé du zinc pour la confection de tuyaux destinés à des conduites d'eau ne peut être déclaré responsable des désordres qui se manifestent peu après, alors que, d'après l'opinion générale au moment de l'établissement des tuyaux, le zinc était considéré, par suite d'une erreur commune, comme très propre à cet usage (165).

L'architecte est encore garant des violations des règlements de police ou des lois sur le voisinage qui résultent des dispositions du plan, car la responsabilité qui pèse, au même point de vue, sur l'entrepreneur, n'affranchit pas l'architecte de ses obligations personnelles (166).

Au contraire, l'architecte qui dresse les plans et devis, sans diriger ni recevoir les travaux, n'assume pas la garantie des vices du sol. Il trace les fondations, sans étudier le sol, et c'est à l'entrepreneur de les asseoir sur un terrain solide.

Il n'est pas davantage responsable de la qualité défectueuse des matériaux et de la mauvaise exécution des ouvrages, puisqu'il ne les dirige pas (167).

---

(164) Frémy-Ligneville et Perriquet, I, n° 97.

(165) Toulouse, 19 février 1835 ; J. Palais, 1837, 1. 64.

(166) Frémy-Ligneville et Perriquet, I, n° 99.

(167) *Req. rej.*, 12 novembre 1844; Sirey, 1845, 1, 180 ; — *Req. rej.*, 5 février 1872 ; Dalloz, 1872, 1, 246 ; — Guillouard, II, n° 850 ; — Frémy-Ligneville et Perriquet, I, n°s 97-100.

82. — B. *Direction des travaux.* — La mission de l'architecte n'est pas seulement de tracer des plans et devis : elle consiste fréquemment à diriger les travaux exécutés par un entrepreneur sur le plan de l'architecte, ou même d'après un plan conçu par un tiers (168).

83. — Si l'architecte a dressé le plan et dirigé les travaux, sa responsabilité est aussi étendue que possible. Elle embrasse d'abord les vices du plan dont il est l'auteur (169), et même les dispositions défectueuses qu'il n'a pas personnellement ordonnées, mais qu'il a laissé introduire par l'entrepreneur; car c'est à lui d'exiger que son plan soit fidèlement suivi.

84. — La responsabilité de l'architecte qui dirige les travaux comprend, en second lieu, les vices du sol qu'il a choisi ou, du moins, accepté (170). Elle ne cesse point lorsque l'architecte a essayé des travaux de consolidation, s'ils sont, par la suite, reconnus insuffisants, ou lorsque le sol n'est pas susceptible de consolidation. En présence d'un mauvais sol, l'architecte, pour s'affranchir de toute garantie, ne doit reculer devant aucune des mesures nécessaires à la consolidation. Si le propriétaire ne consent pas au surcroît de dépenses qui lui est imposé, ou encore si le sol n'est pas susceptible de consolidation, il est d'un architecte prudent d'arrêter les travaux et de réclamer les honoraires qui lui sont dus pour le tracé des plans et le commencement de direction des travaux. Si le propriétaire faisait des difficultés pour s'exécuter, des experts constateraient l'impossibilité de poursuivre les constructions, et les tribunaux condamneraient le propriétaire au

(168) Guillouard, II, n° 849, 2°; — Laurent, t. 26, n° 38 *in princ.*; — Aubry et Rau, IV, § 374, p. 531, texte et note 22.

(169) Conseil d'État, 11 mai 1854; Dalloz, 1854, 3, 61.

(170) Masselin, n⁰ˢ 143-145.

paiement de ce qu'il doit à l'architecte. C'est, en effet, au propriétaire de subir les conséquences des vices d'un sol qu'il fournit et de supporter les dépenses rendues inutiles par la mauvaise qualité de son terrain. Il en est ainsi lors même que le sol non susceptible de consolidation est fourni par l'entrepreneur : l'architecte a, néanmoins, le droit de réclamer ses honoraires au propriétaire auquel il a fourni ses services, sauf pour celui-ci le droit de recourir contre l'entrepreneur (171).

85. — La garantie due par l'architecte qui dirige les travaux s'étend encore aux vices de construction : il ne pourrait s'en décharger sous le prétexte que, s'il est responsable des mauvaises dispositions des plans et devis qui sont son œuvre, les vices de construction, étant le fait de l'entrepreneur, doivent peser exclusivement sur ce dernier. En raisonnant ainsi, il ferait abstraction des devoirs que lui impose la direction des travaux; cette direction élargit considérablement le cercle de sa responsabilité et a pour but principal précisément de prévenir les vices de construction. Vainement l'architecte opposerait-il l'impossibilité matérielle de surveiller tous les jours, et à chaque instant du jour, des centaines d'ouvriers, car l'entrepreneur serait aussi bien fondé à alléguer la même excuse. C'est à lui, s'il le juge utile, d'accréditer sur le chantier des inspecteurs et des piqueurs, et de se faire remplacer par un confrère en cas d'absence ou de maladie (172).

L'architecte répond, par conséquent, des vices des matériaux, du moins lorsqu'il est possible de les découvrir. Si, par exemple, les matériaux sont totalement défectueux ou

(171) Frémy-Ligneville et Perriquet, I, nᵒˢ 101-106.
(172) Masselin, nᵒ 82.

visiblement différents de ceux qui étaient prévus au devis, si l'entrepreneur emploie des bois de démolition à la place de bois neufs....., l'architecte est responsable. Il doit, en effet, visiter les matériaux avant d'en autoriser l'emploi, et, spécialement, se renseigner sur la provenance des bois et constater qu'ils remplissent les conditions requises pour un bon usage (173).

La jurisprudence s'inspire beaucoup des circonstances pour apprécier la responsabilité de l'architecte qui dirige les travaux, et elle atténue dans l'application la rigueur des principes. Il est du devoir de l'architecte, dit un arrêt de la Cour de Paris, d'examiner si les matériaux préparés sont de bonne qualité; mais le temps considérable qui serait nécessaire pour passer en revue toutes les espèces de matériaux, les expériences multiples qu'il faudrait faire pour éprouver les pierres, les bois, les fers, les mortiers, exigeraient un degré de surveillance qu'un architecte ne peut pas donner et que les propriétaires n'ont pas le droit d'exiger. Il en résulte, entre autres conséquences, que l'architecte ne doit pas la garantie des vices des matériaux lorsque ces vices sont cachés et n'ont pu être découverts malgré une consciencieuse vérification (174). De même, la responsabilité de l'architecte est fortement diminuée si le propriétaire exige que les travaux soient exécutés avec une célérité et une précipitation exceptionnelles (175).

(173) Lepage, II, p. 47; — Masselin, n^os 104, 114, 121; — Pau, 13 mars 1845; Dalloz, 1845, 2, 124; — Conseil d'État, 11 mai 1870; Lebon, *Arrêts du Conseil*, 1870, p. 570.

(174) Paris, 3 mars 1845; Sirey, 1845, 2, 408; — *Req. rej.*, 12 novembre 1844; Dalloz, *Rép. alph.*, v° *Louage d'ouvrage*, n° 138, et Sirey, 1845, 1, 180; — Frémy-Lignevile, I, n° 109; — Masselin, n° 103.

(175) Masselin, n° 105.

86. — L'architecte, en sa qualité de directeur des travaux, répond non seulement des vices des travaux, mais encore de la mauvaise exécution des ouvrages. La mise en œuvre rentre, sans doute, dans les attributions spéciales de l'entrepreneur qui construit en personne, qui adapte et emploie les matériaux : c'est à lui, par suite, qu'est directement imputable la mauvaise exécution des ouvrages. Mais l'architecte n'est pas moins responsable des vices d'exécution, parce que la direction des travaux dont il s'est chargé l'oblige à surveiller la mise en œuvre des matériaux et à prévenir les malfaçons. Lorsqu'il s'aperçoit que l'exécution des ouvrages laisse gravement à désirer, comme lorsqu'il reconnaît que les matériaux employés sont de qualité inférieure, il doit faire démolir, puis reconstruire aux frais de l'entrepreneur (176). Si, au contraire, il ferme les yeux sur une exécution vicieuse au point de compromettre la solidité de l'édifice, il manque à son devoir de surveillance générale, et cette faute engage sa responsabilité (177). Cette responsabilité, toutefois, n'est pas absolue, et ne peut atteindre l'architecte s'il a exercé convenablement la surveillance dont il est tenu, et s'il a donné les ordres ou pris les mesures nécessaires pour empêcher les malfaçons (178).

87. — L'architecte qui dirige les travaux est, enfin, tenu de toute violation des règlements de police ou des lois sur le voisinage, lors même qu'elle ne résulte pas des dispo-

(176) Conseil d'État, 7 et 21 juillet 1853 ; Sirey, 1854, 3, 222 et 277, et Dalloz, 1854, 3, 9 ; — Conseil d'État, 9 mars 1854 ; Dalloz, 1854, 3, 61.

(177) Paris, 17 novembre 1849 ; Dalloz, 1850, 2, 206, et *Rép. alph.*, v° *Louage d'ouvrage*, n° 159, 5°. — V. *Observ.*, Dalloz, 1854, 3, 9, note 3.

(178) *Req. rej.*, 12 novembre 1844, *suprà*, note 174 ; — Sourdat, I, n° 674 *in princ.*; — Frémy-Ligneville et Perriquet, 1, 110.

sitions du plan, car il aurait dû la signaler et la faire disparaître au moment où elle s'est produite (179).

88. — Si l'architecte dirige le plus souvent des travaux sur le plan qu'il a tracé, il peut aussi accepter la direction de travaux exécutés d'après le plan conçu par un tiers. Sa responsabilité ne diffère alors en rien de celle dont il est tenu quand il a lui-même fourni le plan. En faisant exécuter les travaux qu'il dirige sur le plan d'un autre architecte ou sur le plan et les indications du propriétaire, il se les approprie et doit en rectifier les erreurs. S'il entre dans son rôle de dresser des plans, il est également de son devoir de n'adopter ceux qui lui sont proposés que lorsqu'ils sont réguliers. L'architecte qui fait exécuter des plans défectueux ne peut donc alléguer comme excuse qu'ils sont l'œuvre d'autrui (180).

89. — c. *Surveillance des travaux.* — La mission de surveiller les travaux fait peser sur l'architecte une responsabilité beaucoup moins étendue que la charge de les diriger. L'architecte n'a plus à donner des ordres directs à l'entrepreneur et à lui dicter ses volontés : son rôle se borne à constater la manière dont s'exécute le travail et à signaler au propriétaire les défauts ou les malfaçons qu'il découvre. Ses obligations diminuent dans la même mesure que ses droits, et il est libéré de la garantie dans bien des cas où la direction des travaux engagerait sa responsabilité. Il n'est

---

(179) Bordeaux, 21 avril 1864; Dalloz, 1865, 2, 39; — Frémy-Ligneville et Perriquet, 1, n° 111.

(180) Guillouard, II, n° 851; — Frémy-Ligneville et Perriquet, I, n°s 96 et 102; — Masselin, n°s 72 et 94; — Bourges, 13 août 1841; Dalloz, *Rép. alph.*, v° *Louage d'ouvrage*, n° 143, 1°; — Paris, 11 janvier 1845 et 11 novembre 1849; Dalloz, 1850, 2, 206.

tenu que d'inspecter avec soin l'exécution des ouvrages, et s'il accomplit convenablement cette tâche, il ne peut être inquiété à raison des vices de construction qui ont échappé à son examen.

A plus forte raison, les vices d'un bâtiment ne font-ils encourir aucune responsabilité à l'architecte lorsqu'il n'a été prié de suivre les travaux qu'en vue de vérifier leur état d'avancement et de déclarer l'exigibilité de paiements à compte stipulés dans le marché (181).

90. — D. *Vérification et réception des travaux.* — Après l'achèvement des travaux, l'architecte qui les a dirigés doit les vérifier et les recevoir, sans que sa responsabilité soit accrue ou amoindrie de ce chef.

Il peut également être chargé de vérifier et de recevoir les travaux exécutés par un entrepreneur sans direction d'architecte. Dans cette hypothèse, comme il n'a concouru à la construction ni par le tracé des plans, ni par la direction ou la surveillance des travaux, les précédentes règles de responsabilité ne lui sont point applicables, mais il est obligé d'avertir le propriétaire des défauts et des malfaçons qu'il aperçoit, et découvrir les vices apparents qui ne doivent pas échapper à ses connaissances professionnelles. S'il passe outre et accepte les travaux, il est tenu d'indemniser le propriétaire de tout le préjudice causé par son inexpérience ou sa négligence (182).

91. — E. *Règlement des mémoires.* — Les mémoires de

---

(181) *Req. rej.*, 18 décembre 1839; Dalloz, *Rép. alph.*, v° *Louage d'ouvrage*, n° 147, 2°, et Sirey, 1840, I, 254; Frémy-Ligneville et Perriquet, I, n°s 115-117. — Cf. Masselin, n° 103, 2° et 3°.

(182) Guillouard, II, n° 852; — Frémy-Ligneville et Perriquet, I, n° 118. — Cf. Laurent. t. 26, n° 40.

l'entrepreneur ne sont susceptibles d'entraîner un règlement qu'après la vérification et la réception des travaux : il serait bien inutile de chercher à établir avec précision les prix d'ouvrages trop défectueux pour être agréés par le propriétaire.

L'architecte appelé à régler les mémoires a pour unique mission de reconnaître l'exigibilité des prix portés par l'entrepreneur. Il apprécie la quantité et la qualité des matériaux, la valeur de la main-d'œuvre, et n'est responsable que s'il accorde à l'entrepreneur des prix exagérés ou correspondant à des fournitures ou à des travaux imaginaires (183).

## N° 2. — **Responsabilité de l'entrepreneur.**

92. — On sait que le rôle de l'entrepreneur consiste à exécuter des travaux sur un plan qui lui est donné, et, le plus souvent, sous la direction d'un architecte : il choisit les matériaux, fournit la main-d'œuvre, et, d'une façon générale, prend toutes les mesures nécessaires pour mener à bien les constructions. Ces attributions spéciales doivent servir de mesure pour apprécier la responsabilité de l'entrepreneur et en déterminer l'étendue.

### A. — Violation des règles de l'art.

93. — A. *Vices de construction.* — S'il appartient à l'architecte de tracer les plans et de diriger les travaux, la mission propre de l'entrepreneur est de les exécuter par la fourniture et la mise en œuvre des matériaux. Il est chargé de choisir les matériaux, puis de les façonner comme il convient, en

(183) Frémy-Ligneville et Perriquet, I, n° 118.

vue de l'usage qui leur est assigné dans l'ensemble du bâtiment. Par suite, les vices de construction engagent pleinement sa responsabilité.

94. — Si les matériaux employés présentent des défauts,
le propriétaire est fondé à reprocher à l'entrepreneur de ne
pas les avoir examinés, ou d'en avoir mal apprécié la nature
et la qualité. Le bon choix des matériaux étant une des
conditions essentielles à la durée des constructions, les principes de la responsabilité de l'entrepreneur doivent être
sévèrement appliqués sur ce point. D'ailleurs, ainsi que le
remarque Lepage (184), c'est particulièrement dans la fourniture et l'emploi des matériaux que s'exerce avec le plus de
succès l'industrie des entrepreneurs qui cherchent à tromper.

L'action en garantie est recevable lors même que les
vices des matériaux étaient apparents au jour de leur emploi.
On ne saurait invoquer ici l'article 1642 du Code civil, et
tirer argument du silence du propriétaire, parce qu'il ne peut
être considéré comme acheteur des matériaux. Le contrat
intervenu entre le propriétaire et l'entrepreneur ne porte pas
sur des matériaux bruts, mais sur des matériaux ouvrés,
agencés et formant une construction. Le propriétaire s'est
donc, à bon droit, reposé sur l'entrepreneur pour le choix
des matériaux : peu importe qu'il n'ait pas protesté au
moment de leur emploi, car cet emploi ne suppose même
pas une réception de sa part, et son abstention ne le prive
pas de son recours.

La responsabilité de l'entrepreneur ne disparaît pas davantage lorsque l'architecte qui dirige les ouvrages a vérifié
les matériaux défectueux et en a autorisé l'emploi. L'acceptation de l'architecte ne supprime pas la faute de l'entre-

(184) II, p. 47.

preneur et n'a d'autre effet que d'engager la responsabilité de l'architecte lui-même.

95. — Il survient parfois des désordres, bien que les indications du plan ou les ordres de l'architecte relatifs à la nature et à la qualité des matériaux aient été fidèlement suivis, parce que l'architecte a prévu des matériaux de qualité insuffisante, de dimensions trop faibles ou de nature impropre à l'usage auquel ils sont destinés. Faut-il maintenir la responsabilité de l'entrepreneur, sauf à lui permettre d'exercer un recours contre l'architecte? L'obéissance de l'entrepreneur ne doit, sans doute, pas être aveugle, car « on n'est jamais tenu d'obéir à un supérieur qui commande ce que les lois défendent, et, par conséquent, ce qui est contraire aux règles de l'art de la construction » (185). Si donc l'emploi des matériaux indiqués par le plan ne peut manquer. d'entraîner fatalement des vices de construction, un entrepreneur prudent refusera de poursuivre les travaux (186). Mais, en pratique, l'entrepreneur n'est guère forcé d'en venir à cette extrémité, parce qu'elle implique de la part de l'architecte une rare inexpérience. S'il arrive souvent que le projet de l'architecte mérite quelques critiques, il est rare que les défauts en soient grossiers et essentiels. Aussi, le devoir de l'entrepreneur est de se conformer, sauf des hypothèses bien peu fréquentes, aux indications du plan ou aux ordres de l'architecte. C'est d'abord l'intérêt bien entendu du propriétaire, qui exige l'établissement d'une hiérarchie entre les personnes concourant à la construction des édifices. De plus, l'entrepreneur a pu être induit en erreur par les fausses indications du plan ou par les ordres de l'architecte, en qui

(185) Lepage, II, p. 324.
(186) Masselin, nos 98-101.

il a confiance. On ne peut, dès lors, lui imposer la garantie d'une faute dont l'architecte est seul coupable. C'est ce qu'a décidé le Conseil d'État (187) dans une affaire où il était démontré que les fléchissements des bois de charpente avaient pour cause l'insuffisance des dimensions portées au devis (188).

96. — L'entrepreneur répond des vices des matériaux, même lorsqu'ils sont fournis par le propriétaire. Celui-ci ne connaît pas, en effet, la valeur de ses matériaux : s'il les propose, c'est avec la pensée de les soumettre à l'appréciation de l'entrepreneur, qui a seul les connaissances techniques essentielles pour les bien juger. Le devoir de l'entrepreneur est donc de refuser toujours les mauvais matériaux, parce qu'en les employant il compromettrait la solidité de l'édifice et la sûreté publique. Il n'a plus à respecter les ordres d'un supérieur, comme dans le cas précédent, et la pleine liberté dont il jouit amène à conclure qu'il est pleinement responsable. Si donc la faiblesse des bois employés entraîne des tassements et des affaissements dans les étages supérieurs d'une maison, l'entrepreneur ne peut alléguer comme excuse que le propriétaire a lui-même fourni du bois de sapin, par raison d'économie (189), car il est tenu, dans un intérêt d'ordre public, de garantir la solidité des constructions et d'observer les règles de l'art de bâtir (190).

(187) 11 mai 1854 ; Dalloz, 1854, 3, 61.

(188) Guillouard, II, n° 854 ; — Frémy-Ligneville et Perriquet, I, n° 134 ; — Paris, 17 novembre 1849 ; Dalloz, 1850, 2, 206 ; — Rennes, 9 avril 1870 ; Dalloz, 1872, 2, 110 ; — Conseil d'État, 5 février 1857 ; Dalloz, 1858, 3, 45.

(189) Paris, 9 juin 1853 ; Dalloz, 1855, 2, 321.

(190) Frémy-Ligneville et Perriquet, I, n° 134 *in fine* ; — Masselin, n°ˢ 108-110 ; — Laurent, t. 26, n° 35. — Cf. Duranton, XVII, n° 256 ;

97. — Si l'entrepreneur répond des vices des matériaux, à plus forte raison est-il tenu des vices d'exécution qu'il est mieux encore en son pouvoir d'empêcher ou de réparer. C'est à lui qu'incombe le soin de régler le mode d'emploi des matériaux et les procédés de mise en œuvre, et il est rarement admis à rejeter sur l'architecte les conséquences de fautes de ce genre, parce qu'elles lui sont personnelles. Les menus détails d'exécution composent son domaine exclusif, sur lequel l'architecte ne songe pas à empiéter.

La garantie continue de peser sur l'entrepreneur même pour les travaux qui sortent de sa spécialité, car il est imprudent de se charger des œuvres qui dépassent les bornes de sa capacité professionnelle (191). Cette règle reçoit cependant exception lorsque l'entrepreneur emploie des matériaux dont il n'a pas l'habitude, sur l'ordre exprès de l'architecte directeur des travaux (192). L'architecte connaît les moyens d'utiliser ces matériaux, et puisqu'il en ordonne l'usage, il doit fournir à l'entrepreneur les renseignements qui lui sont indispensables (193).

98. — B. *Vices du sol.* — Tandis que les vices de construction sont spécialement imputables à l'entrepreneur, et n'engagent qu'indirectement la responsabilité de l'architecte qui a dirigé les travaux, les vices du sol font indifféremment peser la garantie décennale sur l'architecte et l'entrepreneur.

— Aix, 18 janvier 1841, Droit du 12 juin 1853 ; — Civ. Cass., 19 mai 1851 ; Dalloz, 1851, 1, 138 ; — Conseil d'État, 2 août 1851 ; Lebon, *Arrêts du Conseil,* 1851, p. 576 ; — Pau, 13 mars 1845 ; Dalloz, 1845, 2, 124 (La Cour de Pau a le tort de faire intervenir l'art. 1382).

(191) Tribunal de commerce de la Seine, 4 septembre 1862 ; Dalloz, 1863, 3, 80.

(192) Lyon, 6 juin 1874 ; Dalloz, 1875, 2, 119.

(193) Guillouard, II, n° 854 ; — Frémy-Ligneville et Perriquet, I, n° 135.

Le premier soin de l'entrepreneur, lorsqu'il est chargé de l'exécution d'un bâtiment, est d'en établir les fondations et de lui donner de solides assises. Il est donc appelé, aussi bien que l'architecte, à reconnaître l'état du sol et à en apprécier la valeur. Il doit, par conséquent, se concerter avec l'architecte pour déterminer la profondeur des fondations et les pousser jusqu'à une couche de terrain résistante, ou encore pour prendre les mesures indispensables à la consolidation du sol. Cette double responsabilité de l'architecte et de l'entrepreneur tend à sauvegarder la sûreté publique, qui est si fort intéressée à la solidité des édifices. Les vices du sol et l'insuffisance des fondations constituent donc en faute l'architecte et l'entrepreneur, celui-ci parce qu'il a mal établi les bases de la construction, et celui-là parce qu'il a laissé commettre par l'entrepreneur une faute qu'il aurait dû rectifier. Voilà pourquoi l'article 1792 déclare l'architecte et l'entrepreneur également responsables des vices du sol (194).

99. — Il est possible que l'entrepreneur ne partage pas l'avis de l'architecte sur la valeur du terrain : il juge à propos de faire des travaux de consolidation qui paraissent superflus à l'architecte, ou bien déclare inutiles des mesures que l'architecte considère comme indispensables. Il ne faut pas songer, en cette occurrence, à trancher souverainement le débat par un appel à la volonté du propriétaire, car celui-ci, étant étranger à l'art de bâtir, ne modifierait en rien l'étendue de la responsabilité de l'entrepreneur en le dispensant de la façon la plus expresse de la consolidation du sol.

---

(194) Frémy-Ligneville et Perriquet, I, n° 126 *in princ.*

On est amené, pour déterminer la responsabilité de l'entrepreneur dans cette hypothèse, à distinguer suivant que le marché a été conclu à prix fait ou que le prix doit être déterminé d'après la nature et l'importance des travaux.

100. — Si le prix des travaux doit être déterminé d'après leur nature et leur importance, les frais de consolidation du sol sont à la charge du propriétaire. Si donc l'entrepreneur veut consolider un terrain que l'architecte juge assez solide pour recevoir les fondements d'un édifice, il doit obtenir le consentement du propriétaire au surcroît de dépense prévu. Si le propriétaire refuse et préfère se ranger à l'avis de son architecte, l'entrepreneur ne met sa responsabilité à couvert qu'en se procurant un ordre écrit de l'architecte ou en provoquant une expertise.

Encore le premier parti ne semble-t-il pas exempt de tout danger pour l'entrepreneur, en cas d'insolvabilité de l'architecte. On comprendrait que l'ordre de l'architecte fût suffisant pour libérer l'entrepreneur de toute garantie, car l'intérêt public est sauvegardé par la responsabilité de l'architecte. Mais l'article 1792 fournit au propriétaire une arme à deux tranchants : « Si l'édifice..... périt..... par le vice du sol, les architecte et entrepreneur en sont responsables..... » Le propriétaire pourra donc toujours intenter son action en garantie, non seulement contre l'architecte, mais encore contre l'entrepreneur. Si, au contraire, l'entrepreneur fait nommer des experts, il n'a plus à craindre dans l'avenir le recours du propriétaire. Il n'est pas responsable, même de la chute de l'édifice survenue par suite des vices du sol, si le tribunal, sur le rapport des experts, conclut au bon état du terrain et à l'inutilité de la consolidation proposée. Il n'est pas tenu davantage, si les experts constatent la nécessité de la consolidation et ordonnent des travaux dont le tribunal condamne le propriétaire à supporter les frais. L'unique voie ouverte au propriétaire pour échapper au surcroît de dépense dont il est menacé dans cette dernière alternative est d'invoquer l'article 1794 et de résilier le marché, par sa seule volonté, en dédommageant l'entrepreneur des frais qu'il a déjà faits et de la perte des gains qu'il aurait réalisés dans l'entreprise.

101. — Si le marché a été conclu à forfait, les dépenses de consolidation sont à la charge de l'entrepreneur qui s'est obligé à livrer la construction terminée, pour un prix invariablement fixé d'avance, quels que soient le nombre et la durée des travaux. La seule hypothèse où se conçoivent des difficultés est celle où l'entrepreneur refuse de prendre des mesures de consolidation que l'architecte croit indispensables. Le propriétaire provoquera à son tour une expertise qui fera connaître les travaux de consolidation nécessaires, et le tribunal, s'il y a lieu, en imposera l'exécution à l'entrepreneur (195).

102. — Toutefois, si les travaux de consolidation sont considérables et promettent d'entraîner des dépenses tout à fait en dehors des prévisions des parties, les tribunaux ont la faculté d'annuler le marché pour cause d'erreur (art. 1109, 1110, 1117 C. civ.) (196).

Le marché doit, à plus forte raison, disparaître si le sol n'est pas susceptible de consolidation, car le contrat a en réalité pour objet une chose impossible. L'entrepreneur a cependant le droit d'exiger le paiement des ouvrages qu'il a déjà exécutés, car c'est au propriétaire qui a fourni un

(195) Frémy-Ligneville et Perriquet, I, nᵒˢ 128-130.
(196) Frémy-Ligneville et Perriquet, I, nᵒ 26.

mauvais terrain d'en subir les conséquences fâcheuses (197).

103. — Nous avons raisonné jusqu'ici en vue de l'hypothèse où l'entrepreneur est chargé de l'ensemble des travaux d'une construction, en y comprenant même les fouilles faites pour rencontrer une couche de terrain solide ou pour reconnaître les travaux de consolidation nécessaires. Il est possible que les fouilles, les terrassements et autres opérations préliminaires aient été accomplis par des ouvriers sous la direction de l'architecte lui-même. Si l'entrepreneur, au moment où il commence à construire, trouve le terrain tout préparé pour recevoir les fondations, est-il encore responsable des vices du sol ?

Il semble bien que l'entrepreneur doive être mis hors de cause, car la préparation du sol a été faite sans son concours par des mains étrangères. C'est l'architecte qui a accompli les fouilles et cherché les couches résistantes : c'est donc lui qui est en faute de n'avoir pas extirpé tous les vices du sol. L'entrepreneur a été chargé de construire sur un terrain spécialement préparé par un architecte, et lorsqu'il a reçu de lui l'ordre d'établir les fondations, il n'a pas eu à étudier l'état du sol, dont les vices ne peuvent, par conséquent, l'exposer à une action du propriétaire.

Peu importe le principe en vertu duquel le constructeur est tenu de garantir la solidité des édifices dans un intérêt d'ordre public! Ce que veut la loi, afin de sauvegarder la sûreté de tous, c'est que la faute du constructeur engage sa responsabilité durant dix ans après la réception des travaux.. Or, dans l'espèce, l'architecte est en faute, et la garantie dont il est tenu protège suffisamment l'intérêt social, en même temps que celui du propriétaire. L'ordre public n'est donc pas en jeu, et il n'y a pas lieu de faire retomber sur

(197) Frémy-Ligneville et Perriquet, I, n° 131.

l'entrepreneur les conséquences d'une faute qui n'est pas la sienne (198).

104. — c. *Vices du plan.* — Tandis que l'entrepreneur est principalement tenu des vices de construction et doit, de concert avec l'architecte, la garantie des vices du sol, il n'est pas, en principe, responsable des vices du plan. L'architecte est la tête qui conçoit, l'entrepreneur, le bras qui exécute : le rôle du second est de suivre le plan tracé par le premier, et non de le critiquer. En conséquence, l'entrepreneur qui travaille sur le plan et sous la direction d'un architecte est passible d'un recours en garantie s'il introduit dans le plan les plus légères modifications sans un ordre ou au moins une autorisation. En revanche, il est à couvert lorsqu'il se conforme exactement au plan qui doit lui servir de guide, et ne peut être inquiété à cause des dispositions vicieuses qu'il renferme (199).

On objecte que l'entrepreneur est en faute d'exécuter un plan vicieux, et qu'il manque à tous les devoirs d'un bon entrepreneur en construisant avec la certitude ou la probabilité que l'édifice s'écroulera. On en conclut qu'il appartient aux tribunaux de décider, en fait, si l'entrepreneur est en faute (200).

---

(198) Frémy-Ligneville et Perriquet, I, no 127 ; Masselin, nos 64, 136-142, 146 ; — Rennes, 9 avril 1870 ; Dalloz, 1872, 2, 110 (très important) ; — Conseil d'État, 25 juillet 1872 ; Dalloz, 1873, 3, 54.

(199) Frémy-Ligneville et Perriquet, I, nos 120 et 121 ; — Masselin, nos 75 et 76 ; — Sourdat, t. 1, no 674 *bis;* — Paris, 11 janvier 1845 ; J. Palais, 1845, 1, 130 ; — Paris, 17 novembre 1849 ; Dalloz, 1850, 2, 206, et *Rép. alph.,* vo *Louage d'ouvrage,* no 159, 4o ; — Paris, 29 avril 1864 ; Sirey, 1864, 2, 153 ; — Rennes, 9 avril 1870 ; Dalloz, 1872, 2, 110 ; — Conseil d'État, 11 mai 1854 ; Dalloz, 1854, 3, 61 ; — Conseil d'État, 5 février 1857 ; Lebon, *Arrêts du Conseil,* 1857, p. 59.

(200) Laurent, nos 38 *in medio* et 42.

Mais n'est-ce pas faire sortir l'entrepreneur de ses attributions que de le contraindre à se constituer juge du plan? N'est-ce pas le pousser à des critiques souvent injustifiées et parfois malveillantes, et faire naître une source de conflits funestes à la bonne exécution des travaux? En voulant trop protéger le propriétaire, on l'expose à se trouver pris entre l'architecte et l'entrepreneur, dont les dissentiments ne sont pas de nature à profiter à ses intérêts, et la sûreté publique est exposée à en souffrir.

La Cour de Dijon propose une distinction qui paraît très équitable en théorie. Elle reconnaît, en thèse générale, que l'entrepreneur n'est pas responsable des vices du plan, mais ce principe reçoit exception toutes les fois que le plan offre « des vices apparents, contraires aux règles de l'art, qu'un ouvrier n'est pas censé ignorer » (201). Cette restriction mérite-t-elle réellement l'importance qu'on lui a accordée? La Cour de Dijon, immédiatement après l'avoir établie, a renvoyé l'entrepreneur des fins de la poursuite, en décidant que le plan ne contenait pas de vices grossiers. De même, la Cour de Rennes a déchargé un entrepreneur de toute garantie à raison des vices du plan, en s'appuyant sur les circonstances de la cause (202). Il sera bien rare, en premier lieu, que le plan livré par l'architecte soit assez mal conçu pour permettre à l'entrepreneur de se récrier et de prétendre qu'il est de son devoir de ne pas l'exécuter. Puis, comment apprécier si les vices du plan sont assez frappants pour engager la responsabilité de l'entrepreneur? Où trouver la mesure de cette appréciation et découvrir un criterium cer-

---

(201) Dijon, 10 janvier 1816; Dalloz, *Rép. alph.*, vº *Louage d'ouvrage*, nº 159, 1º.

(202) Rennes, 9 avril 1870; Dalloz, 1872, 2, 110.

tain? Si l'entrepreneur est soumis à la garantie des vices apparents, il craindra non sans raison d'engager sa responsabilité. Les moindres imperfections du plan prendront, à ses yeux, les proportions de vices grossiers, et sa résistance aux ordres de l'architecte tournera au détriment de la bonne exécution des travaux. Il est donc préférable d'affranchir de la garantie des vices du plan l'entrepreneur qui se conforme exactement aux indications et aux ordres de l'architecte directeur des travaux. Ce serait seulement dans l'hypothèse d'une mauvaise foi constante et démontrée qu'il serait vrai de reprocher à l'entrepreneur d'avoir trahi son devoir, et possible de faire peser sur lui la responsabilité des vices du plan (203).

105. — Faut-il maintenir cette règle lorsque l'entrepreneur travaille sur le plan de l'architecte, sans en recevoir aucune instruction ? L'architecte qui ne dirige pas l'exécution de son plan n'a plus l'avantage de pouvoir en corriger les défauts au moment où l'application les lui révèle. Mais il n'en est pas moins pleinement responsable, parce qu'il est censé pouvoir se rendre compte à l'avance de chacune des dispositions du plan qu'il adopte (204). C'est donc à lui que le propriétaire doit s'adresser pour obtenir la réparation du dommage causé par des vices du plan.

Quant à l'entrepreneur, il reçoit la mission d'élever un bâtiment sur le plan tracé par un architecte, et il se soumet, en signant le marché, à réaliser exactement le projet qui lui est remis. S'il se produit des accidents, par suite des mauvaises dispositions arrêtées par l'architecte, il suffit à l'entrepreneur

______

(203) Comparer, en sens complètement opposés : Laurent, t. 26, nº 42, et Frémy-Ligneville et Perriquet, I, nº 122.

(204) V. *supra,* nº 81 et note 162.

de démontrer qu'il s'en est fidèlement tenu aux indications du plan, pour être mis hors de cause.

La Cour de cassation incline à une sévérité plus grande lorsque l'entrepreneur n'est pas soumis à la direction d'un architecte : elle a déclaré responsable un entrepreneur qui avait accepté sans réserve d'exécuter des travaux d'après un plan fourni par un architecte, en alléguant que l'entrepreneur s'était approprié le plan (205). Il ne faudrait pas aller bien loin dans cette voie pour confondre l'entrepreneur avec l'architecte. Il est vrai que l'architecte s'approprie un plan dès qu'il le fait exécuter. S'il entre, en effet, dans son rôle de dresser des plans, il lui appartient aussi de n'adopter les plans qui lui sont proposés que lorsqu'ils sont bien conçus (206). Mais l'entrepreneur qui se renferme dans ses attributions, sans s'immiscer en rien dans celles de l'architecte, ne s'offre pas plus au public comme correcteur des projets qu'il doit exécuter que comme créateur de plans, et il ne faut pas en faire un architecte malgré lui (207).

106. — Le propriétaire lui-même dresse parfois le plan de la construction qu'il veut faire exécuter par un entrepreneur. S'il exerce ou a exercé la profession d'architecte, il est évident que l'entrepreneur ne répond pas des vices du plan; car le propriétaire ne perd pas sa qualité d'architecte, parce qu'il use de ses connaissances techniques dans son propre intérêt (208).

La solution contraire est universellement admise lorsque

---

(205) *Req. rej.*, 11 mars 1839; Dalloz, 1839, 1, 105.

(206) V. *supra*, n° 88 et note 180.

(207) Frémy-Ligneville et Perriquet, I, n° 123.

(208) Masselin, n° 231 ; — *Req. rej.*, 4 juillet 1838; Sirey, 1838, 1, 726, et Dalloz, *Rép. alph.*, v° *Louage d'ouvrage*, n° 145, 1° ; — Cf. Paris, 12 février 1848; Dalloz, 1848, 2, 64.

le propriétaire est étranger aux règles des constructions. L'entrepreneur doit, en tous points, se conformer aux règles de l'art, sans tenir compte des mauvaises dispositions adoptées par le propriétaire : celui-ci ne propose son plan qu'avec la pensée de prendre l'avis de l'entrepreneur, en qui il a placé sa confiance. Il appartient donc à l'entrepreneur de corriger les indications défectueuses du plan, et même de refuser de le mettre à exécution, si le propriétaire s'obstine à maintenir intégralement son projet primitif (209).

107. — B. Inobservation des règlements de police ou des lois sur le voisinage. — L'entrepreneur répond, au même titre que l'architecte, de l'inobservation des règlements de police ou des lois sur le voisinage, dont la connaissance est essentielle à l'exercice de sa profession (210). Ce principe s'applique sans distinguer si l'entrepreneur travaille sur le plan et sous la direction d'un architecte, ou s'il agit d'après ses inspirations personnelles et sans aucun contrôle.

Il est vrai que, dans le premier cas, l'entrepreneur peut se trouver responsable d'infractions aux règlements de police ou aux lois sur le voisinage qui résultent du plan ou des ordres de l'architecte. Or, l'entrepreneur ne peut modifier ni le plan ni les instructions de l'architecte sans sortir de

(209) Frémy-Ligneville et Perriquet, I, n° 124 ; — Masselin, n° 231 ; — Laurent, t. 26, n° 52 ; — Bourges, 13 août 1841 ; J. Palais, 1842, 2, 75, et Dalloz, *Rép. alph.*, v° *Louage d'ouvrage*, n° 143, 1° ; — Paris, 17 novembre 1849 ; Dalloz, 1850, 2, 206 ; — Civ. Cass., 19 mai 1851 ; Dalloz, 1851, 1, 138 ; — Bastia, 7 mars 1854 ; Dalloz, 1854, 2, 117 ; — Paris, 5 mars 1863 ; Sirey, 1863, 2, 92, et Dalloz, 1863, 5, 239 ; — Bordeaux, 21 avril 1864 ; Dalloz, 1865, 2, 39 ; — *Req. rej.*, 5 février 1872 ; Dalloz, 72, 1, 246.

(210) Metz, 30 novembre 1865 ; Dalloz, 1866, 5, 294 ; — Masselin, n° 65.

son rôle et engager sa responsabilité. Si donc l'architecte est seul à répondre des défauts de construction qui sont la conséquence directe des vices du plan, comment n'est-il pas encore seul responsable de la violation des lois et règlements qui tient aux vices du plan? (211).

Lepage répond que les lois de police sont portées dans un intérêt public, et qu'il n'est permis à personne de les enfreindre (212). Mais c'est aussi dans un intérêt public qu'est organisée la garantie des vices de construction, et cependant elle retombe uniquement sur l'architecte lorsque l'accident est une suite des mauvaises combinaisons du plan.

La vraie raison de la différence apparaît, si on se rappelle le motif de décider que l'entrepreneur n'est pas tenu des vices du plan. L'architecte est chargé de concevoir le plan, et l'entrepreneur de l'exécuter. Rendre ce dernier responsable des vices du plan, même apparents et grossiers, ce serait faire naître des luttes incessantes entre l'architecte et l'entrepreneur, parce que la détermination des vices d'un plan est loin de présenter la certitude d'un calcul mathématique, et que chacun en apprécie à sa façon le caractère de gravité. Au contraire, l'inobservation des règlements de police ou des lois sur le voisinage est facile à constater. Le champ ne saurait s'ouvrir aux disputes sur la nature plus ou moins grave de l'infraction. Cette infraction existe ou n'existe pas, et si les combinaisons du plan ne respectent pas les lois de police ou de voisinage, l'entrepreneur ne peut passer outre, sans que sa responsabilité soit engagée comme celle de l'architecte.

(211) Frémy-Ligneville et Perriquet, I, nᵒ 136.
(212) Lepage, t. II, p. 140 et 141.

## N° 3. — **Répartition de l'indemnité entre l'architecte et l'entrepreneur.**

108. — Les règles de responsabilité respectivement applicables à l'architecte et à l'entrepreneur amènent à conclure que l'action en garantie est recevable, tantôt contre l'un d'eux seulement, tantôt contre l'un et l'autre à la fois. L'architecte et l'entrepreneur sont, en effet, responsables dans la mesure de leur faute, et l'un d'eux peut être coupable d'une faute à l'exclusion de l'autre, de même que tous deux peuvent avoir manqué à leurs obligations.

109. — Il est nombre de cas où la question de la répartition ne se conçoit même pas. On sait, par exemple, que l'architecte est seul tenu des vices du plan, et même des vices de construction qui sont la conséquence des mauvaises combinaisons imaginées par lui.

De même, l'entrepreneur est seul responsable de la mauvaise exécution des travaux, et, d'une façon générale, des vices de construction qui ne résultent pas des défauts du plan, lorsque la direction n'est pas confiée à un architecte (213).

110. — Si, au contraire, dans la même hypothèse, les travaux sont dirigés par un architecte, le propriétaire a le droit d'exercer son recours en garantie contre l'architecte, aussi bien que contre l'entrepreneur. La faute de l'entrepreneur qui introduit dans le bâtiment des vices de construction n'excuse pas l'architecte de sa négligence. Mais, à vrai dire, il ne saurait être question de répartir entre l'architecte et l'entrepreneur l'indemnité accordée au propriétaire. Dans leurs rapports avec le propriétaire, l'architecte et l'entrepreneur

(213) Guillouard, II, n° 854.

sont, en effet, responsables au même titre, chacun pour le tout, l'un pour avoir mal dirigé les travaux, l'autre pour les avoir mal exécutés (214). Puis, dans les rapports de l'architecte et de l'entrepreneur, la responsabilité retombe tout entière sur celui-ci, car c'est lui qui a mal choisi les matériaux ou les a maladroitement mis en œuvre. C'est lui qui est l'auteur direct et immédiat du dommage, et du dommage tout entier. Si l'architecte est coupable de laisser passer des vices de construction, c'est parce qu'il a pris vis-à-vis du propriétaire l'engagement de surveiller les travaux : sa négligence le rend passible de l'action en garantie. L'entrepreneur serait, au contraire, mal venu à reprocher à l'architecte son défaut de surveillance. Si donc l'architecte est condamné, à raison de sa négligence dans la direction des travaux, à réparer les accidents produits par des vices de construction, il a toujours le droit de recourir contre l'entrepreneur pour se faire rembourser la totalité de ce qu'il a payé (215).

111. — La seule question qui soulève des difficultés est de savoir si l'architecte et l'entrepreneur, tenus chacun pour le tout envers le propriétaire, doivent être frappés d'une

(214) La jurisprudence, se laissant entraîner par des considérations pratiques, ne déclare parfois l'architecte responsable des vices de construction que pour le cas d'insolvabilité de l'entrepreneur. Le Conseil d'État s'est maintes fois prononcé en ce sens : 20 juin 1837 ; Dalloz, 1838, 3, 82 ; — 12 juillet 1855 ; Dalloz, 1856, 3, 6. Il semble difficile d'admettre ce tempérament d'équité, si on réfléchit que le recours direct du propriétaire contre l'architecte est suffisamment justifié par la faute de l'architecte qui a manqué à son obligation de surveillance contractée vis-à-vis du propriétaire.

(215) Guillouard, II, nº 855 ; — Frémy-Ligneville et Perriquet, I, nº 113 ; — Sourdat, t. 1, nº 674 *in fine* ; — Paris, 17 novembre 1849 ; Dalloz, 1850, 2, 206 ; — Conseil d'État, 9 juillet 1853 ; Dalloz, 1854, 3, 9 ; — Conseil d'État, 3 mars 1854 ; Dalloz, 1854, 3, 61 ; — Conseil d'État, 12 juillet 1855 ; Dalloz, 1856, 3, 6.

condamnation solidaire. La réponse est dictée par l'article 1202, d'après lequel la solidarité ne se présume pas dans les contrats, et doit être stipulée expressément, sauf dans les cas où elle a lieu de plein droit, en vertu d'une disposition de la loi. Or, par hypothèse, aucune clause du contrat n'établit la solidarité entre l'architecte et l'entrepreneur, et il n'est pas d'article du Code qui permette d'invoquer contre eux le principe d'une responsabilité solidaire. La condamnation prononcée contre l'architecte et l'entrepreneur les atteint sans doute pour le tout, mais cette condamnation *in solidum* reste distincte des condamnations solidaires. Les règles exceptionnelles de la solidarité ne sont pas applicables, et, en particulier, la prescription qui court au profit de l'architecte continue sans interruption malgré les poursuites dirigées contre l'entrepreneur, et réciproquement (216).

Il est cependant des auteurs et des arrêts qui déclarent avec force l'architecte et l'entrepreneur tenus solidairement des condamnations prononcées contre eux : mais ils n'arrivent à une telle conclusion qu'en s'appuyant sur des principes propres aux délits et aux quasi-délits. L'architecte et l'entrepreneur, dit-on, sont « chacun l'auteur de la totalité du dommage. Le propriétaire peut en demander compte à l'un ou à l'autre, ou à tous les deux à la fois. Dès lors, la responsabilité est solidaire. La solidarité ressort ici de la nature même de l'obligation de réparer le dommage en ce qu'elle est indivisible, et incombe, en outre, à chacun d'eux » (217). On embrasserait d'un coup d'œil l'ensemble de l'argumen-

(216) Paris, 17 novembre 1849 ; Dalloz, 1850, 2, 206 ; — Lyon, 26 mai 1883 ; Dalloz, 1884, 2, 132.

(217) Frémy-Ligneville et Perriquet, I, n° 112, p. 123 *in fine*.

tation en la résumant ainsi : il y a solidarité à raison des délits et des quasi-délits quand le même fait est imputable à plusieurs d'une manière indivisible.

Mais, d'abord, pourquoi parler ici de délits ou de quasi-délits? La responsabilité de l'architecte et de l'entrepreneur est purement conventionnelle, et n'a d'autre base que le contrat de louage d'ouvrage passé avec le propriétaire. Ils sont tenus tous deux de l'action en garantie, parce qu'ils ont manqué aux obligations que leur imposait ce contrat, et non par suite d'un quasi-délit. Il serait déraisonnable de voir un quasi-délit dans une mauvaise exécution des travaux ou dans un défaut de surveillance. Sinon, toute inexécution d'un contrat, tout manquement à des obligations deviendraient un quasi-délit, lors même qu'ils seraient le résultat d'une simple négligence, et on ne sait où mènerait cette théorie dans les relations continuelles de la vie.

En second lieu, la responsabilité de l'architecte et de l'entrepreneur ne prend pas sa source dans le même fait : celui-ci est coupable d'avoir mal choisi ses matériaux ou de les avoir maladroitement mis en œuvre, celui-là de n'avoir pas exercé une surveillance assez active. Ce n'est donc pas le même fait qui leur est reproché. Il s'agit sans doute de la même construction, mais le propriétaire, pour triompher dans sa double demande, est forcé de suivre dans sa démonstration deux ordres d'idées différents et d'établir l'existence de deux causes distinctes de responsabilité.

Enfin, la garantie qui pèse sur l'architecte et l'entrepreneur n'est point indivisible. L'architecte, en acceptant la direction des travaux, contracte assurément l'obligation de livrer une maison tout entière, et cette obligation est indivisible par son objet, *individuum obligatione*. L'entrepreneur contracte, de son côté, une obligation identique (218). Mais cette obligation de l'architecte et de l'entrepreneur se trouve accomplie par la réception des travaux, ou lorsque le propriétaire prend possession d'une construction complète et en bon état. Si des vices de construction se révèlent plus tard, il est possible que l'architecte en soit responsable comme l'entrepreneur. Seulement, cette obligation de garantie que le propriétaire invoque à bon droit contre l'architecte et l'entrepreneur ne peut être indivisible qu'à la condition d'avoir pour objet, d'après la lettre de l'article 1217 du Code civil, un fait qui, dans l'exécution, n'est pas susceptible de division matérielle ou intellectuelle. Or, dans l'espèce, le seul fait dont le propriétaire puisse exiger l'accomplissement consiste dans l'exécution du jugement qui prononce la responsabilité de l'architecte et de l'entrepreneur. Le but de ce jugement est de statuer sur les frais de reconstruction ou de consolidation reconnus nécessaires par l'expertise, sur les frais du procès et, s'il y a lieu, sur les dommages-intérêts. Est-il rien de plus divisible que l'exécution d'un semblable jugement?

Il est sans doute vrai de dire de l'architecte et de l'entrepreneur « que chacun est l'auteur de la totalité du dommage », puisque le premier aurait pu l'empêcher en s'y opposant (219). Mais il n'en résulte pas que l'architecte et l'entrepreneur soient tenus solidairement de réparer le préjudice éprouvé par le propriétaire : il faut simplement en conclure qu'ils sont responsables chacun pour le tout, et doivent être frappés d'une condamnation *in solidum* (220).

---

(218) Frémy-Ligneville et Perriquet, I, n° 112, p. 124. — C'est sans doute par distraction que MM. Frémy-Ligneville et Perriquet présentent l'obligation de construire une maison comme indivisible *solutione tantum*.

(219) Frémy-Ligneville et Perriquet, I, n° 112, p. 123 *in fine*.

(220) Derouet, *Revue pratique de droit français*, t. 2, p. 554-562; —

112. — C'est dans l'hypothèse d'une faute commune à l'architecte et à l'entrepreneur qu'il est véritablement question de répartir entre eux l'indemnité. Si, par exemple, l'édifice s'écroule à cause des vices du sol, ou bien s'il est construit en violation des règlements de police ou des lois sur le voisinage, il est nécessaire de déterminer la part de responsabilité qui incombe à l'architecte et à l'entrepreneur. Si le plan de l'architecte présente des défauts que l'entrepreneur a aggravés par des vices de construction, il importe de fixer dans quelle proportion l'entrepreneur doit réparer le dommage, et dans quelle mesure l'architecte pourra recourir contre l'entrepreneur, s'il a été poursuivi pour le tout par le propriétaire.

En présence de fautes communes, les tribunaux accordent au propriétaire la réparation du préjudice subi en lui attribuant une indemnité qu'ils répartissent entre l'architecte et l'entrepreneur. Il est incontestable que la part de responsabilité de l'architecte et de l'entrepreneur est appréciée souverainement par les juges du fond (221), et il faut s'incliner devant les décisions de fait. Néanmoins, s'il n'est pas possible de les critiquer isolément, il est permis de regretter que les tendances générales de la jurisprudence civile soient d'imposer à l'architecte la plus large et la plus lourde part de responsabilité. On le voit sans cesse condamné aux deux tiers, aux trois quarts, à la presque totalité de la réparation du dommage, sans réserve parfois d'un droit de recours partiel

Laurent, t. 26, n° 28; — Guillouard, II, n° 857; — *Contrà :* Frémy-Ligneville et Perriquet, I, n°s 112, 138 *in fine* et 139. — Cf. Sourdat, t. 1, n° 674; — Masselin, n°s 67-69.

(221) *Req. rej.*, 23 novembre 1842; *Rép. alph.*, v° *Louage d'ouvrage*, n° 148 3°.

contre l'entrepreneur dont il a mal surveillé les travaux (222). L'architecte est assurément tenu des vices du plan, lors même qu'il ne construit pas ou ne dirige pas les travaux (223); mais pourquoi lui faire supporter de préférence les charges de la garantie ? Il reçoit des honoraires fixes qui ne peuvent s'accroître par suite d'une mauvaise exécution des travaux (224),

(222) Paris, 17 novembre 1849; Dalloz, 1850, 2, 206; — Laurent, t. 26, n° 43. — Le Tribunal civil de Bordeaux s'est prononcé sur la part de responsabilité respective de l'architecte et de l'entrepreneur dans une affaire bien connue. L'immeuble des *Dames-Françaises,* magnifiquement situé au centre de la ville, fut menacé, au commencement de l'année 1883, d'une chute assez imminente pour mettre en péril la sécurité publique et nécessiter des travaux de consolidation provisoire s'élevant à une somme supérieure à 11,000 fr. Les experts reconnurent que la maison menacée avait été formée par la fusion de deux immeubles, l'un reconstruit en sous-œuvre dans la hauteur du rez-de-chaussée et de l'entresol, l'autre entièrement reconstruit jusques et y compris les fondations. Mais ils formulèrent une appréciation incomplète de l'état de l'immeuble, en proposant, toutefois sous réserve, le maintien de la seconde fraction, dont la solidité n'a pu être assurée par les travaux confortatifs projetés, et qui a dû être refaite en entier comme la première. Néanmoins, comme ils concluaient à la fois à l'existence de vices du plan et de malfaçons, le Tribunal, après avoir déclaré recevable l'action en garantie intentée le 29 mai 1883, moins de dix ans après l'achèvement complet des travaux, terminés le 31 mai 1873, condamna l'architecte à rembourser intégralement les dépenses de consolidation provisoire (11,083 fr. 58 c.), à payer la presque totalité des réparations et les neuf dixièmes des dépens, dont un dixième seulement était laissé à la charge des entrepreneurs. (Jugement du 18 février 1885, reproduit *in extenso* par le journal *la Gironde* du 27 février 1885.)

(223) *Suprà,* n° 81.

(224) Lorsque le marché ne contient aucune stipulation à ce sujet, on prend en général comme base un avis du Conseil des Bâtiments civils du 12 pluviôse, an VIII, qui porte les honoraires de l'architecte à 1 1/2 pour 100 pour la confection des plans, 1 1/2 pour 100 pour la direction des ouvrages, 2 pour 100 pour le règlement des mémoires. Cet usage n'a, d'ailleurs, rien

tandis que l'entrepreneur gagne sur le prix des matériaux, spécule sur la main-d'œuvre, et court la chance de profiter des vices de construction qu'il commet en réalisant des bénéfices considérables. La responsabilité de l'entrepreneur doit rester entière, malgré celle de l'architecte, et on ne saurait admettre le raisonnement qui explique tout en disant que l'architecte travaille pour la gloire et en vue des honneurs qui l'attendent, tandis que l'entrepreneur s'agite en vue du présent et voit dans l'avenir une monnaie dépréciée (225).

113. — L'application des articles 1792 et 2270 aux travaux publics a donné lieu à d'importantes et nombreuses décisions des tribunaux administratifs compétents. La jurisprudence du Conseil d'État est, en général, conforme à la jurisprudence civile, mais, en fait, elle se montre moins sévère pour l'architecte et lui impose une part de responsabilité moins étendue. On rencontre naturellement des arrêts qui font peser sur l'architecte la garantie tout entière, si les accidents survenus ont pour unique cause des vices du plan (226), ou la réparation presque intégrale du préjudice, comme dans le cas où l'édifice est menacé d'une ruine prochaine par suite des mauvaises dispositions que l'entrepreneur a reçu l'ordre écrit d'exécuter (227). Mais la part de respon-

---

d'absolu, et s'efface, par exemple, devant des usages locaux, sans s'appliquer jamais aux travaux de réparations, qui sont plus difficiles et moins importants. — *R.q. rej.,* 29 mars 1876; Sirey, 1879, I, 453; — Bordeaux, 30 juillet 1886; *Journal des Arrêts,* 1886, I, 393. — Voir Guillouard, II, nos 823-828; — Frémy-Ligneville et Perriquet, I, nos 206-214.

(225) Masselin, *passim,* et notamment au no 36.

(226) Conseil d'État, 16 et 30 juin 1876; Lebon, *Arrêts du Conseil,* 1876, p. 582 et 636.

(227) Conseil d'État, 22 mai et 20 juillet 1874; Lebon, *Arrêts du Conseil,* 1874, p. 483 et 671.

sabilité infligée à l'architecte est, dans la plupart des cas, limitée à la moitié de l'indemnité accordée au propriétaire (228), et elle s'arrête souvent à un chiffre inférieur. C'est ainsi que, dans une espèce où les experts attribuaient les accidents à des vices du plan et à des malfaçons, l'architecte a été condamné au tiers de l'indemnité, à cause de l'insuffisance des fondations et de la disposition défectueuse d'une ferme, qui avait amené, au chevet de l'édifice, des lézardes très considérables. L'entrepreneur, convaincu d'avoir diminué la profondeur des fondations, déjà insuffisantes, et coupable de diverses malfaçons, a dû supporter les deux autres tiers (229). En d'autres hypothèses, l'architecte n'est obligé de réparer le dommage que jusqu'à concurrence du quart, tandis que la part contributive des autres intéressés varie d'après les circonstances (230). Un arrêt du Conseil d'État du 10 novembre 1882 reconnaît que la chute d'un

(228) Conseil d'État, 6 mai 1853 ; Lebon, *Arrêts du Conseil*, 1853, p. 501 : — 9 mars et 11 mai 1854 ; Dalloz, 1854, 3, 61 ; — 17 janvier 1868 ; Lebon, *Arrêts du Conseil*, p. 45 ; — 23 avril 1880 ; Lebon, *Arrêts du Conseil*, p. 401 ; — 23 juin 1882 ; Lebon, *Arrêts du Conseil*, p. 593 ; — Cf. 8 décembre 1882 ; Lebon, *Arrêts du Conseil*, p. 997.

(229) Conseil d'État, 9 avril 1873 ; Lebon, *Arrêts du Conseil*, 1873, p. 336.

(230) Conseil d'État, 6 mars 1872 ; Lebon, *Arrêts du Conseil*, 1872, p. 134 (un quart à l'architecte, un quart à l'entrepreneur, et moitié à la commune) ; — 23 juillet 1880 ; Lebon, *Arrêts du Conseil*, 1880, p. 681 (un quart à l'architecte, un tiers à l'entrepreneur, et le reste à la commune) ; — 30 décembre 1880 ; Lebon, *Arrêts du Conseil*, 1880, p. 793 (un quart à l'architecte, moitié à l'entrepreneur, et le reste à la commune). — Cf. 9 mars 1854 ; Lebon, *Arrêts du Conseil*, 1854, p. 179 (l'architecte est condamné à 900 fr., sauf un droit de recours pour la moitié de cette somme contre l'entrepreneur, qui est déclaré responsable jusqu'à concurrence de 3,710 fr.).

mur survenue six mois après sa construction est en partie imputable à l'entrepreneur qui a employé des matériaux défectueux, et à l'architecte dont le plan n'a pas donné au mur une épaisseur suffisante. Il en conclut qu'il y a lieu de partager la responsabilité entre eux et la commune, qui a négligé de prendre les précautions nécessaires pour éviter l'infiltration des eaux dans le mur nouvellement construit. En conséquence, la reconstruction du mur est mise à la charge de l'architecte pour un sixième, de l'entrepreneur pour un tiers, et de la commune pour le reste de l'unité (231). Il arrive même parfois que la responsabilité de l'architecte est limitée à la perte de ses honoraires (232), de même qu'elle peut disparaître complètement en l'absence de la preuve d'une faute, comme dans le cas où l'entrepreneur agrandit des fenêtres d'église, malgré le refus de l'architecte de modifier le plan sur ce point (233).

114. — Quelle que soit, d'ailleurs, la part de responsabilité

(231) Conseil d'État, 10 novembre 1882 ; Lebon, *Arrêts du Conseil*, 1882, p. 871.

(232) Conseil d'État, 18 février 1864 ; Lebon, *Arrêts du Conseil*, 1864, p. 168 ; — 19 juillet 1871 ; Lebon, *Arrêts du Conseil*, 1871, p. 102 (l'architecte coupable d'avoir prévu au devis des pièces de charpente de dimensions trop faibles perd ses honoraires, tandis que les entrepreneurs sont condamnés à refaire les travaux, sauf à obtenir de la commune le paiement de la plus-value de la construction résultant de l'emploi de pièces de charpente plus fortes) ; — 17 novembre 1882 ; Lebon, *Arrêts du Conseil*, 1882, p. 903. — De même : *Req. rej.*, 8 décembre 1852 ; Dalloz, 1854, 5, 653.

(233) Conseil d'État, 11 janvier 1878 ; Lebon, *Arrêts du Conseil*, 1878, p. 39 ; — 26 décembre 1884 ; Lebon, *Arrêts du Conseil*, 1884, p. 961 ; — *Adde* : Conseil d'État, 7 juillet 1853 ; Dalloz, 1854, 3, 9 ; — 10 septembre 1864 ; Lebon, *Arrêts du Conseil*, 1864, p. 900 ; — 15 décembre 1882 ; Lebon, *Arrêts du Conseil*, 1882, p. 1037.

mise à la charge de l'architecte et de l'entrepreneur, le propriétaire doit obtenir une indemnité proportionnée au préjudice qu'il éprouve. Son action en garantie contre les constructeurs aura pour effet de les contraindre à remédier aux vices de l'édifice, tantôt par une reconstruction totale, tantôt par une réfection partielle ou par une consolidation. Il peut réclamer l'exécution de ces travaux aux frais de l'architecte et de l'entrepreneur, et n'est pas forcé de se contenter d'une condamnation à des dommages-intérêts. Le fait promis par l'architecte et par l'entrepreneur est, en effet, susceptible d'être accompli utilement par d'autres personnes que par eux, et, dès lors, le propriétaire a le droit d'exiger l'exécution même de l'obligation qui a été contractée à son égard (234).

Il arrive fréquemment que le propriétaire soit contraint de contribuer aux réparations, en même temps que l'architecte et l'entrepreneur. Il en est ainsi, d'abord, lorsque des accidents surviennent à cause d'un vice du plan consistant dans la prévision de matériaux de qualité inférieure ou de dimensions trop faibles. La réparation nécessitera l'emploi de matériaux meilleurs et, par exemple, de pièces de charpente plus fortes, et le propriétaire sera tenu de payer la différence de valeur entre les matériaux portés au devis et les nouveaux matériaux, dont le prix est plus élevé (235). En second lieu, comme la faute de chacun est la mesure de sa responsabilité, le propriétaire doit supporter la réparation du dommage dans la proportion déterminée par les tribunaux,

(234) Guillouard, II, n° 859 *in fine ;* — Frémy-Ligneville et Perriquet, I, n° 157 ; — Demolombe, t. 24, n° 505 ; — Toullier, t. 6, n° 218.

(235) Conseil d'État, 12 juillet 1855 ; Dalloz, 1856, 3, 6 ; — Conseil d'État, 19 juillet 1871 ; Lebon, *Arrêts du Conseil,* 1871, p. 102.

toutes les fois qu'il est rendu coupable d'une faute, en même temps que l'architecte et l'entrepreneur (236).


## N° 4. — De la responsabilité de l'architecte et de l'entrepreneur d'après les articles 1382 et suivants.


115. — Pour terminer cette étude sur l'étendue de la responsabilité des architectes et des entrepreneurs, il reste seulement quelques mots à dire sur la responsabilité qui dérive des articles 1382 et suivants. Si on en croit bon nombre d'auteurs et de décisions de la jurisprudence, l'influence des articles 1382 et suivants sur la responsabilité des architectes et des entrepreneurs est capitale. « Remarquons, disent MM. Frémy-Ligneville et Perriquet (237), que la responsabilité de la direction, comme celle des plans, résulte du principe général qui veut que quiconque, par sa faute, cause à autrui un dommage, soit tenu de le réparer. Elle résulte aussi spécialement des articles 1792 et 2270 du Code civil. » Ces deux articles sont ainsi relégués au second rang, et volontiers on les prendrait pour un inutile complément des articles 1382 et suivants. Dès qu'on est embarrassé pour justifier une solution, on a recours aux articles 1382 et suivants, qui jouent le rôle du *deus ex machinâ*. Éprouve-t-on un doute sur le fondement de la responsabilité de l'architecte qui a fourni les plans, sans diriger les travaux (238), ou sur la garantie dont il est tenu

(236) Conseil d'État, 10 novembre 1882 ; Lebon, *Arrêts du Conseil,* 1882, p. 871. — Consulter encore les arrêts du Conseil d'État cités sur la question de la répartition de l'indemnité : *supra,* note 230.

(237) T. I, n° 118.

(238) *Supra,* n°ˢ 32 et 80.

quand il a violé les règlements de police ou les lois sur le voisinage (239), on fait intervenir les articles 1382 et suivants.

Nous n'avons pas, jusqu'ici, tenu compte de ces dispositions, parce que la responsabilité à laquelle elles servent de base diffère totalement de la responsabilité réglée par les articles 1792 et 2270. Celle-ci est particulière aux constructeurs, et ne se conçoit pas en dehors d'un contrat de louage d'ouvrage, qui est la source d'obligations spéciales pour les constructeurs comme pour le propriétaire. Celle-là est générale, indépendante de la profession d'architecte ou d'entrepreneur, et implique qu'il n'y a pas de convention entre l'auteur et la victime du dommage. L'article 1382 est placé au titre *Des engagements qui se forment sans convention*, et règle uniquement les rapports des personnes entre lesquelles n'existe aucun lien de droit. C'est ce qu'a pris soin de dire l'article 1370, dont l'article 1382 n'est qu'une suite et un développement. Ce dernier article est étranger à la matière des contrats, et l'action à laquelle il sert de fondement ne peut être substituée à l'action née du contrat (240).

Il est donc contraire à la vérité juridique de confondre les deux responsabilités des articles 1792 et 2270 et des articles 1382 et suivants, puisque la première dérive d'une faute

---

(239) *Supra*, n° 77.

(240) Il est cependant des cas où l'action de l'article 1382 peut être dirigée contre l'un des contractants, lorsqu'il s'est rendu coupable d'un fait susceptible d'engendrer la responsabilité de l'article 1382. Si, par exemple, une partie n'a consenti à un contrat que sous l'influence d'un dol, elle a le droit, d'abord de demander la nullité du contrat en vertu des articles 1116 et 1117, puis de réclamer des dommages-intérêts, en invoquant l'article 1382.

conventionnelle, tandis que la seconde résulte d'un délit ou d'un quasi-délit (241).

116. — Ce n'est pas à dire pour cela que les articles 1382 et suivants soient sans influence possible sur la responsabilité des architectes et des entrepreneurs. Il est deux hypothèses où ils sont incontestablement applicables.

La première hypothèse se réalise, lorsque les travaux de l'architecte et de l'entrepreneur causent un dommage à des tiers étrangers au contrat. Un édifice, trop légèrement construit, s'écroule et entraîne dans sa chute une maison contiguë, ou plus simplement, les vices de construction qu'il renferme produisent des dégradations dans un mur mitoyen. Les voisins peuvent intenter contre le propriétaire une action créée en termes exprès par l'article 1386, et ils ne manquent guère d'en user en pratique, parce que le propriétaire est plus facilement connu que l'architecte. Toutefois, le propriétaire peut être insolvable, et sa maison n'offrir aucune garantie parce qu'elle est en ruine ou grevée d'hypothèques qui en absorbent la valeur. Les voisins ont alors le droit d'exercer des poursuites directes contre l'architecte et l'entrepreneur, en invoquant les articles 1382 et 1383 ; ils ont la ressource de fonder leur action en réparation du dommage sur le quasi-délit dont les constructeurs se sont rendus coupables à leur égard (242).

117. — L'article 1797 indique la seconde hypothèse où

---

(241) Guillouard, II, n⁰ˢ 360 *in fine* et 345 ; — Laurent, t. 26, n⁰ˢ 25, 26, 27, 35, cf. n⁰ 64 ; — Aubry et Rau, IV, § 374, notes 21, 24 et 28.

(242) Guillouard, II, n⁰ 843 *in fine* ; — Masselin, n⁰ 24 ; — Laurent, t. 26, n⁰ 63 ; — Sourdat, t. 1, n⁰ˢ 675 et 748 ; — Bordeaux, 21 avril 1864 ; Dalloz, 1865, 2, 39. — En matière de travaux publics, Aucoc, II, n⁰ˢ 634, 635, 636 et 704.

l'architecte et l'entrepreneur sont tenus d'une responsabilité qui n'a pas sa source dans un contrat. D'après cet article, qui est une application pure et simple du principe de l'article 1384, l'architecte et l'entrepreneur sont obligés de réparer intégralement le préjudice causé aux tiers par des ouvriers qui travaillent sous leurs ordres.

Les tiers n'ont plus, comme dans le cas précédent, la faculté de poursuivre, à leur choix, les constructeurs ou le propriétaire. Celui-ci n'est pas, en effet, responsable des accidents occasionnés par des ouvriers travaillant dans sa maison ou sur son toit, pourvu qu'il ne soit coupable d'aucune faute (243).

(243) Guillouard, II, n° 860 *in fine ;* — Frémy-Ligneville et Perriquet, I, n°s 137 et 144; — Laurent, t. 26, n° 62 ; — Aucoc, II, n° 705.

L'architecte et l'entrepreneur sont aussi responsables vis-à-vis des ouvriers des blessures et des accidents imputables à une faute de leur part. Guillouard, II, n° 860 ; — Frémy-Ligneville et Perriquet, I, n°s 114 et 137.

M. Aucoc (II, n° 632) fournit d'intéressants détails sur la retenue du centième imposée aux entrepreneurs de travaux publics pour assurer, sous le contrôle de l'Administration, des secours aux ouvriers atteints de blessures ou de maladies occasionnées par les travaux, et à leurs veuves ou à leurs enfants.

# CHAPITRE III

## Des fins de non-recevoir contre l'action en responsabilité des architectes et des entrepreneurs.

118. — La responsabilité établie par les articles 1792 et 2270 est susceptible d'être éteinte ou paralysée par des fins de non-recevoir plus nombreuses en apparence qu'en réalité. Il en est une remarquable par son importance et par les controverses qu'elle a soulevées : la prescription de l'action en garantie. Après elle, c'est à peine s'il est possible de citer quelques autres causes d'extinction de la responsabilité des architectes et des entrepreneurs.

119. — A. **Prescription de l'action en garantie.**— C'est un grave problème que de déterminer exactement la durée de la responsabilité des architectes et des entrepreneurs, parce qu'il touche à des intérêts considérables et également respectables. D'après les articles 1792 et 2270, les constructeurs sont responsables « pendant dix ans » : mais ces expressions quelque peu équivoques laissent place à un doute. Signifient-elles qu'après l'expiration d'un délai de dix ans, l'architecte et l'entrepreneur sont à l'abri de tout recours, ou simplement que les désordres doivent se manifester dans les dix ans, et qu'à cette condition, le propriétaire peut introduire son action en garantie pendant une nouvelle période de dix ans ou de trente ans? En d'autres termes, la pensée du législateur a-t-elle été de confondre en un seul et même délai de dix ans la durée de la responsabilité et la durée de l'action en garantie, ou bien a-t-il

voulu établir un premier délai de dix ans pour la durée de la responsabilité, et un second délai de dix ou de trente ans pour la durée de l'action en garantie?

120. — Cette question a été l'une des plus discutées et, en même temps, l'une des plus fouillées de notre droit.

Les uns, confondant la garantie avec l'action en indemnité, décident qu'après l'expiration des dix années qui ont suivi la réception des travaux, tout est consommé, et l'entrepreneur est définitivement quitte de toute responsabilité.

Les autres distinguent le délai de la responsabilité et celui de l'action en dommages-intérêts. Il faut, disent-ils, que les vices apparaissent dans les dix ans : tel est le sens des articles 1792 et 2270. Mais ces articles ne parlent pas de la durée de l'action que fait naître la découverte d'un vice ; cette action peut donc être exercée durant trente ans à partir de cette découverte, conformément au droit commun des articles 2257 et 2262.

Il est entre ces deux thèses radicalement opposées un troisième système sur lequel un mot suffira, pour n'y plus revenir. Timidement proposé par M. Duvergier, à qui en revient la paternité (244), il a obtenu l'adhésion énergique de M. Testoud, dont l'argumentation est très spécieuse : « Deux dispositions règlent l'hypothèse sur laquelle naît notre question : l'article 1792 au titre *Du louage,* et l'article 2270 au titre *De la prescription.* Ces deux textes ne font pas double emploi..... Nous devons donc donner à chacun d'eux une portée distincte et indépendante. »

Selon nous, l'article 1792 dérogerait au droit commun pour la naissance de l'obligation de garantie. Quant à l'article 2270, il n'aurait trait qu'à la durée de l'action, et il la

(244) Duvergier, t. 2, n° 360.

fixerait à dix ans, courant du jour où cette action aurait régulièrement pris naissance.

Cette dernière proposition n'est pas difficile à démontrer. L'article 2270 ne peut contenir qu'une règle de prescription. Il est placé au chapitre V du titre *De la prescription*, intitulé : *Du temps requis pour prescrire*. Il ne s'agit donc pas, dans ce chapitre en général et dans notre article en particulier, du temps pendant lequel les actions peuvent naître. De plus, la section dont fait partie l'article 2270 a pour rubrique : *De la prescription par dix ou vingt ans*. Notre article établit donc une prescription par dix ou vingt ans..... » (245).

Ce système mixte n'a été accueilli avec faveur ni par la jurisprudence ni par la doctrine. Il repose sur une ingénieuse combinaison des articles 1792 et 2270, mais on s'accorde à le réfuter par une seule observation : personne, et le législateur pas plus que tout autre, n'y avait songé avant M. Duvergier.

121. — Entre les deux opinions extrêmes qui restent en présence, le choix peut paraître délicat. Le système de la prescription de trente ans contre l'action née dans les dix ans attire l'esprit par son apparence juridique, tandis qu'il est plus simple de fermer la porte aux procès en déclarant que tout est fini après dix ans. Au milieu du conflit des graves arguments que l'on invoque de part et d'autre, le seul parti rationnel est de chercher à saisir la pensée de la loi. Or, l'étude du Code civil et du droit antérieur démontre que les discussions actuelles n'existaient pas dans l'ancienne jurisprudence, et qu'elles n'ont pas été connues des rédacteurs du Code. Les documents sont nombreux : il en

(245) Testoud, *Revue critique de législation et de jurisprudence*, 1880, p. 258-259.

ressort avec évidence cette vérité que la distinction de la durée de la garantie et de la durée de l'action en réparation est de date relativement récente.

Les vices doivent se manifester dans les dix ans.

Les poursuites du propriétaire doivent être exercées dans les dix ans.

Ces deux règles sont comme les deux faces d'un même sujet, et ont toujours marché parallèlement dans l'esprit des vieux jurisconsultes. Ils expriment tantôt l'une, tantôt l'autre, convaincus que l'une implique l'autre. En d'autres termes, ainsi que le fait remarquer M. Labbé (246) : « la querelle qui s'agite aujourd'hui n'était pas née. Nulle part, elle ne se montre par une lutte, par une contradiction. Les écrivains, qui emploient des langages un peu différents, se croient d'accord. Ils s'invoquent les uns les autres, n'ayant qu'une seule opinion, qu'une seule doctrine. Cela explique pourquoi, en disséquant les mots à la lumière d'une distinction née récemment, les juristes modernes trouvent dans les ouvrages des anciens autant d'arguments à invoquer les uns que les autres à l'appui des deux opinions qui, aujourd'hui, se combattent et prétendent s'attribuer exclusivement la valeur de certaines expressions. Cela fait, au premier abord, penser à un dissentiment vif et prolongé. Mais il n'en est rien, suivant nous, et quand, au lieu de passer en revue des mots, des phrases détachées, habilement rangées en bataille, on remonte aux sources elles-mêmes, on voit régner l'harmonie la plus parfaite. Sous deux formes employées indifféremment se manifeste une seule doctrine : après dix ans, l'architecte ou entrepreneur est déchargé de toute responsabilité, à l'abri de toute poursuite ; l'action est éteinte. »

(246) Note dans **Sirey**, 1883, 1, 5.

122. — *Droit romain*. — On sait déjà que le principe de la responsabilité des architectes et des entrepreneurs remonte au droit romain. On est d'accord pour reconnaître que l'origine des articles 1792 et 2270 est dans la C. 8, C. *De operib. public.*

Le Digeste renferme bien aussi un titre : *De operib. public.* (247), mais il n'a pas trait à la responsabilité des constructeurs, et les recherches y sont infructueuses. La constitution 8 est le seul texte digne de retenir l'attention : « Tous ceux auxquels a été donné mandat d'apporter leurs soins à des ouvrages publics ou ceux auxquels a été confié, suivant l'usage, de l'argent pour la confection de ces mêmes travaux, seront passibles d'une action, ainsi que leurs héritiers, pendant quinze ans à partir de l'achèvement de l'ouvrage; de telle sorte que si un vice de construction se révèle dans l'espace de temps qui vient d'être fixé, il doit être réparé sur leur patrimoine, pourvu, toutefois, qu'il ne soit pas la conséquence d'un cas fortuit ». Ce texte impose donc à l'auteur des travaux une garantie de quinze ans. Mais il ne permet pas de distinguer entre la durée de la responsabilité et la durée de l'action en garantie, qui semblent, au contraire, être confondues. Les entrepreneurs de travaux publics et leurs héritiers doivent réparer les vices qui se manifestent dans les quinze ans (248), c'est le principe de la responsabilité; et l'action du propriétaire contre eux est recevable pendant quinze ans (249), c'est aussi la durée de l'action en

(247) Digeste, L, 10.

(248) *Si quid vitii in ædificatione intra præstitutum tempus pervenerit, reformetur* (C. 8, C. *De operib. public.*).

(249) *Usque ad annos quindecim ab opere perfecto cum suis heredibus teneantur obnoxii* (C. 8, **C.** *eod.*).

réparation. La loi romaine n'a donc qu'un unique délai pour la responsabilité et pour l'action en dommages-intérêts.

123. — Cujas reproduit en d'autres mots les dispositions de la loi romaine. Dans son commentaire du f. 14, D., *De verb. Obligat. XLV, I*, il rappelle la règle de la C. 8 : *Ad hæc pertinet constitutio, quæ præsumit intra XV annum opus publicum quod corruit, culpa conductoris corruisse, nisi quæ vis major appareat* (250). Puis, dans son traité sur la prescription, l'illustre romaniste ajoute : *De annis quindecim hoc notant ut curatores operorum publicorum usque ad annos quindecim teneantur, si opera vitium fecerint* (250 bis).

124. — *Ancien droit.* — Le principe de la responsabilité des constructeurs introduit par la C. 8 s'est généralisé dans notre ancienne jurisprudence. Les témoignages des vieux auteurs sont nombreux et concluants.

125. — *Pierre Pithou.* — Le premier qui mérite une mention est un éminent jurisconsulte du XVIᵉ siècle, Pierre Pithou (251). Il établit entre le temps durant lequel un ouvrier peut réclamer son salaire et le temps où il reste responsable de son travail une curieuse comparaison qui a été reproduite par la plupart des jurisconsultes postérieurs : « Maçons, charpentiers, laboureurs, manouvriers, serviteurs et aultres prétendant loyer, ne pourront doresnavant faire action ou demande de leurs services ou loyers après deux ans passez; fors et excepté

(250) Cujas, Commentaire sur le titre *De verborum obligationibus*, Naples, 1722-1727, en 11 vol. in-fᵒ, t. I, col. 1171. (C'est évidemment par suite d'une faute d'impression que l'édition de Naples renvoie constamment à la constitution 7, et non à la constitution 8.)

(250 bis) Cujas, *De diversis temporum præscriptionibus et terminis*, Cap. XXVII, t. I, p. 546.

(251) Pierre Pithou, mort en 1596, fut l'un des disciples de Cujas, ainsi que son frère François.

des services qui seraient reconnus par obligation, recongnoissance ou cédule. Maçons (machiones), *Isid. Orig.*, 19, C. 8. Au surplus, ce que la loi *Omnes*, au Code *De operib. public.*, préfinit quinze ans aux actions, pour un bastiment ou édifice mal faict, il se pratique en France pour le regard des vices qui se trouvent ès gros murs pendant ledit temps ; et allègue-t-on l'arrêt de la Vergne et aultres à cette fin. Mais pour le regard des menus ouvrages et réparations, on dit qu'on tient, au Châtelet, qu'il fault agir contre l'ouvrier dedans trois ans : aultrement, qu'on n'est plus recevable » (252).

La durée de l'action en paiement du salaire est donc de deux ans, et celle de l'action en responsabilité de quinze ou trois ans, suivant qu'il s'agit de gros ou menus ouvrages. Le délai est inégal, mais il a pour but dans les deux cas d'éteindre une action, et le même laps de temps met fin à la garantie due par l'ouvrier et à l'action en indemnité. Après deux ans, l'ouvrier n'est plus recevable à intenter une action contre le maître ; après quinze ou trois ans, le maître n'est plus recevable à exercer des poursuites contre l'ouvrier.

126. — *Brodeau.* — Brodeau (253) continue le rappro-

(252) Pierre Pithou, Troyes, 1609, art. 200.

(253) Julien Brodeau, mort en 1653, est l'un des commentateurs les plus autorisés de la *Coutume de Paris*. Il fit paraître, en 1636, avec de nombreuses additions, une seconde édition d'un recueil d'arrêts par ordre alphabétique, publié, en 1602, par Georges Louet, conseiller au Parlement de Paris. C'est ce qui a permis à Boileau de dire dans sa première satire :

> Dois-je, las d'Apollon, recourir à Barthole,
> Et, feuilletant Louet allongé par Brodeau,
> D'une robe à longs plis balayer le barreau ?

Mais M. Dupin fait remarquer avec raison « qu'il ne faut pas prendre à la lettre ce que Boileau dit de cet avocat. Brodeau n'a pas allongé Louet, il l'a complété. Brodeau était un savant jurisconsulte. Ce qu'il a ajouté à Louet vaut mieux que Louet lui-même. Son *Commentaire de la coutume de Paris* est très estimé. »

chement plein d'intérêt imaginé par Pithou entre la durée de l'action en paiement du salaire contre le maître et la durée de l'action en responsabilité contre l'ouvrier. Il écrit sur l'article 127 de la *Coutume de Paris :* « Drapiers, merciers, épiciers, orfèvres et autres marchands grossiers, massons, charpentiers, etc., etc., ne peuvent faire action après un an passé ». La durée de l'action des ouvriers en paiement de leur salaire est donc réduite à une seule année. Et Brodeau ajoute pour indiquer la durée de l'action en garantie contre les ouvriers :

N° 4. — *Massons.* « Comme l'action des massons, charpentiers et ouvriers se prescrit par un an à compter du jour du bâtiment et ouvrage parachevé, aussi l'action que le bourgeois a contre eux, pour les vices et malfaçons, *tombe dans la prescription.* Elle est de quinze ans pour les gros murs par la disposition de la loi 8 au Code..... *et Cujaccii tractatus de diversis præscriptionibus,* cap. XXVII (254). La pratique du Châtelet est de dix ans pour les murs et gros ouvrages....., après lequel temps, *l'on n'est plus recevable et il n'y a plus ni recours ni garantie,* parce qu'il peut se faire que la ruine arrive plutôt par la vieillesse et la caducité du vieil bâtiment que par la faute de celui qui y a travaillé (255). Comment distinguer, avec des expressions si claires, la

---

(254) *Supra,* n° 250. — Cujas a écrit un traité : *De diversis temporum præscriptionibus et terminis* (Naples, 1722-1727, en 11 vol., t. I, col. 521-552), où il recherche l'influence du temps au double point de vue de l'acquisition et de l'extinction des droits, et énumère des prescriptions de trois, cinq, dix jours, etc....., et au chapitre 27, des prescriptions de douze, quatorze, quinze, seize, dix-sept et dix-huit ans. A propos des prescriptions de quinze ans, il dit un mot de la prescription de l'action en garantie contre les constructeurs, mais en se bornant à renvoyer à la C. 8, C. *De operib. public.*

(255) Brodeau, *Commentaire de la coutume de Paris,* Paris, 1669, sur l'art. 127.

durée de la garantie de la durée de l'action en garantie.
L'action du bourgeois *tombe dans la prescription*, comme celle
du maçon contre le bourgeois : après dix ans, *l'on n'est plus
recevable*, comme disait Pithou, et *il n'y a plus ni recours ni
garantie*. La démonstration est parfaite, si on observe que
Brodeau examine les articles 113 à 128 de la *Coutume de
Paris* sous le titre 4, intitulé : *De præscriptione*. De plus, le
commentaire de l'article 127 se divise en plusieurs numéros ;
et le n° 4, dont les termes sont si explicites, a pour
titre : « *Par quel temps l'action que l'on a contre les massons
se prescript* » ?

127. — *Ferrière*. — Brodeau est si explicite qu'il ne faut
espérer trouver rien de plus concluant dans les commentateurs postérieurs de la *Coutume de Paris*, et notamment
dans Claude de Ferrière, qui fut presque son contemporain
(1639-1714). L'article 127 de la *Coutume de Paris* porte :
« Les maçons, charpentiers, ne peuvent faire action ni
demande de leurs marchandises, salaires et services après un
an passé, à compter du jour de la délivrance de leurs marchandises ou vacations, s'il n'y a cédule..... ou interpel-
lation judiciaire ». Ferrière commente cette règle en disant
« qu'après les six mois passés ou un an, il n'y a plus
d'action » (*sic* : Ordonn. de Louis XII, de l'an 1512). Puis
il enseigne que l'action du maître contre l'ouvrier *n'est plus
recevable* après dix ans ou trois ans, suivant les cas (256).

128. — *Bourjon*. — Bourjon, dans son *Droit commun de
la France et de la coutume de Paris*, confond, à n'en pas
douter, la garantie et l'action en garantie. Le chapitre IX
du titre II du livre VI a pour rubrique : « *De la double action*

---

(256) *Supra*, n° 10. *Coustume de Paris*, sur l'art. CXIII, n° 23 (Paris,
1714, t. II, p. 366).

*personnelle résultant du devis et marché. Section première. De l'action du propriétaire contre l'ouvrier, et de la garantie que ce dernier doit à l'autre.* » Et on lit au n° VII : « Quant à la garantie de celui qui a fait bâtir, le maçon et le charpentier sont tenus de garantir la durée de leur ouvrage pendant dix ans; mais non après ce temps, *après lequel la garantie cesse.* Par la loi 8, C. *De operib. public.*, l'entrepreneur était garant de tels ouvrages pendant quinze ans; mais par la jurisprudence des arrêts qui a sa racine dans les dispositions du droit civil, cette garantie a été réduite à dix ans; *c'est temps suffisant.* V. Cujas sur la loi 14, Dig., *De verb. obligat.*, et les arrêtés faits chez M. le premier président de Lamoignon, titre *Des prescriptions,* article 27 (257).

129. — Après ces citations empruntées aux commentateurs de la coutume de Paris, il suffit de renvoyer aux compilateurs cités au début de cette étude, tels que Desgodets ou Denisart (258), et il est temps d'indiquer le résultat de cet examen rapide des traités de nos vieux juristes (259).

130. — Pour eux, la durée de la responsabilité et la durée de l'action en garantie se confondent dans un seul et unique

(257) Bourjon. *Le droit commun de la France et de la coutume de Paris,* liv. VI, t. II, chap. IX, n° VII (Paris, 1770, t. II, p. 465).

(258) *Suprà,* n° 10. — Voir encore Brion, *Arrêts de jurisprudence des Parlements,* 1727, v° *Bâtiment,* n° 159, et Bouchel, *Bibliothèque de droit français,* v° *Bâtiment,* 1629.

(259) Peut-être sera-t-on surpris de notre silence sur Pothier et Merlin, qu'il est presque toujours intéressant de consulter, le premier parce qu'il résume tout le droit français du dix-huitième siècle; le second parce qu'il a connu et comparé les principes de l'ancien droit et du droit actuel. Mais Pothier se borne à poser le principe de la responsabilité des architectes et des entrepreneurs (*supra,* n° 5), et le Répertoire de Merlin n'ajoute rien aux dispositions des commentateurs de la *Coutume de Paris* (*Répertoire,* v° *Bâtiment,* n° 6; et v° *Prescription,* section 2, § 13).

délai. Ils disent indifféremment que le constructeur est libéré de la garantie ou affranchi de l'action en réparation : ce sont là des expressions synonymes, et les termes peuvent varier sans danger, parce que la pensée reste la même. « La variété des termes, dit M. Labbé (260), ne prouverait quelque chose que si une question était débattue entre les juristes : or, de question et de débat, il n'y en a pas trace. La divergence des mots se résout alors nécessairement dans une unité de doctrine, dans une unité de délai qui prête à un double langage, parce qu'il produit un double effet. » Les anciens auteurs parlent tantôt de la période où doivent survenir les accidents ou les désordres, tantôt de la période durant laquelle doit être introduite l'action en indemnité, parce qu'ils ne les distinguent pas dans le temps, et la conclusion qui s'impose par-dessus tout, c'est qu'ils n'ont pas soupçonné la controverse moderne, puisque leurs écrits n'en ont conservé aucun vestige.

131. — *Code civil.* — Cette controverse a-t-elle, du moins, été aperçue par le législateur de 1804 ? C'est ce qu'il est bien difficile d'admettre, car les travaux préparatoires n'y font pas la plus légère allusion. Ils prouvent seulement que le législateur a confondu la garantie et l'action en garantie, comme l'ancienne jurisprudence dont il a voulu maintenir les principes. Est-il besoin de rappeler les paroles du tribun Jaubert : « L'article relatif aux devis et marchés est également traité avec le plus grand soin ; on y retrouve *toutes les règles consacrées par l'usage* sur la garantie due par les architectes et les entrepreneurs » (261).

Après une discussion assez longue sur l'article 1792 (262),

----

(260) Note dans Sirey, 1883, 1, 6.
(261) *Supra,* nº 6.
(262) Locré, XIV, p. 362-365, et Fenet, XIV, p. 261-265.

« M. Bérenger ajoute que si *l'action* contre l'architecte n'a pas une durée trop longue, le bâtiment ne pourra périr sans qu'il soit évident que sa chute a pour cause un vice de construction » (263).

Bigot-Préameneu, dans l'exposé des motifs du titre *De la prescription*, dit au sujet de l'article 2270 : « Il restait un cas qu'il convenait de ne pas omettre, c'est celui *de la prescription en faveur des architectes ou des entrepreneurs*, à raison de la garantie des gros ouvrages qu'ils ont faits ou dirigés. Le droit commun, qui exige dix ans pour cette *prescription*, a été maintenu » (264).

Il est donc certain que les auteurs du Code civil ont entendu repousser toute innovation et consacrer la théorie de l'ancien droit. Les observations qu'ils ont échangées dans la discussion de l'article 1792, prouvent en même temps qu'ils n'ont pas plus distingué que l'ancienne jurisprudence la responsabilité de l'action en garantie. Ils parlent le langage des vieux juristes, dont ils adoptent les idées, et mêlent, comme eux, la garantie et l'action en indemnité. La rédaction des articles 1792 et 2270 s'en ressent et ne permet pas d'affirmer que le premier de ces articles se réfère à la durée de la responsabilité, et le second à la durée de l'action en réparation : l'un et l'autre assignent une durée de dix ans à la responsabilité des constructeurs. Les termes qu'ils emploient sont identiques, et si le législateur a reproduit, en traitant de la prescription des actions, une formule équivalente à celle qu'il avait adoptée au titre *Du louage*, c'est qu'il confondait la responsabilité et l'action en dommages-intérêts, et qu'il ne pressentait nullement la controverse d'aujourd'hui.

(263) Locré, XIV, p. 365 *in fine*, et Fenet, XIV, p. 265.
(264) Locré, XVI, p. 580, et Fenet, XV, p. 594.

132. — De l'identité de valeur des deux formules rela
tivement à la durée de la garantie, il ne faut pas conclure à
l'inutilité de l'article 2270, car on se rappelle combien cet
article a heureusement développé le principe de la responsabilité des architectes et des entrepreneurs. D'ailleurs, nos
deux dispositions avaient une portée différente, un rôle distinct
dans le projet de Code. L'article 1792 ne fixait pas la durée
de la garantie et renvoyait au titre *De la prescription :* « Si
l'édifice, donné à prix fait, périt en tout ou en partie par le
vice du sol, l'architecte en est responsable pendant le temps
réglé au titre *Des prescriptions* » (265). En conséquence, le
but de l'article 1792 était de poser le principe même de la
responsabilité, et celui de l'article 2270 d'en indiquer la
durée.

Ce n'est pas à dire pour cela que les auteurs du Code civil
aient eu l'intention d'établir une règle pour la responsabilité
et une règle pour l'action en garantie. Il en aurait bien été
ainsi, s'ils avaient tenu compte d'une remarque par laquelle
la Commission du Tribunal de cassation, dans ses critiques
sur le projet de Code civil, proposait d'ajouter à l'article 2270 :
« L'action de l'architecte ou entrepreneur... se prescrit aussi
par dix ans ». Et on lit à la suite : « La Commission a trouvé
convenable de renfermer l'action de l'architecte ou entrepreneur dans les mêmes limites de temps qui l'affranchissent
de la garantie des gros ouvrages par lui faits ». Mais la proposition de la Commission n'a eu aucun résultat, si ce n'est
de permettre de constater que le législateur n'a pas voulu
distinguer la responsabilité de l'action en garantie. D'autre
part, le Conseil d'État, en adoptant l'article 1792, fixa la

(265) Locré, XIV, p. 328, et Fenet, XIV, p. 233.

durée de la garantie à dix ans (266), si bien que cette disposition, à elle seule, pose le principe de la responsabilité
et en détermine la durée, contrairement aux vues du projet
primitif.

133. — L'exposé des précédents est complet : la tradition,
les travaux préparatoires, tout concorde et démontre la confusion du délai de la garantie et de l'action qui en résulte.
Aussi la jurisprudence n'hésite-t-elle pas, lorsqu'elle est saisie
pour la première fois de la question : le Tribunal civil de la
Seine, par un jugement du 30 décembre 1835, se borne à
dire : « Attendu qu'aux termes de l'article 2270, la garantie
de l'entrepreneur cesse après le laps de dix ans; — attendu
que *la loi est formelle...* », et la Cour de Paris adopte les motifs
des premiers juges (267).

La jurisprudence du Tribunal de la Seine s'affirme par un
second jugement du 10 janvier 1852. Mais la première sentence avait donné le signal de la lutte et soulevé des protestations, malgré la note si remarquable et si concluante publiée
par M. Devilleneuve (268). Aussi le Tribunal prend-il la
peine, cette fois, de justifier sa décision par une véritable argumentation, confirmée dans tous ses motifs par la Cour
de Paris (269).

En 1856, troisième jugement du Tribunal civil de la Seine,
et nouvelle confirmation, toujours par adoption de motifs, de
la sentence du Tribunal par arrêt de la Cour de Paris (270).

(266) Locré, XIV, p. 366 *in principio,* et Fenet, XIV, p. 265.
(267) Paris, 15 novembre 1836; Dalloz, *Rép. alph.,* v° *Louage d'ouvrage,*
n° 155, note 1.
(268) Sirey, 1837, 2, 257.
(269) Paris, 17 février 1853; Dalloz, 1853, 2, 133.
(270) Paris, 20 juin 1857; Dalloz, 1858, 2, 89.

134. — Le débat semblait clos, au point de vue judiciaire, par cette jurisprudence constante de la Cour de Paris : il continuait innocemment à l'École et dans les livres.

Les auteurs paraissent d'abord frappés d'une conséquence du système de la Cour de Paris. Quoi ! disent-ils, si les accidents ou les désordres se révèlent un jour, une heure seulement avant l'expiration du délai de dix ans, le propriétaire n'aura que ce jour, cette heure, pour introduire son recours en garantie ! Un système n'est-il pas jugé quand il aboutit à des résultats si iniques et même si illogiques ? (271). On en conclut que la prescription de l'action en garantie ne peut commencer à courir que du jour où les vices sont devenus apparents, et voilà nos jurisconsultes en quête d'arguments, pour justifier leur solution. Il faut avouer qu'ils en ont trouvé au moins un excellent, car ils ont réussi un instant à entraîner de leur côté la Cour de cassation.

En 1861, M. le comte de Béarn avait chargé l'architecte Parent de restaurer en partie le château de Clères ; le travail comprenait de grosses réparations qui furent terminées en 1863. Le 29 novembre 1873, M<sup>me</sup> la comtesse de Béarn assigna M. Parent, prétendant : « que par suite d'une cause encore inconnue, les poutres composant le plancher haut du rez-de-chaussée et supportant les étages supérieurs se trouvaient dans un état de décomposition qui réclamait une réfection urgente ». A la suite d'un jugement du Tribunal de la Seine du 4 février 1876, la Cour de Paris déclara « acquise à Parent la prescription de dix ans de l'article 2270 du Code civil » (272).

(271) Voir notamment Troplong (II, n° 1011), qui trouve l'occasion de placer en deux lignes six points d'exclamation.

(272) Paris, 2 mai 1877 ; Dalloz, 1880, 1, 18 ; Sirey, 1877, 2, 195 ; et J. Palais, 1877, 837.

Mais cet arrêt a été cassé, le 5 août 1879, par la Chambre civile de la Cour de cassation, dont voici les motifs : « Attendu que les articles 1792 et 2270, en limitant à dix ans la durée de la garantie des entrepreneurs ou architectes pour les gros ouvrages qu'ils ont faits ou dirigés, ne se sont pas exprimés sur la durée de l'action à laquelle cette responsabilité donne naissance au profit du propriétaire ; qu'aucune autre disposition de la loi n'en règle la durée d'une manière spéciale ;

» Attendu que la *prescription ne pouvant atteindre cette action avant qu'elle soit née,* ne peut commencer à courir contre elle qu'à la manifestation du vice de construction........ » (273).

135. — Cette décision inattendue souleva dans le monde judiciaire une grande et légitime émotion. Une vive polémique s'engagea, les écrits se multiplièrent, et la *Revue critique* de 1880 ne renferme pas moins de trois articles qui soutiennent chacun l'un des trois systèmes successivement proposés (274). La question est digne, en effet, d'être l'objet des réflexions des jurisconsultes, tant par son importance doctrinale qu'à cause de la grandeur des intérêts qu'elle engage. Les entrepreneurs, pour donner à leur industrie tout son essor, ont besoin d'être fixés sur le terme de leur responsabilité : leur esprit d'initiative ne se développe que s'ils sont libres de toute crainte pour le passé.

Aujourd'hui, les inquiétudes sont apaisées : la Cour d'Amiens, saisie de l'affaire par l'arrêt de cassation, s'est prononcée dans le sens de la Cour de Paris par un arrêt

(273) Civ. Cass., 5 août 1879 ; Dalloz, 1880, 1, 17, et Sirey, 1879, 1, 405.

(274) *Revue critique de législation et de jurisprudence,* 1880, p. 65-77 (M. Bancelin) ; p. 157-164 (M. Guillouard) ; p. 257-263 (M. Testoud).

énergiquement motivé du 16 mars 1880 (275), et le pourvoi formé par M^me de Béarn a été définitivement rejeté par un arrêt solennel de la Cour suprème, rendu, Chambres réunies, le 2 août 1882, à la suite d'un réquisitoire magistral de M. le procureur général Barbier (276).

136. — La jurisprudence est donc fixée : elle repousse la distinction entre la durée de la responsabilité et celle de l'action en garantie, « qui, en elle-mème, n'aurait aucune raison d'être », dit la Cour d'Amiens, et qui « n'est autorisée ni par le texte de la loi, ni par l'esprit qui a présidé à sa rédaction, ni par les précédents de la doctrine ». Le texte de la loi et les précédents de la doctrine sont connus : on sait comment la responsabilité et l'action qui en découle se confondaient dans les idées des vieux juristes dont les rédacteurs du Code ont entendu reproduire les principes. Il suffira de rappeler d'un mot la pensée qui a inspiré les articles 1792 et 2270.

Il est inutile de revenir sur le caractère exceptionnel de la responsabilité des constructeurs. En droit commun, la vérification et la réception des travaux déchargent l'ouvrier de toute garantie. Les articles 1792 et 2270 dérogent à ce principe en prolongeant la responsabilité des architectes et des entrepreneurs pendant dix ans après la réception des travaux. L'action en garantie reste ouverte contre le constructeur parce que l'épreuve du temps est nécessaire pour assurer la solidité des édifices. Elle constitue sans doute pour le maître une faveur nécessaire, mais elle est malgré tout une dérogation

(275) Amiens, 16 mars 1880 ; Dalloz, 1880, 2, 227 ; Sirey, 1880, 2, 317 ; J. Palais, 1880, 1214.

(276) *Arrêt de rejet des Chambres réunies*, Dalloz, 1883, 1, 5 ; Sirey, 1883, 1, 5.

au droit commun (277). Or, comme toute exception, elle doit être renfermée dans les bornes qui lui ont été assignées. Ces bornes sont nettement indiquées par les articles 1792 et 2270 : le délai de garantie est limité à dix ans. La loi ne veut pas admettre, après un intervalle de temps considérable, des constatations devenues trop difficiles. Cette préoccupation se révèle dans les paroles de M. Bérenger qui terminent la

(277) *Supra*, nos 11-14. — Le caractère exceptionnel des articles 1792 et 2270 est à peine contesté. Voir Guillouard, II, no 864 ; — Frémy-Ligneville et Perriquet, I, no 79 ; — Baudry-Lacantinerie, III, no 734 ; — Benoit-Lévy, nos 21-23 ; — Bancelin, *Revue critique*, 1880, nos 7-9 ; — Masselin, no 55 ; — Sourdat, I, no 743 ; — Aubry et Rau, IV, § 374, p. 527-528 et p. 530 ; — Mourlon, III, no 823 ; — Clamageran, nos 269-270 ; — Dalloz, *Rép. alph.*, vo *Louage d'ouvrage*, nos 137 et 139 ; — Paul Pont, *Revue critique de la jurisprudence*, 1851, t. I, p. 200 ; — Duvergier, t. 2, no 347 ; — Vazeille, *Prescription*, no 550. — Jugement du Tribunal civil de la Seine du 13 décembre 1856, confirmé le 20 juin 1857 (*supra*, no 133, note 270) ; — Paris, 25 mai 1881, *Gazette des tribunaux* du 21 août ; — Réquisitoire de M. le procureur général Barbier, § 6 ; Sirey, 1883, 1, 14-15. — On peut citer encore dans le même sens : Laurent, t. 26, nos 32, 53 et 57 ; — Colmet de Santerre, IV, 245 *bis*, I ; — Troplong, *Du louage*, II, nos 988, 991, 998, et *De la prescription*, no 941. Il est vrai que ces derniers auteurs, embarrassés plus tard par le caractère exceptionnel des articles 1792 et 2270, n'hésitent pas à le méconnaître, afin de prouver plus aisément que le délai de l'action en garantie est distinct du délai de la responsabilité. Laurent, t. 26, no 58 ; — Colmet de Santerre, IV, no 245 *bis*, IV ; — Troplong, *Du louage*, II, no 1010, p. 398 *in fine*.

Les articles 1792 et 2270 ont été bien rarement considérés comme une disposition introduite en faveur des architectes et des entrepreneurs. Voir cependant : Paris, 15 novembre 1856, confirmant, par adoption de motifs, un jugement du Tribunal civil de la Seine du 30 décembre 1835 (*supra*, no 133, note 267 ; — Amiens, 16 mars 1880 ; Sirey, 1880, 2, 317). — Les recherches les plus complètes ne nous permettent de citer dans le même sens que M. Testoud, *Revue critique*, 1880, p. 259, et surtout p. 260 *in fine*-261.

discussion au Conseil d'État : « Si l'action contre l'architecte n'a pas une durée trop longue, le bâtiment ne pourra périr sans qu'il soit évident que sa chute a pour cause un vice de construction » (278). M. Laurent développe très justement cette idée : « L'action en responsabilité ne saurait durer toujours ; car si l'édifice s'écroule après un long laps de temps, ce sera par la vétusté ou par le défaut de réparations, et l'architecte ne peut être responsable de ces causes de destruction. S'il y a un vice de construction, il se révélera plus tôt, dans un délai qu'il est impossible de fixer d'une manière certaine, puisque tout dépend de la gravité du vice ; la loi a dû se contenter d'une limite arbitraire, elle l'a fixée à dix ans » (279).

137. — Oui ! le législateur a dû choisir un délai arbitraire, « après lequel temps on n'est plus recevable, ainsi que le dit Brodeau, et il n'y a plus ni recours ni garantie, parce qu'il peut se faire que la ruine arrive plutôt par la vieillesse et caducité du vieil bâtiment que par la faute de celui qui travaille » (280). Quand on approche de ce délai, la cause de la perte devient incertaine : est-ce vétusté ou vice de construction ? Il est souvent impossible de prendre parti, et c'est ce qui explique la nécessité d'une limite fixe. Après dix ans, tout s'évanouit : il n'y a pas plus de garantie que d'action en garantie ; il ne reste rien, ni principe, ni exercice d'action.

La loi, qui aurait pu s'arrêter à un tout autre chiffre que celui de dix ans, a renfermé à forfait dans un seul délai la naissance et la mise en mouvement de l'action. Elle établit une règle qui peut exactement se résumer en ces termes : Le constructeur est responsable, à la condition que les accidents

---

(278) *Supra,* nᵒ 131, note 263.
(279) Laurent, t. 26, nᵒ 57.
(280) Brodeau, *supra,* nᵒ 126, note 255.

ou les désordres se manifestent assez tôt pour que le propriétaire ait le temps d'introduire son recours dans les dix ans.

La durée de l'action diminue donc à mesure que l'événement dont elle est née s'éloigne du jour de l'achèvement des travaux; et pourquoi? parce que la faute de l'architecte devient de moins en moins facile à prouver, et qu'il importe que l'examen des faits ait lieu dans un assez bref délai.

138. — *Objection pratique.* — Cette mobilité dans la durée de la prescription a servi de fondement à une première objection. Quelle chose étrange ! dit-on; si l'édifice périt immédiatement après la réception des travaux, le propriétaire a neuf années pour faire valoir son droit; si la ruine se produit au cours de la dixième année, il ne lui reste plus que quelques mois; si elle survient le dernier jour de la dixième année, l'action est prescrite en quelques heures et devient illusoire. Il est impossible d'admettre des résultats si peu logiques (281).

En vérité, on se préoccupe bien fort d'une hypothèse extraordinaire. Il sera assurément très rare que l'action en garantie, née par la découverte d'un vice au cours de la dixième année, ne puisse être intentée par le propriétaire. Ce sera d'autant plus rare que la disposition finale de l'article 1037 du Code de procédure, permet de faire une signification même un jour de fête légale, en vertu d'une permission du juge, « s'il y a péril en la demeure ».

Si le cas se réalise, malgré son peu de vraisemblance, faut-il s'apitoyer aussitôt sur le sort du propriétaire peu fortuné dont la maison tombe juste au dernier jour des dix ans? Si quelques heures lui manquent pour agir, l'architecte est dans une position semblable : quelques heures lui manquent pour

(281) Voir surtout Troplong, II, nᵒ 1011.

être à l'abri de la responsabilité exceptionnelle qui lui est imposée. La déchéance du propriétaire est la conséquence inévitable de tout délai fatal, et l'intérêt d'un seul se trouve sacrifié à l'intérêt de tous, qui exige une limite invariablement déterminée. La convention par laquelle un horloger garantit une montre pendant deux ans, dit Mourlon d'après un exemple de M. Valette, s'interpréterait certainement en ce sens qu'à l'expiration de deux ans tout sera consommé, que l'horloger sera pleinement à couvert. Il en doit être de même des constructeurs à l'expiration des dix ans. Les propriétaires sont avertis, et leur vigilance ne doit pas être en défaut. C'est à eux d'inspecter leur bâtiment avec l'œil du maître, et de faire procéder à une minutieuse vérification de l'état de l'édifice au moment où les dix années sont sur le point d'expirer.

139. — Le système le plus pratique est incontestablement de renfermer dans un même délai la durée de la responsabilité et de l'action en dommages-intérêts. Il coupe court aux inextricables difficultés qui ne manqueraient pas de surgir, si le propriétaire pouvait exercer son action en garantie pendant trente ans et plus. Un enfant nouveau-né perd ses parents : une maison fait partie de son héritage; elle est construite depuis neuf années; des accidents ou des désordres se produisent avant l'expiration des dix ans, et l'action prend naissance. Mais la prescription ne court pas contre les mineurs : elle ne commencera donc à courir que vingt ans après. A ce moment, l'enfant, devenu majeur, aura trente ans pour exercer ses poursuites, c'est-à-dire que cinquante-neuf ans auront pu s'écouler depuis la réception des travaux. Ce délai sera parfois prolongé, par des minorités successives, jusqu'à soixante-dix ou quatre-vingts ans. Ce dernier cas est peu fréquent, mais il arrivera souvent que l'architecte et l'entrepreneur soient encore exposés aux réclamations du pro-

priétaire cinquante ans après l'achèvement des travaux. N'est-ce pas abuser contre le constructeur de la disposition exceptionnelle des articles 1792 et 2270 ? Comme à tous les textes dérogatoires au droit commun, il faut leur appliquer les principes de l'interprétation restrictive. Or, quand l'article 2270 déclare que les constructeurs sont déchargés après dix ans, le propriétaire pourrait introduire un recours trente ans après l'expiration du délai décennal, c'est-à-dire pendant quarante ans d'une façon normale, et pendant bien plus longtemps encore en admettant que la prescription ait été suspendue par des minorités. Comment croire que telle soit la volonté de la loi ?

140. — La loi n'a point voulu de ces réclamations tardives, parce que les résultats d'une expertise deviennent de plus en plus douteux à mesure qu'on s'éloigne du jour de la réception des travaux. Comment dénouer un litige dans lequel il faut décider, après trente ou quarante ans, si la perte totale ou partielle dérive de la caducité du bâtiment ou d'un vice imputable à la faute du constructeur? Au contraire, les recherches, bornées à une période de dix ans, permettent de formuler des sentences qui n'empruntent rien au hasard. Dans cette limite, tout est simple et précis. « Le système adopté par la Cour de Paris, disait M. l'avocat général Desjardins dans son réquisitoire, séduit par son apparente simplicité........ Mais ce qui est simple n'est pas nécessairement juridique. » Mais ce qui a une apparence juridique n'est pas toujours ce qu'a voulu le législateur, et il faut se féliciter que la simplicité soit ici d'accord avec le droit.

141. — *Objection théorique.* — Battus sur le terrain pratique, les partisans de ce qu'on a appelé le « *système dédoublant* » se retranchent derrière les principes généraux du droit. C'est, disent-ils, « un principe élémentaire en matière de pres-

cription, qu'une action ne peut pas se prescrire avant d'être née, *actioni non natæ non præscribitur* : la prescription libératoire suppose une négligence prolongée de la part du créancier, négligence que la loi punit après un certain temps par la perte du droit négligé. Mais il ne peut y avoir de négligence, et, par suite, la prescription ne peut courir avant que le fait qui donne naissance à l'action soit connu : c'est ce principe que consacre l'article 2257, notamment dans une matière qui a beaucoup de rapports avec la nôtre, la garantie en matière de vente » (282).

142. — Cet argument d'analogie appelle une remarque : on tient absolument à appliquer les principes de la garantie en matière de vente à l'œuvre des architectes et des entrepreneurs. Pourquoi cette extension des règles de la vente à un louage de services? Chaque contrat n'a-t-il pas sa législation spéciale? Une obligation de garantie pèse. sur le vendeur et le constructeur, mais la garantie due par le constructeur est tout à fait distincte de la première.

Admettons cependant l'analogie invoquée, et recherchons quels sont les principes généraux de la garantie en matière de vente. Aux termes de l'article 1648, les actions résultant de vices rédhibitoires doivent être intentées dans un bref délai. La loi du 2 août 1884 (283), faisant une application de cette règle, accorde à l'acheteur des délais de neuf ou trente jours dont le point de départ est fixé, non point au jour de l'apparition du vice, mais au jour de la livraison (art. 5).

(282) Ce rapide résumé de l'objection est emprunté à M. Guillouard (*Revue critique,* 1880, p. 158), qui n'a pas cru devoir persister dans sa première opinion. Voir son *Traité du louage,* II, nᵒˢ 868 et 869.

(283) La loi du 2 août 1884, qui est une fraction du Code rural, a formellement abrogé par son article 12 la loi du 20 mai 1838, sur les vices rédhibitoires dans les ventes et échanges d'animaux domestiques.

Si donc la découverte du vice rédhibitoire est postérieure à l'expiration du délai, le vendeur n'est plus passible d'aucun recours en garantie. « Quel que soit le délai pour intenter l'action, dit l'article 7, l'acheteur, à peine d'être non recevable, devra provoquer, dans les délais de l'article 5, la nomination d'experts chargés de dresser procès-verbal..... »

Un délai unique qui varie de neuf à trente jours, suivant la nature des vices, est ainsi donné pour la découverte et la constatation des vices et pour l'exercice de l'action rédhibitoire. Jusqu'à la dernière heure du délai, tout vice prévu par la loi de 1884 engage en principe, dès son apparition, la responsabilité du vendeur. Mais l'acheteur, pour introduire sa réclamation, n'a que le temps qui reste à courir des neuf ou trente jours. On ne lui laisse pas une minute de grâce au delà de cette limite extrême. Dès qu'elle est dépassée, tout est fini : il n'y a plus ni garantie, ni action en garantie.

143. — C'est le même système qui a passé de l'ancien droit dans les articles 1792 et 2270. De même que le vendeur n'a plus à répondre d'un vice contre lequel ne s'est élevée aucune protestation dans les neuf ou trente jours, de même les constructeurs ne doivent la garantie que si des poursuites ont été dirigées contre eux avant l'expiration des dix ans.

Faut-il établir des différences entre ces deux applications d'un même principe, laisser passer la première sans critique et déclarer que la seconde fait échec à la maxime : *actioni non natæ non præscribitur?*

144. — Ce serait vouloir méconnaître des analogies qu'on invoquait l'instant d'auparavant.

Quelle est en effet, dans les deux cas, la cause de l'obligation en garantie? C'est le contrat de vente ou le contrat de louage.

Quel est, ensuite, le fait générateur de l'action en garantie, ce qui lui donne naissance? Est-ce la révélation du vice? Non, c'est le vice lui-même qui existait déjà en germe au jour de la livraison de l'animal ou de la réception des ouvrages. Dès qu'un vice affecte l'animal ou les travaux, l'action existe, que l'acheteur ou le propriétaire le connaisse ou l'ignore. La loi leur accorde un temps d'épreuve pour le reconnaître : c'est à eux de se renseigner et de se faire éclairer pendant le délai.

M. Labbé (284) n'admet pas cette argumentation, parce qu' « on pourrait raisonner de même en matière d'éviction, par suite d'une revendication intentée. L'origine de la responsabilité du vendeur se trouve non dans le fait de l'éviction qui fait apparaître le droit d'autrui, mais dans le fait que le vendeur a promis une chose dont il n'était pas propriétaire. — Cela n'a pas empêché le législateur de décider que la prescription de l'action en garantie ne courait que du jour de l'éviction qui révèle le vice de la vente. »

D'accord; mais ici l'analogie n'existe plus jusqu'au bout. Sans doute, la cause de l'obligation de garantie est toujours dans le contrat de louage ou le contrat de vente. De plus, ni l'un ni l'autre de ces contrats ne sont viciés, car le vice affecte seulement leur exécution, et c'est l'exécution imparfaite ou incomplète du contrat qui engendre une action. S'agit-il du louage : le fait générateur de l'action en garantie est le vice de construction ou le vice du sol qui menace l'édifice d'une perte totale ou partielle, et qui existait au moment de la réception. Se place-t-on au point de vue de la vente : le fait générateur de l'action en garantie est encore

____________________

(284) Sirey, 1883, I, p. 6, col. 2 *in medio*.

dans l'exécution incomplète du contrat (285). Le vendeur n'ayant pas la qualité de propriétaire, n'a pu transférer un droit de propriété qui ne lui appartenait pas. L'acheteur se trouve ainsi menacé d'éviction dès le jour où il aurait dû devenir propriétaire.

L'action en garantie naît donc du jour de la réception des travaux, du jour où l'acheteur reçoit la chose et s'en croit à tort propriétaire. Comment expliquer que la prescription de cette action coure immédiatement dans un cas et soit suspendue dans l'autre ?

(285) Cette proposition peut sembler inexacte en ce qui concerne la vente. Si on admet que la vente de la chose d'autrui est frappée d'une véritable nullité, c'est le contrat lui-même qui est vicié, et non pas seulement l'exécution du contrat. Mais il ne faut pas oublier les difficultés d'interprétation auxquelles a donné lieu l'article 1599. La théorie des nullités appliquée à la vente de la chose d'autrui entraîne des conséquences si exorbitantes, qu'on recule en général devant elles, pour soutenir, aux dépens de la logique, des solutions plus justes.

Qu'on se rappelle, d'ailleurs, les efforts des jurisconsultes pour trouver un fondement juridique à la nullité de la vente de la chose d'autrui. *Absence de cause, cause illicite, erreur sur la substance de la chose, erreur sur la personne,* ils passent tout en revue sans se montrer satisfaits de leurs explications, où perce l'embarras. Je demeure donc convaincu que la vente de la chose d'autrui n'est pas infectée d'un vice originel, et n'est pas frappée d'une véritable nullité. Si le vendeur est soumis à une action, c'est parce qu'il n'a pas exécuté son obligation et transféré sur-le-champ la propriété de l'objet vendu à l'acheteur. D'après les principes constants de notre droit, cette action devrait être une action en résolution. Si l'article 1599 parle de nullité, c'est que, parmi les règles de l'action en résolution du droit commun, il en est deux qui auraient pu battre en brèche une des règles fondamentales de la vente. Je veux parler de la double faculté qui appartient aux tribunaux, soit de rejeter la demande en résolution, quand elle leur parait contraire à l'équité, soit d'accorder un délai à la partie qui n'a pas exécuté pour lui permettre de remplir ses engagements. D'après l'ar-

C'est que, dans la première hypothèse, le fait générateur de l'action est un vice dont les conséquences sont fatalement réglées par le jeu des forces naturelles. La mauvaise exécution du contrat fait peser sur le propriétaire un danger purement matériel, qui ne peut manquer de se manifester, si le propriétaire n'agit pas en vue de le conjurer. S'il y a vice du sol ou vice de construction, la menace de ruine qui en résulte se réalisera nécessairement, de même que le vice rédhibitoire, s'il en est un qui affecte l'animal vendu, apparaîtra inévitablement. C'est à cause de cette certitude, qui ne permet point

ticle 1138, les contrats sont translatifs de propriété : par suite, le vendeur est obligé, sauf convention contraire, de transférer à l'acheteur, à l'instant même du contrat, la propriété de la chose [vendue (art. 1583 C. civ.). Si l'acheteur n'avait eu contre le vendeur de la chose d'autrui qu'une action en résolution, rien n'aurait empêché le juge, en présence de circonstances favorables, de refuser la résolution du contrat, et plus fréquemment, d'accorder un délai au vendeur. Ainsi aurait pu être annihilée la règle que la vente est translative de propriété, puisque la sanction de cette règle n'aurait plus été absolue, mais abandonnée à l'appréciation des magistrats. Ainsi l'acheteur aurait pu être dépouillé contre son gré du droit d'exiger un transfert de propriété immédiat sur lequel il comptait, d'après les principes du droit français.

Le législateur a voulu maintenir dans toute son intégrité la règle introduite par l'article 1138, et c'est pour ce motif qu'au lieu de renvoyer purement et simplement aux principes de l'article 1184, en disant : *la vente est résoluble*, il a imaginé cette formule : *la vente est nulle*. Est-ce à dire qu'il ait eu l'intention de créer une véritable nullité, contrairement aux principes, puisqu'aucun vice originel n'infecte le contrat ? Je ne le crois pas. Son but a été seulement de mitiger les règles de la résolution par un emprunt à la théorie des nullités. En matière de nullités, le juge est lié, en ce sens qu'il est contraint de prononcer la nullité, dès que l'existence d'une cause de nullité lui est démontrée. Il en est de même pour la vente de la chose d'autrui, et le jugement rendu à la requête de l'acheteur doit faire tomber, nécessairement et sans délai, toute vente dans laquelle le vendeur n'a pas rempli son obligation du transfert immédiat de propriété.

de penser que les vices ne se révéleront peut-être pas, que la loi fait courir la prescription de l'action en garantie du moment de la réception des travaux, de même qu'elle en fixe le point de départ, en matière de vices rédhibitoires, au jour de la livraison.

Au contraire, dans la seconde hypothèse, le fait générateur de l'action en garantie est d'ordre purement juridique. Le vendeur n'a qu'imparfaitement exécuté ses obligations, puisqu'il a livré la chose vendue sans en transférer la propriété à son acquéreur, et l'action en garantie prend naissance. L'acheteur, cependant, en laissant de côté le cas où il acquiert la preuve évidente que le vendeur n'était pas propriétaire, ne peut agir en garantie avant d'avoir subi l'éviction, parce que la menace d'éviction ne se réalisera pas fatalement, comme la menace de ruine de l'édifice. Peut-être le véritable propriétaire ne voudra-t-il pas intenter l'action en revendication. Peut-être laissera-t-il involontairement passer le dernier délai durant lequel il aurait pu introduire cette action. Parfois, enfin, il consentira à transiger avec le vendeur, ou même sera débouté de sa demande parce qu'il n'aura pas suffisamment prouvé son droit de propriété. La menace d'éviction sera ainsi conjurée, sans que l'acheteur ait rien fait en vue d'obtenir ce résultat. On ignore donc toujours, tant qu'il n'y a pas éviction, si l'acheteur conservera ou non la chose. Voilà pourquoi son droit à l'action en garantie est paralysé jusqu'au moment de l'éviction, et la prescription de l'action ne court qu'à compter du jour où l'éviction est accomplie, d'après l'article 2257 2°.

145. — On comprend maintenant la raison d'être de la disposition de l'article 2257 2°. Admettons cependant, si on le veut, que le fait générateur de l'action ne soit pas le vice lui-même, mais la révélation du vice. Oublions, pour un ins-

tant, que la prescription court toujours en principe, à l'exception des cas énumérés par la loi, pour reconnaître à la maxime *actioni non natæ*..... un caractère de généralité contre lequel semble protester l'article même dont on l'a tirée (286). Pour démontrer que le brocard invoqué n'est pas violé par les articles 1792 et 2270, il suffit d'en expliquer la portée. Il signifie littéralement qu'une action ne peut s'éteindre par voie de prescription avant d'être née. Le titulaire d'une action ne peut en être dépouillé qu'après avoir pu régulièrement l'intenter. En un mot, il est contraire au droit comme à la raison de faire courir la prescription d'une action avant sa naissance, de façon que l'extinction puisse constituer un fait acquis avant le moment où il deviendra possible de mettre l'action en mouvement.

L'article 2257 ne dit pas autre chose. On ne comprendrait pas que l'action du créancier conditionnel ou à terme fût prescriptible du jour même du contrat conditionnel ou du jour de la naissance de la dette à terme, parce que la condition peut ne se réaliser ou le terme n'arriver qu'après trente ans et plus à dater de ce jour. De même, il serait irrationnel de soumettre le recours du vendeur à une prescription de trente ans à compter du jour de la vente, parce que l'éviction peut être prononcée après une période de plus de trente ans, si la prescription acquisitive s'est trouvée suspendue.

Le bon sens s'indigne à la pensée que l'action pourrait être éteinte, dans ces hypothèses, avant que le créancier ou l'acheteur aient eu le droit de l'intenter. Il faut qu'un droit ne puisse jamais être prescrit par anticipation, avant le moment

---

(286) On pourrait, à cet égard, rapprocher avec fruit l'article 2257 de l'article 1304.

de sa naissance. Il n'est pas de droits mort-nés : *actioni non natæ non præscribitur*.

146. — Mais ce brocard n'est violé que si l'action est déclarée non recevable à l'instant même où il aurait été possible de l'exercer. Rien ne s'oppose à ce que le législateur accorde un délai unique pour la naissance et pour l'exercice de l'action. D'après les articles 1792 et 2270, la cause, le principe de l'action doit se manifester dans les dix ans, et c'est aussi dans les dix ans que l'action elle-même doit être mise en mouvement. Cette règle ne met point en souffrance la maxime *actioni non natæ.....*, puisque les accidents ou les désordres qui surviennent après les dix ans n'engendrent même pas le droit à la garantie. Il est impossible que le droit naisse jamais après l'extinction du recours en garantie, puisque le droit lui-même ne prend plus naissance dès que les dix ans sont écoulés. Qu'on se rappelle l'explication du principe même de la responsabilité : les constructeurs ne sont responsables que si les vices se manifestent assez tôt pour que le propriétaire ait le temps d'introduire sa réclamation dans les dix ans. La loi accorde donc forcément un certain délai pour l'exercice de l'action. Ce délai est plus ou moins étendu, suivant les circonstances; mais quelque minime qu'en soit la durée, il est toujours ouvert au propriétaire du jour de la perte totale ou partielle, jusqu'à la dernière heure des dix ans. C'est assez pour sauvegarder les principes, et empêcher que la maxime *actioni non natæ.....* soit violée.

147. — Nous en avons fini avec les objections. L'effervescence juridique provoquée par l'arrêt de la Cour de cassation du 5 août 1879, en poussant les juristes à méditer un problème qui attirait par son actualité, a eu, du moins, cet heureux résultat de mûrir la question. La lumière s'est faite

au choc des idées, et le système qui avait un instant obtenu la consécration de la Cour suprême est sorti de la lutte vaincu et frappé à mort. Parmi ses partisans (287), il compte des esprits convaincus qui lui resteront fidèles, mais le nombre des nouvelles recrues ne suffira pas sans doute à faire face aux désertions dont M. Guillouard a donné le signal. Après avoir conclu d'abord à la distinction du délai de la responsabilité et du délai de l'action en garantie (288), il s'est rallié au système de la jurisprudence, à la suite d' « une étude plus complète », d' « un examen approfondi » de la question (289). « C'est avec raison, dit-il, que les Chambres réunies ont pro-

(287) Baudry-Lacantinerie, III, n° 736 ; — Frémy-Ligneville et Perriquet, I, n°ˢ 145-153 et 158 ; — Masselin, n°ˢ 195-199 ; — Desjardins, Réquisitoire du 5 août 1879; Dalloz, 1880, 1, 18-19 ; — Laurent, t. 26, n°ˢ 57-60 ; — Colmet de Santerre, 245 *bis*, IV-XIII ; — Sourdat, t. 1, n° 745 *ter ;* — Aubry et Rau, IV, § 374, texte et notes 29 et 30, p. 534 ; — Leroux de Bretagne, *De la prescription*, II, n° 801 ; — Troplong, *Du louage*, II, n°ˢ 1006-1011 ; — Dalloz, *Rép. alph.*, v° *Louage d'ouvrage*, n°ˢ 153 et 155 ; — Marcadé, t. VI, sur l'art. 1792 ; — Duranton, t. 21, p. 291 ; — Lepage, t. 2, p. 12.

(288) Guillouard, *Revue critique*, 1880, p. 157-160.

(289) Guillouard, *Du louage*, II, n° 868. Dans le même sens : Labbé, note dans Sirey, 1883, 1, 5 (très fine dissertation) ; — Barbier, Réquisitoire du 2 août 1882; Sirey, 1883, 1, 9, et Dalloz, 1883, 1, 5 ; — de Ramel, Périn et Rigaud, *Revue du contentieux des travaux publics*, année 1882, p. 255 ; — Benoît-Lévy, *De la prescription de l'action en responsabilité contre les architectes et les entrepreneurs*, Paris, 1880 ; — Jules Fabre, *De la prescription de l'action en responsabilité contre les architectes ;* — Bancelin, *Revue critique*, 1880, p. 65-77 ; — Delsol, *Explication élémentaire du Code civil*, III, p. 111 ; — Mourlon, *Répétitions écrites sur le Code civil*, III, n° 826 ; — Perrin et Rendu, *Dictionnaire des constructions*, n° 1770 ; — Albert Christophle, *Traité des travaux publics*, I, n° 626 ; — Massé et Vergé sur Zachariæ, t. IV, p. 413 ; — Clamageran, *Du louage d'industrie*, n°ˢ 273-279 ; — Devilleneuve, note dans Sirey, 1837, 2, 257 ; — Favard de Langlade,

clamé l'existence d'un délai unique de dix ans, dans l'état de notre législation » (289 *bis*).

148. — Mais c'est précisément cette législation que critique M. Guillouard, et il préfère, pour sa part, la règle du nouveau Code civil italien, qui s'exprime ainsi dans son article 1639 : « Si, dans le cours de dix années à partir du jour où a été achevé un ouvrage considérable...., le bâtiment présente un évident danger de ruine par défaut de construction ou vice du sol, l'architecte et l'entrepreneur sont responsables. L'action en indemnité doit être intentée dans les deux ans du jour où s'est réalisé le cas sus-énoncé ».

Ce qui décide l'éminent continuateur de M. Demolombe, c'est d'abord que le Code civil italien donne pleine satisfaction à la maxime *actioni non natæ*..... Mais on vient de voir que cette maxime n'est pas atteinte par les articles 1792 et 2270. « C'est encore et surtout parce qu'il n'est pas aussi facile d'intenter l'action en responsabilité du soir au lendemain que le pensent les partisans du système des Chambres réunies. Lorsque l'accident se produira dans la dixième année de la construction, il faut songer que le propriétaire qui a fait construire peut n'être plus là, et que les héritiers ou l'acquéreur qui le représentent ne connaissent ni l'architecte ni l'entrepreneur qui ont construit neuf ans auparavant », et il leur faut un certain temps pour se renseigner. Il faut songer aussi que, même si le propriétaire qui a fait construire est vivant, l'architecte et l'entrepreneur peuvent être décédés, que leurs

---

*Rép. de législation*, vᵒ *Prescription*, sect. 3, § 2 ; — Cf. Merlin, *Ancien répert.*, vⁱˢ *Bâtiment*, nᵒ 6, et *Prescription*, sect. 2, § 13, et sect. 11, § 15. — La même opinion, enseignée autrefois par MM. Bugnet et Valette, est aujourd'hui professée par MM. Duverger et Bufnoir.

(289 *bis*) Guillouard, II, nᵒ 869 *in fine*.

héritiers n'habitent peut-être plus le pays, et il faut les retrouver avant d'agir. Nous croyons donc que la solution dé-
sirable serait celle-ci : accorder dix ans de garantie, de manière
que l'architecte et l'entrepreneur soient déchargés, si aucun
accident ne se produisait dans ce délai; mais, si un accident
se produit, donner un nouveau délai qui, dans l'état de nos
mœurs, pourrait être de deux ans, comme dans l'article 1639
du Code civil italien, ou même d'un an, pour agir contre
l'architecte et l'entrepreneur » (290).

149. — La question législative est ainsi posée. Les raisons
alléguées en faveur d'un second délai pour l'exercice de l'action sont sérieuses. Mais le système proposé par M. Guillouard prête le flanc à une grave critique, comme tous les
systèmes qui se bornent à fixer un premier délai de dix ans
pour la naissance de l'action en garantie et un second délai
pour l'exercice de cette action. Peu importe que la période
accordée pour former des poursuites soit de trente ans, de
deux ans ou d'un an, l'objection subsiste toujours. Comment
déterminer l'instant précis de la perte totale ou partielle, ou
de l'apparition des vices?

Dès qu'un accident ou des désordres surviendront après
l'expiration du premier délai de dix ans, mais avant la fin
du second délai de trente ans, de deux ans ou d'un an, le
propriétaire actionnera le constructeur et s'efforcera de faire
remonter de quelques jours ou de quelques mois dans le
passé l'apparition de l'accident ou des désordres. La partie
sera belle pour lui, car un édifice ne se désagrège pas sans
que sa chute ait été annoncée par des signes précurseurs.
Le moindre désordre, méprisé jusqu'alors comme un vice
insignifiant, acquerra de l'importance grâce à la ruine du

(290) Guillouard, II, n° 869, p. 384.

bâtiment, et servira de premier fondement à la démonstration du propriétaire. Ainsi seront multipliés les procès et les expertises douteuses, et le constructeur sera, en fin de compte, exposé à une garantie prolongée, par l'addition du second délai, pendant quarante, douze ou onze ans.

Voilà pourquoi la solution proposée par M. Guillouard ne vaut pas législativement la règle de l'ancienne jurisprudence et de notre Code civil.

150. — On conçoit cependant, à côté de la règle si simple du Code civil, une autre solution législative qui s'adapterait très bien à l'article 1639 du Code civil italien. Il suffirait d'ajouter que, dans les dix ans fixés pour la naissance de l'action en garantie, le propriétaire est tenu de faire constater les accidents ou les désordres survenus. Il y aurait ainsi un premier délai pour la *découverte* et la *constatation* des vices, et un second délai pour l'*exercice de l'action*. Le propriétaire, après avoir fait procéder aux constatations réglementaires, ne serait plus talonné par un impérieux besoin d'agir, et aurait le temps de proposer ou d'accepter des tentatives de conciliation. Peut-être aurait-on trouvé le moyen de couper court aux critiques qu'on s'adresse actuellement de part et d'autre, en faisant subir cette légère modification à l'article 1639 du Code civil italien.

151. — *Point de départ de la prescription.* — Les dix années sont une espèce de temps d'épreuve pour l'édifice; il est donc naturel de les faire courir du jour de l'achèvement des travaux, qui ne sont réputés terminés, au point de vue de la loi, que du jour de leur vérification et de leur réception. D'après le droit commun, la responsabilité de l'architecte et de l'entrepreneur cesserait par la réception des travaux; en vertu des articles 1792 et 2270, elle est prolongée pendant dix ans après la réception des travaux. Or, la date de

cette réception est fixée soit par un procès-verbal émanant de l'architecte, soit par la prise de possession (291). S'il n'y a ni procès-verbal, ni preuve de la prise de possession, tout se réduit à une question de fait, et les tribunaux déterminent, dans chaque espèce, le jour de la réception. La Cour de Paris, ne trouvant rien dans les circonstances de la cause, a fixé avec raison la date de la réception au règlement du mémoire de l'entrepreneur par l'architecte (292). Ce fait, coïncidant avec celui de l'occupation, prouvait qu'il y avait réception et en indiquait la date.

Dans ce même arrêt (292) se trouve posé un important principe. On objectait que le gros œuvre de la charpente avait été terminé à une époque antérieure, et qu'il fallait appliquer la prescription à chaque travail spécial, en la faisant courir à partir de l'achèvement des travaux de chaque nature. La Cour répond qu'il est impossible de soumettre à une prescription spéciale chaque partie du travail, parce que la construction d'une maison forme un ensemble de travaux divers qui doit faire l'objet d'une réception unique (293). La jurisprudence administrative est conforme à la jurisprudence civile (294).

152. — Le cours de la prescription commencée à la suite de la réception des travaux ne peut être interrompu ni suspendu. Le délai de dix ans est un délai préfix qui n'est pas

---

(291) *Req. rej.*, 24 janvier 1876; Dalloz, 1876, 1, 262.

(292) Paris, 12 mai 1874; Dalloz, 1874, 2, 172.

(293) Baudry-Lacantinerie, III, n° 734; — Guillouard, II, n° 870; — Masselin, n⁰ˢ 211-212 et 217-225; — Laurent, t. 26, n° 60; — Sourdat, t. 1, n° 747; — Clamageran, n° 273; — Duvergier, t. 2, n° 358.

(294) Conseil d'État, 13 août 1850; Lebon, *Arrêts du Conseil*, 1850, p. 759.

prolongé notamment par la minorité du propriétaire. Pourquoi la loi limite-t-elle à dix ans la durée de la garantie? Parce que les accidents ou les désordres surviennent dans un délai assez court. Faut-il un temps plus long pour la découverte des vices, quand le propriétaire est mineur? La question n'a pas de sens : la minorité du propriétaire n'exerce donc aucune influence sur la durée de la garantie, et le constructeur est nécessairement libéré par l'expiration du délai de dix ans (295).

153. — Cette règle reçoit cependant deux exceptions. Si un entrepreneur de mauvaise foi a recours à la fraude pour empêcher de découvrir les malfaçons qu'il commet, comme ce marbrier dont parle Goupy (296), qui avait bouché les fils du marbre avec du mastic mêlé de poudre de marbre, il n'a plus le droit de se prévaloir de l'expiration des dix ans, car la fraude fait exception à toutes les règles (297).

De même, le constructeur peut être responsable après le terme de dix ans, s'il s'est engagé par son marché à garantir les travaux pendant une plus longue période de temps. L'ouvrier est déchargé, en principe, par la réception des travaux, mais il garantit souvent son œuvre pendant un an et plus. L'architecte est libéré par un délai de dix ans, mais il peut, à son tour, garantir la solidité de l'édifice ou des ouvrages au delà de la limite arbitraire fixée par le Code. On sera peut-

(295) Guillouard, II, n° 871 ; — Laurent, t. 26, n° 61 ; — Aubry et Rau, IV, § 374, texte et note 29, p. 533 ; — Paris, 20 juin 1857; Dalloz, 1858, 2, 88, et Sirey, 1858, 2, 49.

(296) Goupy sur Desgodets, édition de 1748, *Des servitudes*, art. 172, p. 9.

(297) Paris, 25 mai 1881 ; *France judiciaire*, 1880-1881, p. 586 ; — Guillouard, II, n° 873 ; — Masselin, n°ˢ 33-35 et 200-204 ; — Sourdat, t. 1, n° 745 *bis* ; — Dalloz, *Rép. alph.*, v° *Louage d'ouvrage*, n° 154.

être tenté d'objecter qu'une promesse de ce genre faite par l'architecte est contraire à l'article 2220, en vertu duquel « on ne peut, d'avance, renoncer à la prescription ». Mais la réflexion démontre que l'architecte ne renonce nullement à la prescription : il fixe seulement la durée de sa responsabilité comme bon lui semble, et c'est conforme au principe de la liberté des conventions. L'ouvrier pourrait, sans aucun doute, se soumettre à une responsabilité de trente ans, si la nature du travail appelait une aussi longue garantie : à plus forte raison doit-il en être ainsi de l'architecte ou de l'entrepreneur (298).

154. — On a proposé de prolonger encore la responsabilité des constructeurs lorsque la réclamation du propriétaire a pour fondement une inobservation des règlements de police ou des lois sur le voisinage. Mais cette décision n'aurait de raison d'être que si le fondement de la responsabilité des architectes et des entrepreneurs vis-à-vis du propriétaire se trouvait pour une fois dans l'article 1382. Or, nous avons combattu cette extension de l'article 1382, qui est écrit exclusivement en vue des délits et des quasi-délits, et qu'il est impossible d'appliquer, par suite, dans les rapports du propriétaire et des constructeurs. Peu importe que le recours du propriétaire ait pour base une faute contre les règles de l'art ou une infraction aux lois et règlements : dans tous les cas, la responsabilité de l'architecte et de l'entrepreneur est conventionnelle, et s'éteint par un délai uniforme de dix ans (299).

(298) Guillouard, II, n° 873 ; — Conseil d'État, 3 janvier 1881 ; Sirey, 1882, 3, 34, et Dalloz, 1882, 3, 119.

(299) Guillouard, II, n° 845 ; — Troplong, II, nᵒˢ 1013-1014 ; — Duvergier, t. 2, n° 363. — *Contra,* Laurent, t. 26, n° 64 ; — Aubry et Rau, IV, § 374, **texte** et note 31, p. 534.

155. — Ce n'est pas à dire pour cela que les constructeurs ne soient pas exposés parfois à répondre de leurs travaux au delà du terme de dix ans. Les voies de procédure restent ouvertes, malgré l'expiration de la garantie décennale, toutes les fois que le recours dirigé contre eux prend sa source dans l'article 1382. Si donc la construction cause un dommage à un voisin, celui-ci pourra intenter son action en dommages-intérêts, non seulement contre le propriétaire (art. 1386), mais encore contre l'architecte ou l'entrepreneur (art. 1382).

L'architecte ou l'entrepreneur, directement poursuivi par le voisin, est responsable durant trente ans, et la prescription ne commence à courir à son profit que du jour où le dommage a été causé (art. 2262). La responsabilité de l'article 1382 pèse donc sur les constructeurs, alors qu'ils ne sont plus garants d'après les articles 1792 et 2270, parce que cette responsabilité reste soumise au droit commun et ne peut subir l'influence d'une règle spéciale aux rapports du propriétaire avec l'architecte et l'entrepreneur (300).

156. — B. **Autres fins de non-recevoir.** — On serait embarrassé de signaler, après la prescription, une autre fin de non-recevoir qui présente comme elle une importance de premier ordre. Ce n'est pas qu'on n'ait proposé un grand nombre de causes d'extinction de la responsabilité des constructeurs, mais il est difficile de les considérer comme fondées, et elles n'ont pas trouvé bon accueil auprès de la jurisprudence. On sait déjà que l'entrepreneur ne s'affranchit d'aucune de ses obligations de garantie en rejetant la faute sur ses ouvriers : car il est responsable de tous les actes

---

(300) Guillouard, II, nᵒ 874 ; — Laurent, t. 26, nᵒ 63 ; — Sourdat, t. 1, nᵒˢ 744-747 et 749 ; — Dalloz, *Rép. alph.*, vᵒ *Louage d'ouvrage*, nᵒ 158.

accomplis par les gens de travail à son service (art. 1797 et 1384). (301).

157. — De même, l'architecte et l'entrepreneur ne peuvent s'exonérer de la garantie des vices du plan, des vices de construction ou des vices du sol, en prouvant que les travaux défectueux ont été faits du consentement du propriétaire, ou même d'après ses ordres. Leur responsabilité est basée sur une faute, et nul ne peut stipuler qu'il ne répondra pas de sa faute, car une stipulation de ce genre serait contraire aux bonnes mœurs. Puis, la faute des constructeurs ne préjudicie pas seulement au propriétaire : elle compromet encore la solidité des édifices et, par conséquent, la sûreté publique. Aussi le contrat conclu entre le propriétaire, l'architecte et l'entrepreneur est-il impuissant à restreindre la responsabilité de ces derniers, parce qu'elle est établie dans l'intérêt de tous et qu'il n'est pas permis de déroger par des conventions particulières aux lois d'ordre public (art. 6).

L'architecte et l'entrepreneur doivent, au besoin, refuser de construire contrairement aux règles de l'art : sinon, leur responsabilité est entière, quelles que soient, d'ailleurs, les volontés du propriétaire. Il a été jugé en ce sens que l'architecte ne peut décliner la responsabilité des vices de construction, en alléguant une pression exercée sur lui par le propriétaire. La Cour de Paris remarque très bien que le constructeur ne doit pas se soumettre aux désirs ou aux exigences du propriétaire. Il manque à tous ses devoirs en acceptant comme base de ses travaux le plan imaginé par le propriétaire, lorsque ce plan doit nécessairement aboutir à une

(301) *Supra*, nº 29.

construction mal faite, et, partant, dangereuse (302). Dès
lors, aucune clause du marché ne saurait avoir la vertu de
le décharger de la responsabilité qu'il encourt dans cette
hypothèse. La doctrine est unanime sur ce point, et la
jurisprudence n'admet pas davantage que les architectes ou
les entrepreneurs soient délivrés de la garantie de leurs
fautes ni par le consentement, ni même par les ordres
du propriétaire (303).

158. — Le consentement ou les ordres du propriétaire
n'affranchissent pas non plus l'architecte et l'entrepreneur de
la responsabilité qui leur incombe à cause de l'inobservation des lois ou des règlements. Quelles que soient les
conventions du marché, les constructeurs sont toujours tenus
des infractions aux lois et règlements par les mêmes motifs
qui ne leur permettent pas de se libérer de leur obligation
de garantie à raison des vices du sol, des vices de construction ou des vices du plan. M. Réal l'a dit en termes
formels dans la discussion de l'article 1792 au Conseil
d'État : « Il y a sur les constructions des règles qu'il n'est
pas permis au propriétaire lui-même d'enfreindre : ce sont
les règles de la police des bâtiments, telles que celles qui

(302) Paris, 5 mars 1863 ; Dalloz, 1863, 5, 239 n° 9.

(303) Guillouard, II, n° 875 ; — Frémy-Ligneville et Perriquet, I, n° 90 ;
— Masselin, n°s 87-89, 173-188, 189-194 ; — Laurent, t. 26, n°s 51 et 52 ;
— Sourdat, t. 1, n°s 673 *bis* et *ter* ; — Aubry et Rau, IV, § 374, texte et
notes 27 et 28, p. 532 ; — Dalloz, *Rép. alph.*, v° *Louage d'ouvrage*, n° 144 ;
— Bourges, 13 août 1841 ; Sirey, 1842, 2, 73 ; — Paris, 17 novembre
1849 ; Dalloz, 1850, 2, 206 ; — Bastia, 7 mars 1854 ; Dalloz, 1854, 2, 117 ;
— Paris, 5 mars 1863 ; Sirey, 1864, 2, 219 ; — Bordeaux, 21 avril 1864 ;
Dalloz, 1865, 2, 39, et Sirey, 1864, 2, 219 ; — Metz, 30 novembre 1865 ;
Dalloz, 1866, 5, 234 ; — Paris, 25 février 1868 ; Dalloz, 1868, 2, 160 ; —
Lyon, 6 juin 1874 ; Dalloz, 1875, 2, 119.

déterminent l'épaisseur des murs. L'architecte, dans ces cas, doit se refuser à la volonté du propriétaire » (304).

159. — L'architecte et l'entrepreneur sont donc soumis à une responsabilité qui s'attache à eux malgré tout, parce qu'elle est d'ordre public. Il en est ainsi lors même que le propriétaire leur aurait accordé une décharge écrite de toute garantie, en déclarant prendre sur lui toutes les conséquences des accidents survenus dans la construction.

Cette décharge consentie par le propriétaire ne peut bien certainement avoir d'effet vis-à-vis des tiers étrangers au contrat. L'Administration a toujours le droit de rendre le constructeur responsable des infractions aux règlements de police ou aux lois sur le voisinage. De même, les voisins peuvent toujours exercer contre le constructeur un recours en réparation du préjudice éprouvé.

Le constructeur, contraint de payer des dommages-intérêts dans l'une ou l'autre de ces hypothèses, ne serait point admis à en réclamer le remboursement au propriétaire. Bien plus, il est exposé à l'action en garantie du maître, malgré la décharge écrite qu'il en a reçue. Il est vrai que le propriétaire a manifesté une volonté bien arrêtée de faire construire au gré de ses désirs et de prendre sur lui toutes les conséquences des accidents ou des désordres. Mais la faute du propriétaire ne peut entraîner l'absolution de l'architecte (305).

Les menaces de ruine qui pèsent sur le bâtiment sont une atteinte à la sécurité publique. Le devoir des constructeurs est de résister aux exigences des propriétaires, lorsqu'elles

(304) Locré, XIV, p. 363, et Fenet, XIV, p. 263; — Sourdat, t. 1, n° 675 *bis*.

(305) Cf. Frémy-Ligneville et Perriquet, I, n° 91.

risquent d'amener des suites funestes, et leur responsabilité est d'ordre public.

160. — La discussion au Conseil d'État sur l'article 1792 ne laisse place à aucun doute : bien qu'elle se soit produite au sujet des vices du sol, elle s'applique à tous les cas et revêt une portée générale.

Le projet de Code civil était ainsi conçu : « Si l'édifice donné à prix fait périt par le vice du sol, l'architecte en est responsable, à moins qu'il ne prouve avoir fait au maître les représentations convenables pour le dissuader d'y bâtir » (306).

Cette restriction attira les critiques des Cours d'appel. « Il sera mieux, dit la Cour de Nancy, que l'architecte ne puisse, sous aucun prétexte, violer les règles de son art, quand il s'agit de la solidité d'un édifice; l'intérêt public l'exige ».

La Cour de Lyon se montra plus catégorique : « Cet article, dit-elle, doit être absolu et sans restriction. La probité de l'architecte ne peut pas lui permettre d'élever sur un sol où le bâtiment doit crouler, et, sans parler de la perte qu'il cause au propriétaire, on a vu tant d'exemples d'ouvriers et de passants écrasés sous des ruines, que l'humanité et l'utilité publique ordonnent de le leur prohiber ».

La Section de législation du Conseil d'État, se rangeant à ces observations, supprima la partie finale du projet de l'article 1792. Dans la séance du 14 nivôse an XII, M. Tronchet signale cette suppression et l'approuve. « L'architecte, en effet, ne doit pas suivre les caprices d'un propriétaire assez insensé pour compromettre sa sûreté personnelle, en même temps que la sûreté publique ».

Néanmoins, le consul Cambacérès demande le rétablis-

---

(306) Locré, XIV, p. 363, et Fenet, XIV, p. 263.

sement de la disposition retranchée, en proposant une légère modification.

M. Réal lui répond en observant « que les architectes, pour déterminer les propriétaires à construire, cherchent ordinairement à leur persuader que la dépense sera modique. Peut-être y a-t-il lieu de craindre, si on leur fournit un moyen de ne pas répondre des mauvaises constructions, qu'ils ne prennent plus aucun soin de rendre les édifices solides. »

M. Treilhard insiste en disant « qu'il n'y a aucun inconvénient à être sévère à l'égard de l'architecte; le propriétaire ne connaît par les règles de la construction : c'est à l'architecte à l'en instruire, et à ne pas s'en écarter par une complaisance condamnable » (307).

Il a donc été entendu et il est incontestable que la responsabilité de l'architecte et de l'entrepreneur est établie dans un intérêt général, et qu'elle ne peut cesser par suite d'une convention des parties (art. 6 C. civ.) (308).

161. — Toutefois, le principe général de la responsabilité des architectes et des entrepreneurs s'efface dans quelques cas, et notamment si le propriétaire a connu ou ordonné des vices de construction qui ne sont pas de nature à donner des craintes pour la solidité des travaux. La sécurité publique n'est pas en danger; l'intérêt privé du propriétaire est seul en jeu. Si donc il est prouvé que le propriétaire a persisté à maintenir le projet primitif malgré les remontrances du

---

(307) Locré, XIV, p. 364-365, et Fenet, XIV, p. 264-265.

(308) Guillouard, II, nᵒ 877; — Frémy-Ligneville et Perriquet, I, nᵒ 90; — Laurent, t. 26, nᵒ 33; — Sourdat, t. 1, nᵒ 673 *bis;* — Aubry et Rau, IV, § 374, texte et notes 27 et 28, p. 532; — Dalloz, *Rép. alph.,* vᵒ *Louage d'ouvrage,* nᵒ 144; — Duvergier, t. 2, nᵒ 351.

constructeur, il n'a droit à aucun recours contre l'architecte ou l'entrepreneur.

Cette limitation du principe de la garantie décennale ressort des travaux préparatoires eux-mêmes. M. Tronchet proposait d'expliquer « que l'architecte est responsable toutes les fois que les vices, soit de construction, soit du sol, compromettent la solidité du bâtiment » (309). M. Tronchet admettait donc que la responsabilité du constructeur peut cesser lorsque les vices ne donnent pas d'inquiétude pour la solidité des ouvrages.

En conséquence, si le propriétaire ordonne à l'architecte d'ouvrir une fenêtre plus près de l'héritage voisin que la loi ne le permet, il suffit à l'architecte de signaler l'infraction qui va être commise, pour être à l'abri de tout recours. Les parties ont pu convenir que le propriétaire prendrait à son compte les frais d'une transaction avec le voisin ou la suppression de la fenêtre, et la convention doit être fidèlement exécutée, puisque l'intérêt public n'est plus en cause (310).

162. — Dans une autre hypothèse, la responsabilité de l'architecte et de l'entrepreneur disparaît d'une façon générale, si le propriétaire a lui-même des connaissances techniques égales ou supérieures à celles du constructeur. Les rédacteurs du Code, en imposant au constructeur une inévitable responsabilité, ont voulu protéger contre leur ignorance des propriétaires inexpérimentés dont l'intérêt est lié à l'intérêt public. Mais si le maître est au courant des règles de l'art, il ne peut reprocher au constructeur d'avoir suivi des ordres dont il avait aperçu toutes les conséquences.

(309) Locré, XIV, p. 365 *in fine*, et Fenet, XIV, p. 265.

(310) Guillouard, II, nº 876 ; — Frémy-Ligneville et Perriquet, I, nºs 92 et 93.

La Cour de cassation a appliqué ces principes dans une espèce où le propriétaire était un constructeur de profession qui avait dirigé les travaux en cette qualité et dicté ses ordres à l'entrepreneur (311). De même, la Cour de Paris, ayant à statuer sur la construction d'un four qui n'avait pas été établi à la distance légale (312), a renvoyé le constructeur des fins de la poursuite, parce qu'il n'avait agi que sur les ordres du maître, un boulanger notoirement expert dans ce genre de travaux (313).

163. — La vérification et la réception des travaux n'élève, en principe, aucune fin de non-recevoir contre l'action en garantie. Le but des articles 1792 et 2270 est précisément de maintenir la responsabilité des architectes et des entrepreneurs malgré la réception des travaux. On sait, en effet, quel est l'objet de cette réception, lorsqu'elle s'applique à des édifices ou gros ouvrages (314). Elle ne se propose d'autre fin que de constater l'exécution régulière des travaux d'après les plans et devis, et, comme conséquence, l'exigibilité de la créance. Mais l'architecte n'est point délivré de la garantie décennale, dès le moment où la créance est déclarée exigible, parce que les travaux paraissent conformes au cahier des charges. La loi prolonge, au contraire, la responsabilité du constructeur pendant dix ans, parce que ce délai d'épreuve est indispensable pour démontrer la solidité du bâtiment et donner aux vices cachés le temps d'apparaître. La réception

(311) *Req. rej.*, 4 juillet 1838; Dalloz, *Rép. alph.*, v° *Louage d'ouvrage*, n° 145 1°.

(312) Paris, 12 février 1848; Dalloz, 1848, 2, 64, et *Rép. alph.*, v° *Louage d'ouvrage*, n° 145 2°.

(313) Guillouard, II, n° 875 *in fine*; — Frémy-Ligneville et Perriquet, I, n° 92 *in fine*.

(314) *Supra*, n° 14.

ne saurait couvrir ces vices cachés et priver le maître de son droit de recours, car on ne renonce pas à un droit dont on ignore l'existence (315).

Cette règle s'applique même aux travaux publics, malgré la double réception dont ils sont l'objet, et malgré la compétence exceptionnelle des ingénieurs qui sont chargés de les vérifier et de les recevoir. C'est ici le lieu de rappeler « que, quelque savant que soit celui qui fait la réception, il ne peut pénétrer dans la construction intérieure » (316), pour y découvrir des vices habilement dissimulés qui n'apparaîtront qu'au jour de l'accident ou des désordres (317).

164. — La réception des travaux ne prive pas le propriétaire de son droit d'action, parce qu'on ne renonce pas à un droit ignoré. Mais si les vices sont apparents au moment où sont vérifiés et reçus les travaux, faut-il déclarer encore recevable l'action en garantie contre le constructeur ? La première préoccupation doit être de rechercher, d'après les circonstances, jusqu'à quel point le propriétaire a pu connaître les vices apparents, et se rendre compte de leur gravité au moment de la réception des travaux. Si les vices de construction risquent d'entraîner la chute du bâtiment, la réception des travaux ne doit pas faire présumer que le propriétaire a renoncé à son recours en garantie. Comment supposer que le maître ait consenti à prendre à sa charge le préjudice considérable qui résulte de la ruine d'un édifice ? Les vices étaient apparents, mais il n'a pas aperçu leur

(315) Guillouard, II, n° 878 ; — Frémy-Ligneville et Perriquet, I, n° 81 ; — Laurent, t. 26, n° 53.

(316) Desgodets, *Les loix des bâtimens suivant la coutume de Paris*, sur l'art. 114, n° 6 (Paris, édit. annotée par Goupi, 1787, p. 580).

(317) Conseil d'État, 2 août 1851; Dalloz, 1852, 3, 1 ; — Conseil d'État, 12 juillet 1855 ; Sirey, 1856, 2, 254.

caractère de gravité, qui a été pallié à ses yeux par les allégations intéressées de l'architecte ou de l'entrepreneur.

Si, au contraire, les vices de construction ne sont pas de nature à compromettre la solidité du bâtiment, le propriétaire, en acceptant les travaux sans réserve, renonce tacitement à une réclamation ultérieure. Mais c'est au constructeur de démontrer que les vices étaient apparents au jour de la vérification et de la réception des travaux, et que le propriétaire en a eu connaissance (318).

165. — La responsabilité de l'architecte et de l'entrepreneur prend fin, sans qu'il y ait doute à ce sujet, lorsque le propriétaire renonce à l'action en garantie. L'édifice a été affecté d'une perte totale ou partielle, des malfaçons graves s'y sont manifestées : l'action en indemnité a pris naissance et peut s'éteindre par la renonciation expresse ou tacite du propriétaire. Si donc le propriétaire veut conserver le recours qui est né à son profit, il doit éviter avec soin tous les actes qui pourraient faire présumer son intention de renoncer. Il doit se garder de faire aucun paiement sans exprimer des réserves, d'apporter des changements aux constructions ou de faire réparer les accidents ou les désordres, s'il n'y a pas urgence.

On objecterait en vain contre cette solution que le consentement ou les ordres du propriétaire donnés avant le commencement des travaux ou au cours de leur exécution, sont impuissants à décharger les constructeurs de leur responsabilité. Ce ne serait pas un motif de conclure que l'ap-

(318) Frémy-Ligneville et Perriquet, I, nᵒˢ 92 et 162 ; — Laurent, t. 26, nᵒ 54 ; — Troplong, II, nᵒ 1003 *in fine ;* — Duvergier, t. 2, nᵒ 364. Voir les applications signalées dans le *Rép. alph.* de Dalloz, vᵒ *Louage d'ouvrage,* nᵒ 146.

probation postérieure doit être inefficace. Entre l'approbation qui précède les travaux et celle qui les suit, il existe une différence capitale. Au premier cas, l'intérêt public est en jeu, car les mauvaises constructions mettent en danger la sûreté publique. Au second cas, il ne s'agit plus d'empêcher dans la mesure du possible les constructions vicieuses, et le propriétaire est libre de renoncer à une action qui n'intéresse que lui seul. M. Laurent cite, comme argument d'analogie, l'article 2220 : on ne peut d'avance renoncer à la prescription, tandis qu'on peut renoncer à la prescription acquise (319).

166. — Encore une question, et tout sera dit. Lorsque l'architecte ou l'entrepreneur construit sur son propre terrain, et fournit à la fois le sol et les matériaux, peut-il opposer une fin de non-recevoir contre l'action du propriétaire, en alléguant qu'il fait une vente et qu'on ne saurait lui appliquer des règles spéciales au louage d'ouvrage comme les articles 1792 et 2270 ?

C'était le sentiment de M. Troplong, mais la justification qu'il en donne n'est pas faite pour en assurer le triomphe : « Lorsque l'entrepreneur a édifié sur son propre terrain, il n'est pas autre chose qu'un vendeur ; sa position est donc gouvernée par les règles du contrat de vente » (320).

L'architecte est incontestablement un vendeur, mais, quoi qu'en dise M. Troplong, il est autre chose qu'un vendeur. Le contrat est une vente d'une nature particulière et renferme un élément de louage ; cet élément suffit pour que la responsabilité des articles 1792 et 2270 reste applicable dans l'espèce. Le constructeur, au moment de la conclusion

(319) Frémy-Ligneville et Perriquet, I, nᵒ 162 ; — Laurent, t. 26, nᵒ 55.
(320) Troplong, II, nᵒ 1015. — Dans le même sens : Massé et Vergé sur Zachariæ, t. 4, p. 414, note 17 *in fine*.

du contrat, ne s'est point engagé seulement à fournir le sol et des matériaux; il a promis en même temps d'élever un édifice avec les soins et l'habileté d'un homme de l'art. Il a contracté de ce chef des obligations dont il ne peut être libéré par sa qualité de vendeur (321).

(321) Guillouard, II, n° 880; — Frémy-Ligneville et Perriquet, I, n° 126, p. 138; — Laurent, t. 26, n° 34; — Aubry et Rau, IV, § 374, p. 529, note 17; — Dalloz, *Rép. alph.*, v° *Louage d'ouvrage*, n° 143.

# TABLE

## PAR ORDRE DE MATIÈRES

## INTRODUCTION

## CHAPITRE I<sup>er</sup>

### Des conditions de la responsabilité des architectes et des entrepreneurs.



A. — CONSTRUCTIONS D'ÉDIFICES (1792) OU DE GROS OUVRAGES (2270).

APPENDICE. -- **De la preuve.**

# CHAPITRE II

## Nature et étendue de la responsabilité de l'architecte et de l'entrepreneur.



### § Ier

N° 2. — Responsabilité de l'entrepreneur.

Nº 3. — RÉPARTITION DE L'INDEMNITÉ ENTRE L'ARCHITECTE
ET L'ENTREPRENEUR.

N° 4. — DE LA RESPONSABILITÉ DE L'ARCHITECTE ET DE L'ENTREPRENEUR
D'APRÈS LES ARTICLES 1382 ET SUIVANTS.

# CHAPITRE III

## Des fins de non-recevoir contre l'action en responsabilité des architecte et entrepreneur.

FIN

# POSITIONS

## DROIT ROMAIN

I. — La loi Ælia Sentia est postérieure à l'action paulienne.

II. — La loi Ælia Sentia, au moment de sa mise en vigueur, n'exigeait pour toute condition qu'un préjudice subi par les créanciers.

III. — La procédure des actions de la loi n'a pas connu des *sponsiones* préjudicielles, qui auraient été des moyens de défense analogues aux exceptions de la procédure formulaire.

IV. — L'*in integrum restitutio propter dolum* est postérieure à l'*actio de dolo* et à l'*exceptio doli*.

V. — Une exception peut avoir pour effet de diminuer le montant de la *condemnatio*.

VI. — Le domaine de l'*in integrum restitutio propter dolum* est limité à des actes de procédure.

VII. — Le mari est *dominus dotis*.

## DROIT CIVIL

I. — Les rentes sur l'État ne sont pas insaisissables et peuvent être valablement constituées en gage, car les lois du 8 nivôse an VI et du 22 floréal an VII né prohibent les saisies-arrêts des rentes sur l'État que dans l'intérêt du Trésor public et des règles de sa comptabilité.

II. — La nullité de vente de la chose d'autrui est couverte, si le vendeur offre d'exécuter même au cours de l'instance où se débat la nullité.

III. — Il y a lieu de distinguer, en législation, la séparation de biens principale et la séparation de biens accessoire.

IV. — La femme séparée de biens a le droit d'aliéner son mobilier à titre onéreux sans aucune autorisation.

V. — La femme séparée de biens, une fois valablement obligée, quoique sans autorisation, peut être poursuivie sur tous ses biens, meubles ou immeubles.

## DROIT PUBLIC ADMINISTRATIF

L'abrogation par le décret du 19 septembre 1870 de l'article 75 de la Constitution de l'an VIII, ainsi que des autres dispositions de lois ayant pour but d'entraver les poursuites dirigées contre les fonctionnaires publics, permet aux tribunaux judiciaires d'apprécier librement et de qualifier les actes imputés aux agents du Gouvernement, lorsqu'ils donnent lieu à une action tendant à l'application d'une peine ou à la réparation civile du préjudice causé.

## DROIT CONSTITUTIONNEL

D'après les lois constitutionnelles de 1875, les Chambres législatives ne peuvent limiter le droit de révision du Pouvoir constituant.

## DROIT INTERNATIONAL

La loi sur l'instruction obligatoire s'applique à tous les enfants de nationalité française, et à eux seuls.

## HISTOIRE DU DROIT

La communauté de biens entre époux dérive des sociétés taisibles du moyen âge.


Vu par le Professeur, Doyen hon<sup>re</sup>, Président de la thèse :

### A. COURAUD.


Vu par le Doyen de la Faculté de droit :

### G. BAUDRY-LACANTINERIE.


Vu et permis d'imprimer :

Bordeaux, le 31 mai 1887,

*Le Recteur de l'Académie,*

### H. OUVRÉ.


Les visas exigés par les Règlements ne sont donnés qu'au point de vue de l'ordre public et des bonnes mœurs. (Délibération de la Faculté du 12 août 1879.)

Bordeaux. — Imp. générale d'Ém. Crugy, rue et hôtel St-Siméon. 16.
Successeur : M<sup>me</sup> veuve Riffaud, née Crugy.